Michael Burkert

Qualität von Kennzahlen und Erfolg von Managern

GABLER EDITION WISSENSCHAFT

Research in Management Accounting & Control

Herausgegeben von Professor Dr. Utz Schäffer
WHU – Otto Beisheim School of Management, Vallendar

Die Schriftenreihe präsentiert Ergebnisse betriebswirtschaftlicher Forschung im Bereich Controlling. Sie basiert auf einer akteursorientierten Sicht des Controlling, in der die Rationalitätssicherung der Führung einen für die Theorie und Praxis zentralen Stellenwert einnimmt.

The series presents research results in the field of management accounting and control. It is based on a behavioral view of management accounting where the assurance of management rationality is of central importance for both theory and practice.

Michael Burkert

Qualität von Kennzahlen und Erfolg von Managern

Direkte, indirekte und moderierende Effekte

Mit einem Geleitwort von Prof. Dr. Utz Schäffer

GABLER EDITION WISSENSCHAFT

Bibliografische Information Der Deutschen Nationalbibliothek
Die Deutsche Nationalbibliothek verzeichnet diese Publikation in der Deutschen Nationalbibliografie; detaillierte bibliografische Daten sind im Internet über <http://dnb.d-nb.de> abrufbar.

Dissertation European Business School, Oestrich-Winkel, 2007

D 1540

1. Auflage 2008

Lektorat: Frauke Schindler / Anita Wilke

Der Gabler Verlag ist ein Unternehmen von Springer Science+Business Media.
www.gabler.de

Umschlaggestaltung: Regine Zimmer, Dipl.-Designerin, Frankfurt/Main
Gedruckt auf säurefreiem und chlorfrei gebleichtem Papier
Printed in Germany

ISBN 978-3-8350-0869-4

Geleitwort

Ausgangspunkt der beeindruckenden Arbeit von Michael Burkert war die in den letzten Jahren zum Teil durchaus lebhaft geführte Diskussion über die Bedeutung von Kennzahlen und Kennzahlensystemen sowie die Auswirkungen ihrer Nutzung auf den Erfolg von Managern oder Unternehmen. Trotz der mittlerweile recht umfangreichen Literatur ist das gesicherte Wissen zu Erfolgswirkungen verschiedener Merkmale und Nutzungsarten von Kennzahlensystemen jedoch immer noch begrenzt, und die vorliegenden Befunde erscheinen in weiten Teilen widersprüchlich. Vor diesem Hintergrund bestand das Ziel der vorliegenden Dissertationsschrift darin, neben einer Bestandsaufnahme der Verbreitung und Nutzung von Kennzahlen und Kennzahlensystemen empirisch die Auswirkungen einer Reihe von Merkmalen der Kennzahlen auf den individuellen Erfolg von Managern zu untersuchen und die mangelnde Ergebniskonvergenz der bisherigen Studien zu möglichen Erfolgswirkungen der Nutzung von Kennzahlen zu beheben.

Besonders hervorzuheben ist die intensive Auseinandersetzung des Autors mit methodischen Fragen. Im Rahmen seiner Literaturanalyse arbeitet Burkert heraus, dass methodische Standards, wie sie beispielsweise in der Psychologie oder der Marketingforschung schon länger gelten, in den nationalen und internationalen Fachzeitschriften des Management Accounting nicht in vollem Umfang rezipiert worden sind. Er vermutet, dass die Widersprüchlichkeit der vorliegenden Befunde bezüglich des Zusammenhangs zwischen der Nutzung von Kennzahlen und den gewählten Erfolgsvariablen dadurch begründet ist.

Seine eigene empirische Analyse auf der Basis einer großzahligen Befragung von Geschäftsführern bzw. Vorständen von Mitgliedsunternehmen des Zentralverbands der elektrotechnischen Industrie überzeugt insbesondere durch ihr in Teilen innovatives Design sowie ein hohes Maß an methodischer Sauberkeit und Präzision. Im Ergebnis kann Burkert durch die Verwendung von Moderationsanalysen im Rahmen von Strukturgleichungsmodellen zeigen, dass die Erfolgswirkungen der Kennzahlennutzung von der Qualität der verwendeten Informationen, dem Wissensstand der Nutzer und der Wettbewerbsintensität des Unternehmens abhängen.

Angesichts dieser interessanten und in hohem Maße praxisrelevanten Befunde sei der Arbeit ein breiter Leserkreis gewünscht. Sie hat ihn verdient.

Utz Schäffer

Vorwort

Die Gestaltung und Nutzung von Kennzahlen und Kennzahlensystemen hat sich in den letzten Jahren zu einer der am intensivsten diskutierten Fragestellungen der Controllingforschung entwickelt und zu einer Vielzahl von Veröffentlichungen in internationalen Fachzeitschriften geführt. Ein Vergleich der bislang erzielten Ergebnisse ergibt allerdings ein äußerst widersprüchliches Bild, so dass der Unternehmenspraxis bislang nicht eindeutig geraten werden kann, welche Bedingungen erfüllt sein müssen, damit verschiedene Arten der Nutzung von Kennzahlen vorteilhaft sind.

Hier setzt die eigene Forschungsarbeit an, die durch die Verwendung modernster methodischer Verfahren einen Beitrag zu diesem zentralen Feld der Betriebswirtschaftslehre leisten möchte.

Es ist eine schöne Tradition, im Vorwort einer Dissertationsschrift einem Teil der vielen, die zum Gelingen der Arbeit beigetragen haben, persönlich zu danken:

An erster Stelle gebührt mein außerordentlicher Dank meinem verehrten Doktorvater, Herrn Professor Dr. Utz Schäffer. Ich danke ihm für die Herzlichkeit, mit der er mich an seinem Lehrstuhl aufgenommen hat und die hervorragende Unterstützung in jeder Phase des Forschungsprozesses, die weit über das Fachliche hinausgegangen ist. Bedanken möchte ich mich auch bei Frau Professor Corinne Faure, Ph.D. für die Übernahme des Zweitgutachtens.

Der Hanns-Seidel-Stiftung e. V. danke ich für die ideelle und finanzielle Förderung während der Anfertigung meiner Arbeit.

Besonders dankbar bin ich auch Herrn Gotthard Graß und Herrn Achim Seitz vom Zentralverband der Elektrotechnik- und Elektronikindustrie (ZVEI e. V.) für ihre wertvollen konzeptionellen Anregungen. Dem ZVEI e. V. möchte ich für die großzügige finanzielle und operative Unterstützung bei der Durchführung der empirischen Erhebung danken.

Mein ganz besonderer Dank gilt auch meinen guten Freunden Herrn Dr. Dominik Jais, Herrn Dr. Timo Grünert, Herrn Dr. Christian Bongard und Herrn Martin Klarmann, ohne deren kritische Anmerkungen zu Inhalt und insbesondere Methodik die Arbeit nicht hätte entstehen können.

Meinen Eltern danke ich für die liebevolle, jahrelange Unterstützung, die mir die notwendige Kraft und das außergewöhnliche Maß an Sicherheit gaben, meine akademische Ausbildung erfolgreich zu durchlaufen.

Meiner Frau Jasmin danke ich für ihre bedingungslose Unterstützung in der Endphase der Erstellung dieser Dissertationsschrift. Ihr widme ich diese Arbeit.

Michael Burkert

Inhaltsverzeichnis

Abbildungsverzeichnis

Tabellenverzeichnis

Abkürzungsverzeichnis

ANOVA	Analysis of Variance
AGFI	Adjusted Goodness-of-Fit Index
BSC	Balanced Scorecard
bzw.	beziehungsweise
CEO	Chief Executive Officer
CFI	Comparative-Fit Index
df	degree of freedom
d. h.	das heißt
DCF	Discounted Cash flow
DEV	durchschnittlich erfasste Varianz
Ebs	European Business School
ESS	Executive Support Systems
EVA	Economic Value Added
et al.	et alii
e. V.	eingetragener Verein
F & E	Forschung und Entwicklung
GFI	Goodness-of-Fit Index
Ggf.	gegebenenfalls
Hrsg.	Herausgeber
krp	Kostenrechnungspraxis – Zeitschrift für Controlling, Accounting & System-Anwendungen
LISREL	Linear Structural Relations (kausalanalytisches Verfahren)
MAS	Management Accounting System
PM	Performance Measurement
PMS	Performance Measurement-System
RMSEA	Root Mean Squared Error of Approximation
ROI	Return on Investment
SPMS	Strategic Performance Measurement-System
u. a.	unter anderem
vgl.	vergleiche
WiSt	Wirtschaftwissenschaftliches Studium

WHU	Wissenschaftliche Hochschule für Unternehmensführung
z. B.	zum Beispiel
ZfB	Zeitschrift für Betriebswirtschaft
zfbf	Zeitschrift für betriebswirtschaftliche Forschung
ZP	Zeitschrift für Planung
z. T.	zum Teil
ZVEI	Zentralverband der Elektrotechnik- und Elektronikindustrie

A Einführung

1. Problemstellung

Seit 15 Jahren wird in Praktiker- und internationalen Fachzeitschriften die Erfolgsrelevanz von Kennzahlen bzw. Performance Measurement diskutiert.[1] Aktuelle Studien zeigen, dass die unternehmerische Praxis Kennzahlensysteme als eines der wichtigsten Controlling-Instrumente ansieht und dass die Messung der Unternehmensleistung mittels Kennzahlen einen Kernbereich der Betriebswirtschaftslehre darstellt.[2] Trotz des anhaltenden Interesses an dieser Thematik erstaunt es daher, wie begrenzt der empirisch gesicherte Wissensstand darüber ist, ob sich der Einsatz und die Nutzung von Kennzahlen auf den Erfolg von Managern und Unternehmen auswirken.

So kann Managern auf der Grundlage bisher veröffentlichter Studien kein eindeutiger Hinweise gegeben werden, ob verschiedene Arten der *Nutzung von Kennzahlen* (z. B. zu Kontroll- und Entscheidungszwecken) ratsam sind oder nicht. Es muss festgestellt werden, dass bezüglich möglicher Auswirkungen der *Nutzung von Kennzahlen* auf den Erfolg[3] die bisherigen Studien durchgängig zu widersprüchlichen Ergebnissen gekommen sind.[4]

Auch in Bezug auf mögliche Erfolgswirkungen spezifischer *Eigenschaften (Gestaltungsmerkmale)* der Kennzahlen (z. B. strategische Ausrichtung der Kennzahlen, Aktualität der Kennzahlen etc.), die die (Gesamt-)Qualität der Kennzahlen aus-

---

1 Vgl. Lynch/Cross (1991); Atkinson et al. (1997); Gleich (1997); Ittner/Larcker/Rajan (1997); Shields (1997); Ittner/Larcker (1998); Horváth et al. (1999); Weber/Schäffer (1999a); Klingebiel (2001).

2 Vgl. Sandt (2004), S. 1 und die dort angegebene Literatur.

3 Wie in Kapitel B 2.2 ausführlich beschrieben wird, werden in den Studien sowohl organisationale als auch individuale Erfolgsvariablen untersucht.

4 Henri (2006a), S. 538 bemerkt dazu: „[...] the exact nature of the relationship between the use of PMS [Performance Measurement Systems] and performance remains ambiguous." Zur grundsätzlichen Problematik sich widersprechender Befunde von empirischen Erfolgsfaktorenstudien und die damit fehlende Ergebniskonvergenz vgl. Nicolai/Kieser (2002); Fritz (2004); Homburg/Krohmer (2004).

machen, muss das bislang vorhandene empirische Wissen als begrenzt angesehen werden; die empirische Forschung hat bisher vor allem die Auswirkungen einer breiten Informationsversorgung mit finanziellen und nicht-finanziellen Kennzahlen auf den Erfolg untersucht (Breite der Kennzahlen). Deswegen soll in dieser Arbeit über die *Breite der Kennzahlen* hinaus (wie von Ittner/Larcker/Randall [2003] gefordert[5]) die Erfolgswirksamkeit einer Vielzahl weiterer Gestaltungsmerkmale von Kennzahlen untersucht werden.

Betrachtet man den Stand der Forschung, ist auffällig, dass die Studien entweder die Auswirkungen von *Gestaltungsmerkmalen von Kennzahlen* auf den Erfolg oder die Auswirkungen der *Nutzung von Kennzahlen* auf den Erfolg getrennt voneinander untersucht haben.[6] Es fehlt eine empirische Untersuchung, die die interdependenten Beziehungen zwischen den Gestaltungsmerkmalen von Kennzahlen sowie der tatsächlichen Nutzung und dem möglicherweise resultierenden Erfolg integrativ untersucht. Eine solche integrative Untersuchung sollte insbesondere helfen, die mangelnde Ergebniskonvergenz der Studien zu erklären, die die Auswirkungen verschiedener Arten der *Nutzung von Kennzahlen* auf den Erfolg untersuchen. Diamantopoulos/Souchon (1998) vermuten in diesem Zusammenhang als Grund für ihre widersprüchlichen Ergebnisse, dass sie die Art und Qualität der genutzten Kennzahlen nicht in ihrem Forschungsdesign berücksichtigt haben. Sie sehen daher in der Entwicklung einer Variablen, die die Qualität der Kennzahlen angemessen misst, eine wichtige Aufgabe für die zukünftige Forschung. Sie bemerken dazu: „Future research should also pay attention to developing a measure of information quality. Such a measure would be particularly useful in explaining why certain types of information are used in a certain way, and clarify the relationship between information use and export performance.“[7] In dieser Arbeit soll daher die Erklärung des komplexen und facettenreichen Phänomens *Qualität von Kennzahlen* erfolgen.

Da der Verbreitung von Kennzahlen und Kennzahlensystemen in der Fachliteratur eine beachtliche Aufmerksamkeit zuteil wird,[8] soll ebenfalls eine aktuelle deskriptive Bestandsaufnahme in der Problemstellung dieser Arbeit Berücksichtigung finden.

---

5 Vgl. Ittner/Larcker/Randall (2003), S. 739.

6 Vgl. Souchon et al. (2003), S. 106; Henri (2006b), S. 78.

7 Diamantopoulos/Souchon (1998), S. 127.

8 Vgl. z. B. Chenhall/Langfield-Smith (1998); Suomala (2004).

Die aufgezeigte Problemstellung kann als hochrelevant für die unternehmerische Praxis angesehen werden, da auf diese Weise viele der oft vermuteten populären Zusammenhänge zwischen Performance Measurement und Erfolg auf ihre tatsächliche Gültigkeit getestet werden.[9] Die Entwicklung und Validierung von Fragen zur Messung der relevanten Gestaltungsmerkmale von Kennzahlen kann darüber hinaus der unternehmerischen Praxis einen Leitfaden zur unternehmensindividuellen Schwachstellenanalyse in Bezug auf die Informationsversorgung mit Kennzahlen geben. Mit dieser Untersuchung soll versucht werden, der Unternehmenspraxis verlässliche Hinweise über die Bedingungen zu geben, die erfüllt sein müssen, damit die Nutzung von Kennzahlen zu verschiedenen Zwecken erfolgssteigernd und nicht erfolgsmindern ist.

Aufgrund ihrer besonderen Wettbewerbsdynamik wird die Elektroindustrie als besonders geeignet angesehen, Neuerungen auf dem Gebiet Performance Measurement und Unternehmenssteuerung zu untersuchen. Daher erfolgt in dieser Arbeit eine Fokussierung auf diese Branche.[10]

2. Zielsetzung

Die Zielsetzung dieser Arbeit besteht darin, einerseits die Verbreitung von Kennzahlen und Kennzahlensystemen bei Unternehmen der Elektroindustrie zu ermitteln und andererseits, durch eine integrative Analyse Auswirkungen von Gestaltungsmerkmalen von Kennzahlen sowie ihrer Nutzung auf den individuelen Erfolg von Managern nachzuweisen.

Aus dieser Zielsetzung lassen sich die folgenden Teilziele ableiten:

1. Das Interesse an Performance Measurement und Performance Measurement-Systemen hat in den letzten Jahren zu einer zunehmenden Anzahl von Neuimplementierungen von Kennzahlensystemen geführt.[11] Aufgrund der intensiven Diskussionen der letzten Jahre ist daher zu erwarten, dass die deskriptiven Ergebnisse früherer Studien, die zudem branchenübergreifend angelegt waren, veraltet sind.

[9] Vgl. zur Relevanz empirischen Forschens für die Praxis Hauschildt (2003), S. 22.

[10] Vgl. Cimento/Kluge/Stein (1993); Kluge et al. (1994).

[11] Vgl. z. B. Ittner/Larcker (1998), S. 205.

Aktuelles Wissen über die Verbreitung verschiedener Kennzahlensysteme unter Unternehmen der Elektroindustrie ist somit als begrenzt anzusehen.

Die erste Forschungsfrage lautet daher:

Wie hoch ist der Verbreitungsgrad von neueren und traditionellen Kennzahlen sowie von Kennzahlensystemen bei Unternehmen der Elektroindustrie?

2. Das zweite Teilziel dieser Arbeit besteht darin, möglichst vollständig die für den Erfolg von Managern relevanten Gestaltungsmerkmale von Kennzahlen zu untersuchen und deren Auswirkungen auf den individuellen Erfolg empirisch zu belegen. Damit soll das bislang unzureichend gesicherte Wissen über die Erfolgsrelevanz verschiedener Gestaltungsmerkmale von Kennzahlen systematisch erweitert werden. Um dies zu erreichen, wird in einem Zwischenschritt untersucht, welche Gestaltungsmerkmale die (Gesamt-)Qualität von Kennzahlen erklären. Bei der (Gesamt-)Qualität von Kennzahlen handelt es sich um ein äußerst vielschichtiges Konstrukt, welches bislang nur unzureichend untersucht wurde. Für die Analyse des komplexen Konstruktes *Qualität von Kennzahlen* ist dabei, wie in der jüngeren Literatur gefordert, eine nutzerkreisspezifische Studie (hier unter Top-Managern) notwendig.[12] Durch die Untersuchung des Zusammenhangs zwischen der Qualität der Kennzahlen und dem individuellen Erfolg der Manager soll schließlich indirekt gezeigt werden, dass die extrahierten Gestaltungsmerkmale von Kennzahlen den Erfolg positiv beeinflussen.[13]

Die zweite Forschungsfrage lässt sich daher wie folgt formulieren:

Welche Gestaltungsmerkmale von Kennzahlen erklären die Qualität der Kennzahlen und damit indirekt den individuellen Erfolg von Managern?

3. Bei den Zusammenhangsvermutungen zwischen der Qualität von Kennzahlen und dem individuellen Erfolg wird in der Literatur implizit oft von einem Black-

---

[12] Vgl. Nelson/Todd/Wixom (2005), S. 200f.

[13] Die skizzierte Analyse des komplexen Konstruktes *Qualität von Kennzahlen* erfolgt dabei in Analogie zu den Untersuchungen von Homburg bzw. Homburg/Rudolph, die empirisch die Einflussfaktoren der vielschichtigen Konstrukte *Kundennähe* und *Kundenzufriedenheit* untersuchen, um im zweiten Schritt die Erfolgswirksamkeit der Einflussfaktoren indirekt empirisch zeigen zu können. Vgl. Homburg/Rudolph (1998); Homburg (2000).

Box-Modell ausgegangen. Danach werden die quantitativen Informationen von den Nutzern als Input optimal verwendet und in Output transformiert (hier individueller Erfolg). Diese klassisch ökonomische Sichtweise impliziert, dass vorhandene Kennzahlen optimal verarbeitet und genutzt werden. Es kann aber sein, dass qualitativ sehr gute Kennzahlen trotz ihrer Verfügbarkeit von Managern wenig genutzt und daher nur unzureichend in Erfolg transformiert werden.[14] Der Zusammenhang zwischen der Qualität der Kennzahlen und dem individuellen Erfolg ist dann schwächer. Daneben können weitere kontext- und akteursspezifische Faktoren die Stärke des Zusammenhangs zwischen der Qualität der Kennzahlen und dem individuellen Erfolg von Managern beeinflussen.

Die dritte Forschungsfrage dieser Arbeit lautet daher:

Wird der Zusammenhang zwischen der Qualität der Kennzahlen und dem individuellen Erfolg der Manager durch verschiedene Nutzungsarten sowie durch kontext- und individuumsspezifische Faktoren moderiert?

In jüngerer Zeit ist die mangelnde Ergebniskonvergenz empirischer Studien der Erfolgsfaktorenforschung kritisiert worden.[15] Wie in der Problemstellung erläutert, trifft diese Kritik insbesondere auch auf Studien zu, die die Erfolgswirkungen der Nutzung von Kennzahlen untersucht haben. Als möglicher Grund für die mangelnde Ergebniskonvergenz wird dabei oftmals die ungenügende Verwendung statistischer Methoden genannt.[16] Die unzureichende Anwendung statistischer Methoden scheint dabei gerade in der empirischen Controllingforschung von besonderer Relevanz zu sein.

Die Studien der empirischen Controllingforschung werden in diesem Zusammenhang einerseits kritisiert, da bei ihnen nur in den wenigsten Fällen auf anspruchsvolle statistische Verfahren wie die Kausalanalyse zurückgegriffen wurde und stattdessen herkömmliche Regressionsanalysen zum Einsatz kamen.[17] Andererseits ist auch bei veröffentlichten Studien in internationalen Fachzeitschriften aus dem Gebiet

14 Vgl. Souchon et al. (2003), S. 106; ferner Sutcliffe (2001).

15 Vgl. ausführlich Nicolai/Kieser (2002); Nicolai/Kieser (2004).

16 Vgl. Homburg/Krohmer (2004), S. 630.

17 Vgl. Smith/Langfield-Smith (2004), S. 49.

Management Accounting zu bemängeln, dass die Ergebnisse der Methodendiskussionen, wie sie intensiv in der internationalen Marketingforschung oder in anerkannten Fachzeitschriften der Psychologie zu finden sind, bisher zu wenig rezipiert worden sind. Es ist zu vermuten, dass ein Großteil sich widersprechender empirischer Befunde (insbesondere auch der empirischen Management Accounting-Forschung) auf Defizite in der methodischen Umsetzung der Studien zurückzuführen ist.[18] Die Rezeption geführter Methodikdiskussionen kann grundsätzlich als Voraussetzung angesehen werden, um zu wissenschaftlich verlässlicheren Ergebnissen als bisher zu gelangen.[19]

Ziel dieser Arbeit ist es daher auch, den Ergebnissen jüngster Methodikdiskussionen besonders Rechnung zu tragen. Dadurch soll die Umsetzung aller drei genannten Teilziele der Arbeit gewährleistet werden.

3. Vorgehen und Methode

Aus der Zielsetzung der Arbeit leitet sich der Gang der Untersuchung ab.

Gegenstand von Teil B sind die begrifflichen und konzeptionellen Grundlagen der Untersuchung. Neben einer Klarstellung der für die Arbeit zentralen Begriffe soll ein detaillierter Überblick über relevante frühere Studien zu den Themenfeldern *Performance Measurement und Erfolg* sowie *Nutzung von Informationen und Erfolg* gegeben und existierende Schwachstellen bzw. Versäumnisse der Literatur aufgezeigt werden. Teil B schließt mit der Darstellung der wissenschaftstheoretischen Perspektive der Arbeit und den verwendeten konzeptionellen Bezugspunkten, aus

---

[18] Während bei Arbeiten aus dem Gebiet der deutschen empirischen Controllingforschung vor allem mit einfachen Direktmessungen gearbeitet wurde, wird bei einem Großteil der verwendeten Konstrukte der internationalen empirischen Controllingforschung als Gütemaß nur das Cronbachsche Alpha angegeben. Es muss daher davon ausgegangen werden, dass bei Verwendung der Gütekriterien der ersten und zweiten Generation (wie in der Marketingforschung schon seit vielen Jahren üblich) viele der Messungen nicht hätten verwendet werden können. Diese Messproblematik wird damit wahrscheinlich auch zu einer Vielzahl von fälschlicherweise angenommenen Hypothesen bzw. zur Ablehnung von eigentlich richtigen Hypothesen geführt haben. Für eine umfassende Diskussion der Problematik verwendeter Konstrukte in der empirischen Management-Accounting-Forschung vgl. Kwok/Sharp (1998).

[19] Vgl. Hauschildt (2003), S. 23.

denen der Bezugsrahmen für die Analyse der beiden empirisch-analytischen Forschungsfragen abgeleitet werden kann.

In Teil C wird nach einer Erläuterung des Konzeptes der Qualität von Informationen das Forschungsmodell für die beiden empirisch-analytischen Forschungsfragen abgeleitet. Dabei werden zunächst die Hypothesen bezüglich der direkten und indirekten Effekte des Forschungsmodells und im Anschluss die Hypothesen bezüglich der moderierenden Effekte hergeleitet.

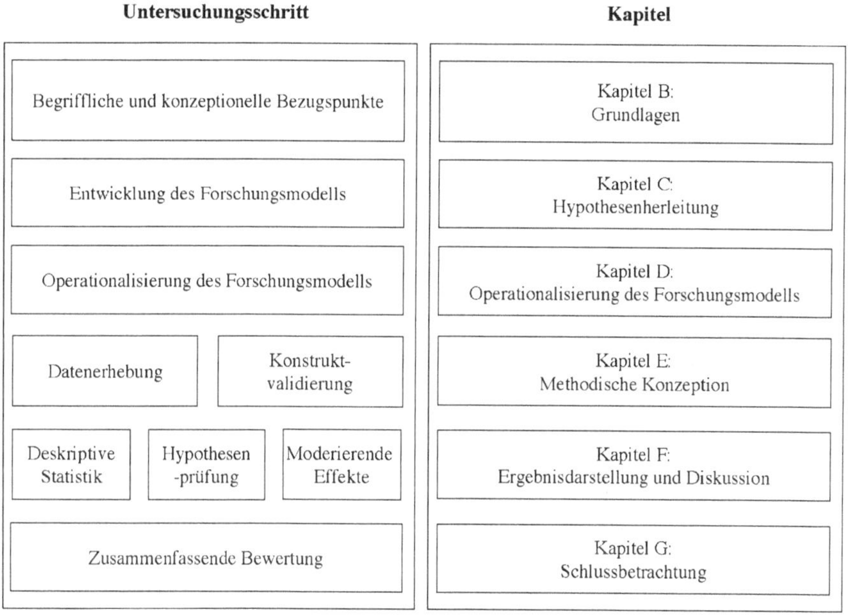

Abbildung 1: Gang der Untersuchung

In Teil D werden die in der Untersuchung verwendeten Konstrukte für die empirische Messung operationalisiert.

Im Anschluss wird in Teil E die methodische Konzeption der Arbeit dargelegt. Nach einer Beschreibung des Datenerhebungsprozesses sowie der resultierenden Datenbasis werden die erzielten Gütemaße der Konstrukte beschrieben. In Teil E werden auch die verwendeten statistischen Verfahren erläutert.

Teil F beginnt mit einer Bestandsaufnahme der Verbreitung von Kennzahlen und kennzahlenbasierten Instrumenten der Unternehmensführung. Im Anschluss erfolgen die Ergebnisdarstellung der Hypothesenprüfung sowie eine Diskussion der Ergebnisse.

Teil G fasst die Ergebnisse der Untersuchung zusammen und resümiert.

B Begriffliche und konzeptionelle Grundlagen der Untersuchung

1. Begriffliche Grundlagen

1.1 Definition und Abgrenzung Kennzahl und Kennzahlensystem

1.1.1 Definition und Abgrenzung Kennzahl

Unter einer *Kennzahl* wird jede Art von quantitativer Information verstanden, die über unternehmensinterne oder unternehmensexterne Sachverhalte Auskunft gibt.[20] Kennzahlen können dabei als absolute Zahlen vorliegen (z.B. Umsatz) oder als Verhältniszahlen (z.B. Umsatzrendite). Die meisten veröffentlichten empirischen Studien folgen dieser umfassenden Sichtweise, die über das engere Verständnis, demzufolge nur Verhältniszahlen als Kennzahlen zu bezeichnen sind, hinausgeht.[21]

Diesem Verständnis folgend sollen in der vorliegenden Arbeit die Begriffe *Kennzahl* und *quantitative Information* synonym verwendet werden. Es ist dabei unerheblich, ob die quantitativen Informationen aus der Kosten- und Leistungsrechnung stammen, Budgetinformationen darstellen oder von welchem Funktionsbereich des Unternehmens sie an die Informationsnutzer geliefert werden.[22] Kennzahlen stellen damit den Kern des formalen Berichtswesens dar.[23] In der englischsprachigen Literatur werden die Ausdrücke *performance measure, performance indicator, key performance indicator* verwendet und entsprechen dem deutschen Begriff einer Kennzahl.[24]

---

[20] Vgl. Sandt (2004), S. 10ff.; Reichmann (2006), S. 18ff.

[21] Vgl. Sandt (2004), S. 10 und die dort angegebene Literatur.

[22] Nach einer jüngeren Erhebung von Sandt erhalten nur 7% ergebnisverantwortlicher Manager die Kennzahlen „aus einer Hand" von der Controllingabteilung vorgelegt. In den meisten Unternehmen erhalten Manager relevante quantitative Informationen aus verschiedenen Funktionsbereichen. Vgl. Sandt (2004), S. 118f.

[23] Für eine umfassende Diskussion vgl. Sandt (2004), S. 16ff.

[24] Vgl. Neely (1998), S. 6.

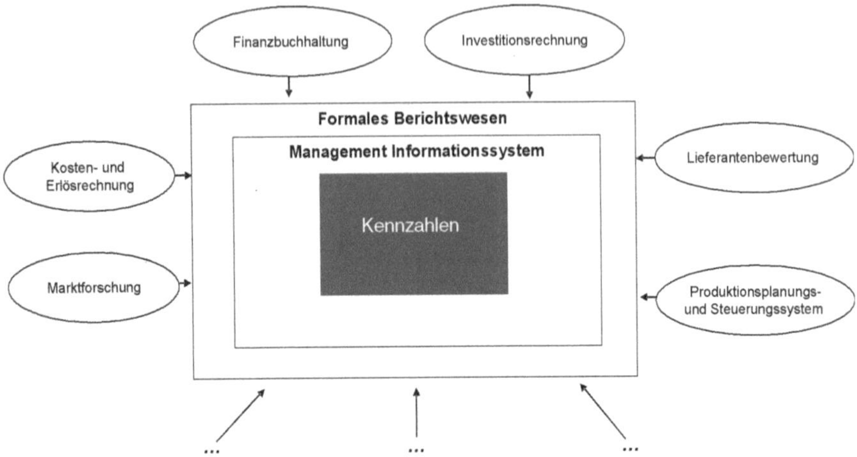

Abbildung 2: Einordnung von Kennzahlen[25]

In der Literatur werden Kennzahlen unterschieden, je nachdem, ob sie finanzielle (z.B. Umsatzrendite) oder nicht-finanzielle quantitative Informationen (z.B. Anzahl eingegangener Beschwerden) darstellen. Während nicht-finanzielle Kennzahlen oft auch als *leading indicators* bezeichnet werden, da sie über zukünftige Leistungspotenziale eines Unternehmens Auskunft geben, werden finanzielle Kennzahlen als *lagging indicators* bezeichnet, da sie über die Ergebnisse der Vergangenheit informieren.[26] Weiterhin können *weiche* und *harte* Kennzahlen unterschieden werden. Eine *weiche* Kennzahl ist eine quantitative Information, die im Gegensatz zu einer *harten* Kennzahl Ergebnis einer schriftlichen Befragung ist und somit auf subjektiven Einschätzungen beruht. Beispielsweise kann Kundenzufriedenheit indirekt durch harte Kennzahlen (z.B. Anzahl eingegangener Beschwerden) oder durch weiche Kennzahlen (durch eine direkte Kundenbefragung) gemessen werden.[27]

---

25 In Anlehnung an Sandt (2004), S. 22.

26 Vgl. Sandt/Schäffer/Weber (2001), S. 2f.

27 Vgl. Reichmann (2006), S. 496ff.

1.1.2 Definition und Abgrenzung Kennzahlensystem

Unter einem *Kennzahlensystem* wird eine Anzahl von mindestens zwei Kennzahlen verstanden, die in einem Zusammenhang zueinander stehen. Der Zusammenhang zwischen den Kennzahlen kann dabei entweder mathematischer[28] oder sachlogischer Natur sein.[29]

In der deutschen und internationalen Fachliteratur werden zudem häufig die Begriffe *Performance Measurement* und *Performance Measurement-System* verwendet. Bei der Verwendung dieser Begriffe liegt allerdings nicht immer ein einheitliches Begriffsverständnis zugrunde. Unter *Performance Measurement* ist nach der Definition von Gleich (1997) der Aufbau und Einsatz mehrerer Kennzahlen verschiedener Dimensionen (z.B. Kosten, Zeit, Qualität, Kundenzufriedenheit etc.) zu verstehen, die zur Beurteilung der Effektivität und Effizienz der Leistung und Leistungspotenziale unterschiedlicher Objekte (den sog. Leistungsebenen wie Mitarbeiter und Prozesse etc.) im Unternehmen herangezogen werden.[30] Unter einem *Performance Measurement-System* versteht Gleich ein Planungs- und Steuerungskonzept, das finanzielle und nicht-finanzielle Kennzahlen beinhaltet, die auf allen erfolgs- und leistungsrelevanten Unternehmensebenen mit den Einflussgrößen der langfristigen finanziellen Leistungsfähigkeit des Unternehmens verbunden sind, sodass die Maßgrößen bzw. Kennzahlen einander ergänzen, auf die strategische Zielstellung des Unternehmens ausgerichtet sind, die Ansprüche der Stakeholder integrieren und auf kontinuierliche Verbesserung und Flexibilität ausgerichtet sind.[31] Im Gegensatz dazu ist laut Grüning (2002) ein *Performance Measurement-System* „[...] ein System zur Messung und Lenkung der mehrdimensionalen, durch wechselseitige Interdependenzen gekennzeichneten, strategische und operative Aspekte integrierenden Unternehmensperformance auf Basis eines kybernetischen Prozesses mit Elementen organisationalen Lernens.“[32]

Festzuhalten ist, dass sich keine der beiden Definitionen in der internationalen Fachliteratur durchgesetzt hat. Kritisch anzumerken bleibt, dass beide Definitionen

---

[28] Vgl. Gladen (2005), S. 157f.

[29] Vgl. Gladen (2005), S. 159f.

[30] Vgl. Gleich (1997), S. 115.

[31] Vgl. Gleich (1997), S. 114f.

[32] Vgl. Grüning (2002), S. 10.

Anforderungen darstellen, wie ein Performance Measurement-System ausgestaltet sein sollte. Im Gegensatz dazu wird in internationalen Fachzeitschriften der Begriff *Performance Measurement-System* nicht fest definiert, sondern meist synonym für den deutschen Begriff *Kennzahlensystem* gebraucht.[33] Auch der Begriff *Performance Measurement* wird in der internationalen Literatur nicht klar definiert, sondern nur als Bezeichnung für die Messung der Unternehmensleistung mit Kennzahlen verwendet.[34] Konkrete Forderungen, wie Performance Measurement ausgestaltet und durchgeführt werden sollte, werden vermieden. Diesem internationalen Sprachgebrauch bzw. Verständnis wird auch in dieser Arbeit gefolgt.

1.2 Die wichtigsten Kennzahlensysteme im Überblick

Neuentwicklungen von Kennzahlensystemen haben in den letzten Jahren die Diskussionen über das Thema Performance Measurement maßgeblich beeinflusst.[35] Daher sollen im Folgenden die wichtigsten Kennzahlensysteme kurz vorgestellt werden. Die Auswahl der vorzustellenden Kennzahlensysteme orientiert sich dabei an ihrer empirischen Verbreitung in der deutschen Unternehmenspraxis. Kennzahlensysteme, die laut jüngeren empirischen Erhebungen in der deutschen Unternehmenspraxis nicht (mehr) verbreitet sind, finden daher keine Berücksichtigung. Zu diesen nicht (mehr) verbreiteten Kennzahlensystemen gehören das Tableau de Bord, welches nur im französischen Sprachraum verbreitet ist, oder das Rentabilitäts-Liquiditäts-Kennzahlensystem (RL-System), welches nach den Erhebungen von Sandt, Gleich und Grüning von deutschen Unternehmen nicht mehr eingesetzt wird.[36]

1.2.1 Das ROI-Kennzahlensystem

Das ROI- (auch DuPont-) Kennzahlensystem gilt als das wohl bekannteste und älteste Kennzahlensystem. Es wurde von der amerikanischen Firma E.I. DuPont de

---

33 Vgl. Ittner/Larcker (1998), S. 206.

34 Vgl. z. B. Ittner/Larcker (1998).

35 Vgl. Atkinson et al. (1997), S. 93 f.; Grüning (2002), S. 21 f.

36 Vgl. zur deskriptiven Verbreitung von Kennzahlensystemen in der deutschen Unternehmenspraxis Gleich (2001), S. 351; Grüning (2002), S. 62; Sandt (2004), S. 121. Für eine ausführliche Beschreibung bekannter Kennzahlensysteme vgl. Gleich (2001), S. 47 ff.; Grüning (2002), S. 21 ff. Für eine Beschreibung und aktuelle Studie zur Verbreitung des Tableau de Bord vgl. Lebas (1994); Gehrke/Horváth (2002).

Nemours and Company 1919 entwickelt. Das ROI-Kennzahlensystem verfügt über eine Spitzenkennzahl, mit der 16 weitere Kennzahlen mathematisch verknüpft sind. Als Spitzenkennzahl fungiert die Gesamtkapitalrentabilität. Aufgrund der Ausrichtung auf eine Spitzenkennzahl stellt das ROI-Konzept ein eindimensionales Rechensystem dar.[37]

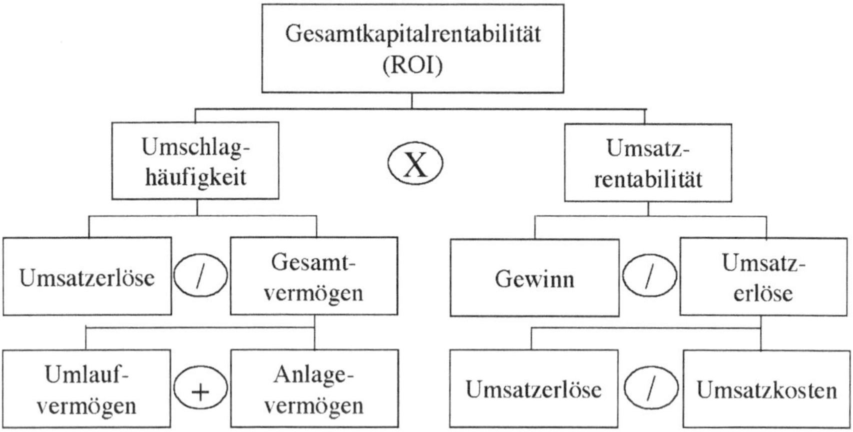

Abbildung 3: Das ROI-Kennzahlensystem[38]

1.2.2 Das ZVEI-Kennzahlensystem

Das ZVEI-Kennzahlensystem wurde 1969 vom Zentralverband der Elektrotechnik- und Elektronikindustrie der Öffentlichkeit vorgestellt. Wie das ROI-Konzept kann es branchenunabhängig als Instrument zur Unternehmenssteuerung und -analyse eingesetzt werden.[39]

Als Weiterentwicklung des Du-Pont- (ROI-)Grundmodells hat das ZVEI-Konzept im deutschsprachigen Raum weite Verbreitung gefunden.[40] Obwohl finanzielle Kennzahlen überwiegen, werden im ZVEI-Kennzahlensystem einige nicht-finanzielle Kennzahlen berücksichtigt (Personalbestand, Fluktuation etc.).

---

[37] Vgl. Weber (2004), S. 257 f.; Horváth (2006), S. 547 f.

[38] In Anlehnung an Heigl (1989), S. 142.

[39] Vgl. ZVEI (1989), S. 1 sowie S. 35 ff.

[40] Vgl. Gleich (2001), S. 6.

In den beiden Bereichen des ZVEI-Kennzahlensystems, der Wachstums- und der Strukturanalyse, werden die Zahlen des Jahresabschlusses und der Kosten- und Erlösrechnung verwendet:

Die *Wachstumsanalyse* stellt ein Ordnungssystem mit neun absoluten Zahlen dar, die durch Vergleich mit den entsprechenden Werten der Vorperiode erste Rückschlüsse über eine nachhaltige Unternehmensentwicklung zulassen sollen.[41]

Die *Strukturanalyse* stellt den eigentlichen Kern des Kennzahlensystems dar.[42] Ausgehend von der Eigenkapital-Rentabilität als Spitzenkennzahl sind 201 Kennzahlen definitionslogisch miteinander verknüpft, wovon allein 122 Hilfskennzahlen ohne eigene Bedeutung die saubere rechentechnische Verknüpfung sicherstellen.[43] Die 201 Kennzahlen sind insgesamt elf Untergruppen zugeordnet, die wiederum über eine Spitzenkennzahl verfügen. Aufgrund dieses Aufbaus ist die Strukturanalyse des ZVEI-Kennzahlensystems im Gegensatz zum ROI-Konzept ein multidimensionales Kennzahlensystem. Die absoluten Zahlen als Bestandteile der Kennzahlen werden als Bestandszahlen (z. B. Lagerbestand, Auftragsbestand etc.) und Bewegungszahlen (z. B. Umsatz) definiert und ergeben durch Kombination jeweils zwei Risikokennzahlen und zwei Ertragskraftkennzahlen.[44] Innerhalb der elf Kennzahlengruppen des Systems können die Kennzahlen durch Gliederung und durch Einführung anderer Bezugs- und Beobachtungsgrößen umfassend analysiert werden.[45]

Den Mitgliedsfirmen des Elektroverbandes werden jährlich die erhobenen brancheninternen Daten zu den ZVEI-Kennzahlen aus dem Rechnungswesen für Betriebs- und Zeitvergleiche zur Verfügung gestellt werden. Dadurch besitzt das ZVEI-System für Mitgliedsfirmen des ZVEI e.V. einen hohen zusätzlichen Nutzen.[46] Aufgrund dieses speziellen Nutzens des ZVEI-Kennzahlensystems für die Mitgliedsfirmen des ZVEI ist zu vermuten, dass das Konzept innerhalb der Unternehmen der Elektrobranche noch einen hohen Verbreitungsgrad aufweist.[47]

---

41 Vgl. ZVEI (1989), S. 44; Gleich (2001), S. 254.

42 Vgl. Reichmann (2006), S. 30.

43 Vgl. ZVEI (1989), S. 5.

44 Vgl. ZVEI (1989), S. 13 f.

45 Vgl. Reichmann (2006), S. 30 f.

46 Vgl. Neumann/Thumbs (1999), S. 2020.

47 In den drei erwähnten Studien von Sandt, Gleich und Grüning spielte das ZVEI-Kennzahlensystem außerhalb der Elektroindustrie keine Rolle mehr. Vgl. Gleich (2001), S. 351; Grüning (2002), S. 62; Sandt (2004), S. 121.

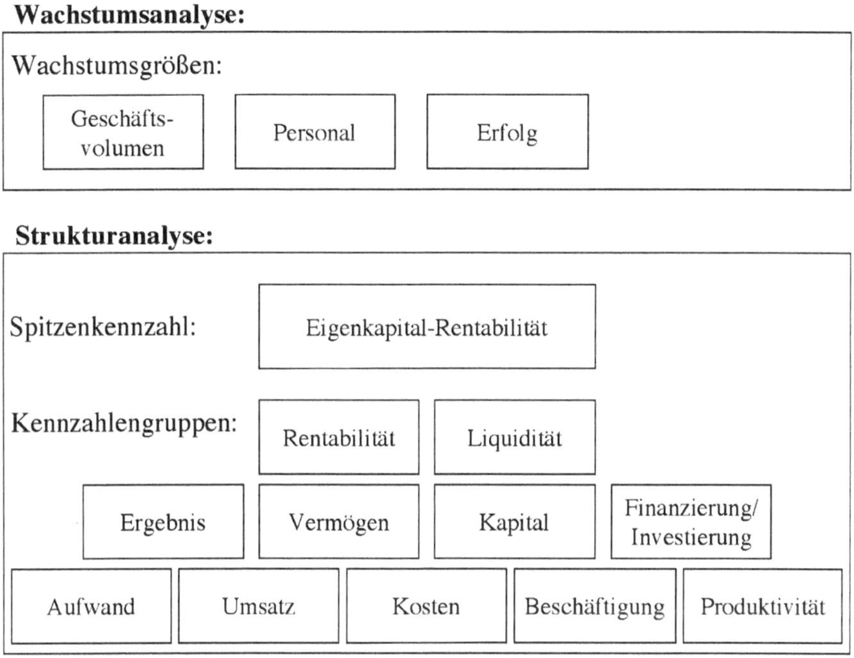

Abbildung 4: Das ZVEI-Kennzahlensystem[48]

1.2.3 Unternehmenswertorientierte Konzepte

Wertorientierte Kennzahlensysteme entstanden im Zuge der Entwicklung der Shareholder-Value-Analyse. Ausgangspunkt von Shareholder-Value-Konzepten ist die Kritik an den traditionellen Renditemaßen (wie die Gesamtkapital- oder Eigenkapitalrentabilität), die aus Buchwerten gewonnen werden, da sie zu wenig über den an der Börse festgestellten Unternehmenswert aussagen können. Wertorientierte Kennzahlensysteme haben hingegen zum Ziel, eine kapitalmarktorientierte Unternehmensführung zu fördern, die auf die Steigerung des Marktwertes des Eigenkapitals bzw. des Unternehmenswertes fokussiert ist.[49] Diese Betrachtungsweise

[48] Vgl. ZVEI (1989), S. 43.

[49] Vgl. Günther (1997), S. 54; Weber (2004), S. 259 f.; ferner umfassend Brunner (1999); Brunner/Becker/Wolfisberg (2001); Coenenberg/Salfeld (2003); Faul (2004); Hostettler/Stern (2004).

wurde wesentlich durch das Werk „Creating Shareholder Value“ von Rappaport aus dem Jahre 1986 geprägt.[50]

Der Berechnung der finanziellen Spitzenkennzahlen der unternehmenswertorientierten Kennzahlensysteme liegen Verfahren der Unternehmensbewertung und Investitionsrechnung zugrunde.[51] Dadurch soll erreicht werden, dass die Steuerung des Unternehmens mithilfe der gleichen Kennzahlen erfolgt, die für Unternehmensbewertungen und damit (gemäß der herrschenden Kapitalmarkttheorie) für den Börsenkurs relevant sind.[52] Die ermittelten Spitzenkennzahlen werden in ihre Werttreiber zerlegt, sodass mathematisch verknüpfte Kennzahlensysteme entstehen.[53]

Die Mehrzahl der wertorientierten Kennzahlensysteme beruht auf der Discounted-Cashflow-Methodik (DCF-Verfahren) oder den Übergewinn-Konzepten.[54]

Bei der Discounted-Cashflow-Methodik wird eine zahlungsstrombasierte Sichtweise des Unternehmens in den Vordergrund gestellt. Dabei wird für eine Zeitperiode der freie Cashflow, der den Eigen- und Fremdkapitalgebern theoretisch zur Verfügung steht, ermittelt und durch die gewichteten Durchschnittskosten des Eigen- und Fremdkapitals abdiskontiert.[55] Durch Subtraktion des Fremdkapitals kann der Wert des Eigenkapitals dann leicht errechnet werden.[56] Die Werttreibersysteme leiten sich aus den zentralen Bewertungsgrößen freier Cashflows und den Kapitalkosten ab.[57]

Übergewinn-Modelle basieren auf dem Grundsatz, dass nur durch eine über den Kapitalkosten liegende Rentabilität zusätzlicher Wert geschaffen wird.[58] In Anlehnung an den Deckungsbeitrag aus der Kostenrechnung stellt der Übergewinn somit

---

50 Vgl. Rappaport (1986).

51 Vgl. umfassend Hachmeister (1997); Hachmeister (2003).

52 Vgl. Gladen (2005), S. 94.

53 Vgl. Weber/Schäffer (1999c), S. 284; Gladen (2005), S. 99 ff.

54 Vgl. hierzu Stewart (1991); Copeland/Koller/Murrin (1996); Rappaport (1999); für einen zusammenfassenden Überblick über wertorientierte Kennzahlen vgl. Ewert/Wagenhofer (2000).

55 Vgl. Copeland/Koller/Murrin (1996), S. 139.

56 Diese Art der Errechnung wird auch Gesamtkapitalmethode (Entity-Approach) genannt. Eine andere Berechnungsmethode stellt die Eigenkapitalmethode (Equity-Approach) dar. Vgl. hierzu Ballwieser (1998), S. 84; Eidel (2000), S. 36 f.; Baetge/Niemeyer/Kümmel (2002); Gladen (2005), S. 94.

57 Vgl. Lorson (1999), S. 1333 f.

58 Vgl. Lewis (1995), S. 124; Stern/Stewart/Chew (1995), S. 40.

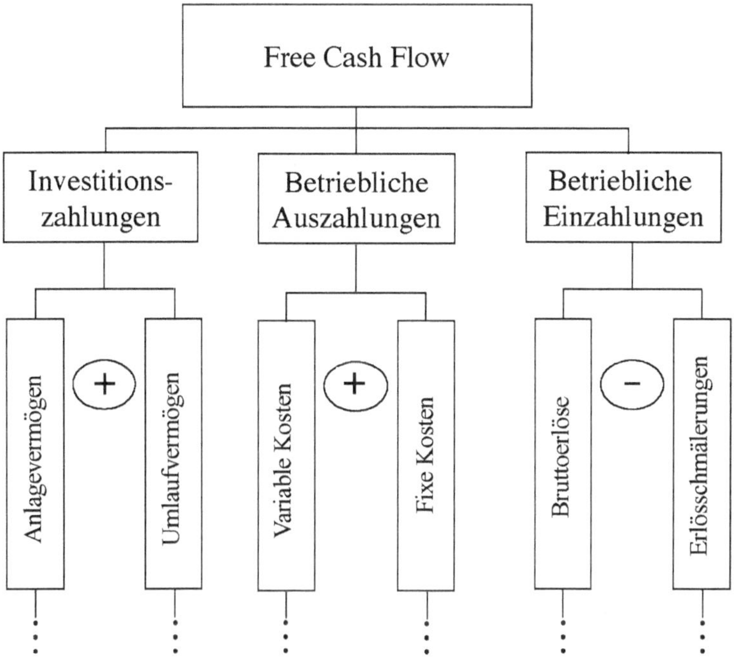

Abbildung 5: Schematische Darstellung einer Werttreiberhierarchie[59]

den Betrag dar, welcher nach Abzug der Kapitalkosten zur freien Verfügung der Eigentümer des Unternehmens verbleibt[60]. Auf Basis der Daten des externen Rechnungswesens wird eine Periodenerfolgsgröße ermittelt, welche Auskunft darüber geben soll, ob in besagter Periode Unternehmenswert geschaffen bzw. vernichtet wurde.[61] Das Werttreibersystem leitet sich dementsprechend aus der Periodenerfolgsgröße ab. Der Unternehmenswert lässt sich dann aus der Summe der Barwerte prognostizierter Übergewinne errechnen. Somit lässt sich der Übergewinn sowohl zur Performance-Messung einer Periode als auch zur Ermittlung des Unternehmenswerts verwenden.[62]

---

[59] In Anlehnung an Knorren/Weber (1997), S. 32.

[60] Vgl. Günther (1997), S. 223.

[61] Vgl. Lorson (1999), S. 1334.

[62] Vgl. Hirsch (2005), S. 25 ff.

Sind die Voraussetzungen des Lücke-Theorems erfüllt, führen die Berechnungen nach der DCF sowie den Übergewinn-Konzepten zu den gleichen Ergebnissen.[63]

Obwohl wertorientierte Kennzahlensysteme eine hohe Verbreitung unter börsennotierten Unternehmen gefunden haben, sind sie (wie die traditionellen Kennzahlensysteme) wegen ihrer ausschließlichen Berücksichtigung finanzieller Informationen Gegenstand ernstzunehmender Kritik.[64] Kritisiert wird in diesem Zusammenhang ebenfalls, dass Werttreibermodelle keine konkreten Hinweise geben, wie operativ Wert geschaffen werden soll.[65] Empirische Analysen können bislang Zweifel der Überlegenheit von unternehmenswertorientierten Kennzahlen im Vergleich zu traditionellen Gewinnkennzahlen nicht ausräumen.[66]

1.2.4 Die Balanced Scorecard

Die Balanced Scorecard (BSC) stellt die bekannteste Neuentwicklung eines Kennzahlensystems dar. Sie wurde Anfang der 90er-Jahre von Robert S. Kaplan und David P. Norton entwickelt und der Öffentlichkeit vorgestellt.[67] Ausgangspunkt der Entwicklung war die aufgekommene Kritik an der einseitigen Finanzausrichtung existierender Kennzahlensysteme.[68]

Eine Balanced Scorecard unterscheidet sich von früheren Kennzahlensystemen dadurch, dass eine Anzahl von finanziellen und nicht-finanziellen Kennzahlen verschiedenen Perspektiven zugeordnet wird. Im ursprünglichen Konzept von Kaplan/Norton wird zwischen der *Financial Perspective,* der *Internal Business Perspective,* der *Innovation and Learning Perspective* und der *Customer Perspective* unterschieden.[69] Die Anzahl und Art der Perspektiven ist aber flexibel, sOodass ohne weiteres weitere Perspektiven hinzugefügt bzw. andere weggelassen werden können. Im Gegensatz zu den rein finanziellen Kennzahlensystemen besteht zwischen den Kennzahlen einer BSC kein mathematischer, sondern ein sachlogischer Zusammenhang.

---

63 Vgl. Lücke (1955).

64 Vgl. Speckbacher/Bischof/Pfeiffer (2003), S. 364 f.

65 Vgl. Weber et al. (2004), S. 106.

66 Vgl. Günther/Landrock/Muche (2000) und die dort angegebene Literatur.

67 Für die folgenden Ausführungen vgl. Kaplan/Norton (1992); Kaplan/Norton (1996); Kaplan/Norton (2001).

68 Vgl. z. B. Eccles (1991).

69 Vgl. Kaplan/Norton (1992), S. 72.

Die Ursache-Wirkungsbeziehungen zwischen den Kennzahlen müssen in Workshops definiert und in sog. *Strategy Maps* dokumentiert werden.[70] Die Kennzahlen sollen dabei aus einer ausgewogenen Mischung aus finanziellen und nicht-finanziellen Kennzahlen bestehen.[71] Darüber hinaus verstehen Kaplan/Norton eine BSC nicht als reines Kennzahlensystem, sondern als umfassendes Managementsystem, welches zur Strategieimplementierung verwendet werden kann. Dazu soll aus der Unternehmensvision die Unternehmensstrategie abgeleitet werden. In einem zweiten Schritt sollen aus der Unternehmensstrategie Kennzahlen abgeleitet werden, mit denen über sachlogische Verknüpfungen alle anderen Kennzahlen zusammenhängen. Für die Strategieumsetzung werden darüber hinaus konkrete Handlungsmaßnahmen definiert. Eine voll entwickelte BSC zeichnet zudem sich durch eine enge Koppelung an das Anreizsystem aus.[72] Die aus der Strategie abgeleiteten Kennzahlen sollen für die Kommunikation der Strategie im Unternehmen verwendet werden.[73]

Empirische Studien berichten über einen mittlerweile sehr hohen Verbreitungsgrad der Balanced Scorecard unter Unternehmen.[74] Zu konstatieren ist, dass ein großer Teil der Praktikerliteratur dem Konzept eine hohe Bedeutung für die Strategieimplementierung beimisst und positive Auswirkungen auf den Unternehmenserfolg vermutet werden.[75] Im Gegensatz dazu existieren in wissenschaftlichen Fachzeitschriften bislang keine eindeutigen empirischen Nachweise, dass der Einsatz der BSC wirklich unternehmenswertsteigernd ist.[76] In jüngerer Zeit werden deshalb einige der Annahmen, die dem BSC-Konzept zugrunde liegen, kritisch analysiert und infrage gestellt.[77]

---

[70] Vgl. Wall (2001).

[71] Vgl. Speckbacher/Bischof/Pfeiffer (2003), S. 363 f.

[72] Vgl. Kaplan/Norton (1996), S. 209.

[73] Vgl. Malina/Selto (2001).

[74] Vgl. z. B. Chenhall/Langfield-Smith (1998); Silk (1998); Rigby (2001); Williams (2001); Weber/Sandt (2001); Gehrke/Horváth (2002); Gleich (2002); Günther/Grüning (2002). Im Gegensatz dazu berichten Speckbacher et al. (2003) über einen geringen Verbreitungsgrad der BSC unter börsennotierten deutschen Unternehmen.

[75] Vgl. z. B. Gleich/Burkert (2004).

[76] Vgl. Ittner/Larcker/Randall (2003).

[77] Vgl. Norreklit (2000); Weber (2000). Mittlerweile werden einige Annahmen, die dem BSC-Konzept zugrunde liegen, auch mittels Experimenten untersucht. Vgl. hierzu z. B. Tuttle/Ullrich (2003); Ullrich/Tuttle (2004).

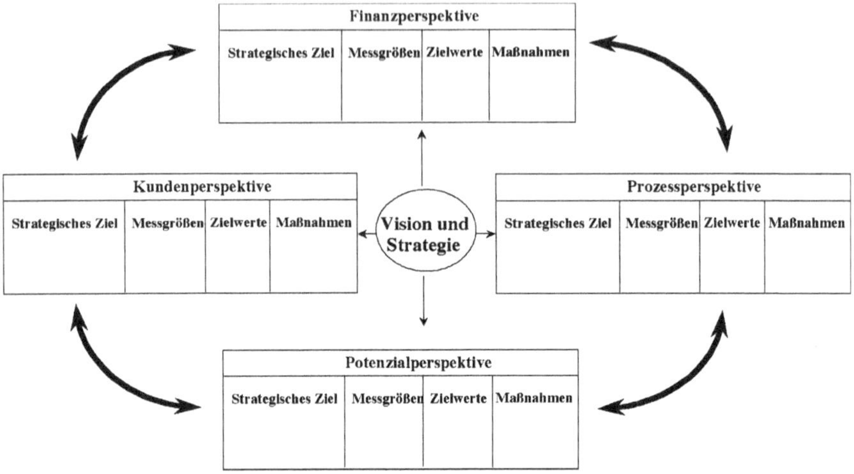

Abbildung 6: Die vier Perspektiven der Balanced Scorecard[78]

2. Literaturüberblick

2.1 Kritische Würdigung des Standes der empirischen Forschung zu Erfolgswirkungen von Kennzahlen und Kennzahlensystemen

2.1.1 Ausgewählte Studien im Detail

Die Anzahl von Studien zum Thema *Kennzahlen* und *Kennzahlensysteme* bzw. *Performance Measurement* ist mittlerweile unüberschaubar groß. Um in diesem Kapitel den Stand der Forschung aufzeigen zu können, werden bei der Darstellung und kritischen Analyse des Forschungsstandes nur die in internationalen A+, A- und B- Fachzeitschriften veröffentlichten Studien für den Literaturüberblick berücksichtigt, die explizit den Zusammenhang zwischen Performance Measurement und Erfolgsvariablen mithilfe großzahliger Empirie untersuchen.[79] Dieser Vorgehensweise liegt der Gedanke zugrunde, dass der Begutachtungsprozess solcher wissenschaftlicher Fach-

[78] In Anlehnung an Kaplan/Norton (1996), S. 9.

[79] Für die Einteilung in A+, A- und B-Fachzeitschriften wurde auf das aktuelle VHB-Ranking zurückgegriffen. Erfolgsvariablen können dabei organisationale sowie individuelle Erfolgsmaße oder eine Qualitätseinschätzung der Kennzahlen sein.

zeitschriften die methodische Qualität der Untersuchung und damit die Verlässlichkeit der Erkenntnisse sicherstellt. Bei Begutachtungsprozessen von wissenschaftlichen Fachzeitschriften werden inhaltlich der Neuigkeitsgrad und die Relevanz der Fragestellung beurteilt. Methodisch werden der Einsatz leistungsfähiger statistischer Verfahren und die Repräsentativität der Stichprobe gefordert, da nur so die Belastbarkeit der inhaltlich getroffenen Aussagen sichergestellt werden kann.[80]

Legt man ähnlich strenge Qualitätsmaßstäbe an veröffentlichte deutsche Arbeiten zu dieser Thematik an, so genügen den Auswahlkriterien *Einsatz neuster leistungsfähiger statistischer Verfahren* sowie *angemessene Stichprobe* nur die Arbeit von Sandt.[81] In der angesprochenen Arbeit werden unterschiedliche Kausalmodelle separat voneinander untersucht. In diesem Kapitel wird dabei zunächst nur der Teil der Arbeit beschrieben, in dem die Wirkung von Gestaltungsmerkmalen von Kennzahlen auf die Zufriedenheit der Nutzer untersucht wird. Dieser Teil wird im Literaturüberblick berücksichtigt, da *Zufriedenheit der Nutzer* oft als Erfolgsvariable in der empirischen Controllingforschung verwendet wird.[82] In Kapitel 2.2.1 wird dann der Teil der Arbeit vorgestellt, der die Erfolgswirkung der Nutzung der Kennzahlen untersucht.

2.1.1.1 Studie von Gul und verwandte Studien

In der Studie von Gul werden die Angaben von 40 australischen Managern kleiner Unternehmen (weniger als 100 Mitarbeiter) mithilfe einer moderierten Regressionsanalyse untersucht.[83] Ermittelt werden solle, inwiefern die wahrgenommene Unsicherheit der Umwelt (*Perceived Environmental Uncertainty*) den Zusammenhang zwischen einer breiten Informationsversorgung mit quantitativen Informationen und der individuellen Leistung des Managers moderiert. Ergebnis der Analyse ist, dass bei einer hohen Unsicherheit der Umwelt eine breitere Informationsversorgung mit quantitativen Informationen den individuellen Erfolg der Manager stärker erklärt, wohingegen sich bei niedriger Unsicherheit der Umwelt keine Erfolgswirkungen

---

80 Vgl. Kwok/Sharp (1998), S. 137; Van der Stede/Young/Chen (2005).

81 Vgl. Sandt (2004). Auch die Arbeit von Grüning greift auf sehr anspruchsvolle statistische Methoden zurück. Da in dieser Arbeit nicht der Zusammenhang zwischen Performance Measurement und dem Erfolg untersucht wird, soll diese Arbeit hier nur kurz erwähnt bleiben. Vgl. Grüning (2002).

82 Vgl. Ittner/Larcker/Randall (2003), S. 726.

83 Vgl. Gul (1991).

einer breiten Informationsversorgung mit Kennzahlen nachweisen lassen.[84] Die Ergebnisse dieser Studie werden durch Chong (1996) bestätigt.[85]

In den folgenden Jahren entstanden eine Reihe ähnlicher Arbeiten, die zusammenfassend dargestellt werden sollen. In der Studie von Gul/Chia (1994) wird untersucht, inwiefern der Zusammenhang zwischen breiter Informationsversorgung mit Kennzahlen und der individuellen Leistung der Manager durch die wahrgenommene Unsicherheit der Umwelt sowie der Dezentralisierung der Geschäftseinheit beeinflusst wird.[86] Die Ergebnisse bestätigen die angenommene Moderation höherer Ordnung. Die Studie kann damit erste Hinweise darauf geben, dass eine breitere Informationsversorgung mit Kennzahlen umso stärker den individuellen Erfolg von Managern beeinflusst, je höher die wahrgenommene Unsicherheit der Umwelt und die Dezentralisierung der Geschäftseinheit ist.[87]

In der Studie von Mia/Chenhall (1994) wird untersucht, ob der Zusammenhang zwischen breiter Informationsversorgung mit Kennzahlen und dem individuellen Erfolg der Manager abhängig von der Funktion des Informationsnutzers ist.[88] Die Ergebnisse deuten darauf hin, dass eine breite Informationsversorgung mit Kennzahlen für Marketing-Manager wichtiger für den persönlichen Erfolg ist als für Manager aus dem Produktionsbereich.[89]

In der Studie von Chong/Chong (1997) wird untersucht, inwiefern die gewählte Unternehmensstrategie und die wahrgenommene Unsicherheit der Umwelt die Breite der Informationsversorgung mit Kennzahlen beeinflussen. Im Vergleich zu den bisher aufgeführten Studien wird der Einfluss von breiter Informationsversorgung mit Kennzahlen und dem Unternehmenserfolg untersucht. Mit den Ergebnissen können die aufgestellten Hypothesen bestätigt werden, sodass ein empirischer Hinweis geliefert wird, dass eine breitere Informationsversorgung mit Kennzahlen nicht nur den individuellen Erfolg von Managern, sondern auch den Unternehmenserfolg positiv beeinflusst. Darüber hinaus beeinflusst eine höhere Unsicherheit der Umwelt sowie

---

84 Vgl. Gul (1991), S. 59 f.
85 Vgl. Chong (1996).
86 Vgl. Gul/Chia (1994).
87 Vgl. Gul/Chia (1994), S. 421 ff.
88 Vgl. Mia/Chenhall (1994), S. 1.
89 Vgl. Mia/Chenhall (1994), S. 10.

die gewählte Strategie die Breite der Informationsversorgung mit Kennzahlen positiv.[90]

Positiv zu würdigen ist, dass in diesen Studien zum ersten Mal der Einfluss eines Ge-staltungsmerkmals von Kennzahlen auf den individuellen Erfolg von Managern bzw. den Unternehmenserfolg überprüft wird. Kritisch gesehen werden muss hingegen, dass nur das Cronbachsche Alpha als Gütemaß bei den Konstruktmessungen Verwendung findet.[91] Es kann daher nicht beurteilt werden, ob es sich bei den Messungen um ein- oder mehrdimensionale Konstrukte handelt. Auch die Konzeptualisierung und Operationalisierung des zentralen Konstruktes *Breite der Informationsversorgung mit Kennzahlen* (*Broad Scope MAS Information*) der vorgestellten Studien muss kritisch gesehen werden. Bei der Messung des Konstruktes wird durchgängig gefragt, inwiefern die Manager eine breite Informationsversorgung mit Kennzahlen als nützlich für ihre Entscheidungen erachten. Damit werden eigentlich zwei Aspekte vermengt, nämlich einerseits, ob die Informationsversorgung breit genug ist und andererseits, ob die Manager die Kennzahlen für ihre Entscheidungen als nützlich erachten. Auch die absolute Höhe der verwerteten Antworten (zu einem großen Teil deutlich unter 80) überzeugt nicht.

2.1.1.2 Studie von Hoque/James

Die Studie von Hoque/James untersucht die Zusammenhänge zwischen drei Kontextfaktoren, der Nutzung von Balanced Scorecards und dem organisationalen Erfolg.[92] Dazu werden die Angaben von 66 Controllingverantwortlichen mithilfe von Regressions- und ANOVA-Verfahren ausgewertet.[93]

Genau genommen wird in dieser Studie aber nicht die Nutzung von Balanced Scorecards, sondern die Breite der Informationsversorgung mit Kennzahlen gemessen, da die Wichtigkeit von 20 verschiedenen Kennzahlen für das jeweilige Unternehmen erhoben wird.[94]

---

[90] Vgl. Chong/Chong (1997).

[91] Für eine ausführliche Beschreibung relevanter Gütemaße vgl. Kapitel E 2.1.

[92] Vgl. Hoque/James (2000).

[93] Vgl. Hoque/James (2000), S. 5.

[94] Vgl. Hoque/James (2000), S. 8.

Die drei untersuchten Kontextfaktoren sind die *Unternehmensgröße*, die *Stellung der Produkte im Produktlebenszyklus* und die *Stärke der Marktposition*. In der ersten Hypothese wird angenommen, dass die Größe und die Stärke der Marktposition die Breite der Informationsversorgung mit Kennzahlen positiv beeinflussen. Zudem wird in der ersten Hypothese angenommen, dass die Breite der Informationsversorgung mit Kennzahlen von dem Anteil von Produkten, die in einer frühen Phase des Lebenszyklus sind, positiv beeinflusst wird.[95] In den Hypothesen 2–4 wird angenommen, dass der positive Zusammenhang zwischen einer breiten Informationsversorgung mit Kennzahlen und dem Unternehmenserfolg umso stärker ist, je stärker die Marktposition ist. Weiterhin wird angenommen, dass der Zusammenhang zwischen der Breite der Informationsversorgung mit Kennzahlen und dem Unternehmenserfolg umso stärker ist, je mehr Produkte eines Unternehmens sich in einer frühen Phase des Produktlebenszyklus befinden.[96]

Die Ergebnisse der Hypothesenprüfung bestätigen Hypothese 1 weitestgehend, nur dass die Stärke der Marktposition nicht die Breite der Informationsversorgung mit Kennzahlen beeinflusst.[97] Während generell ein positiver Zusammenhang zwischen der Breite der Informationsversorgung mit Kennzahlen und dem Unternehmenserfolg nachgewiesen werden kann, müssen die Hypothesen 2–4 abgelehnt werden.[98]

Insgesamt ist bei dieser Studie die sehr geringe Stichprobe zu kritisieren. Eine höhere Stichprobe hätte die Verwendung von moderierten Regressionsanalysen ermöglicht, die mit größerer Wahrscheinlichkeit Moderationseffekte hätte aufdecken können. Wenig überzeugend erscheint auch die Messung des zentralen Konstruktes *BSC-Usage*, welches vom Autor der vorliegenden Arbeit aufgrund der vorgenommenen Operationalisierung des Konstruktes eher als *Breite der Informationsversorgung mit Kennzahlen* gedeutet werden muss.[99] Während Hoque/James selber einräumen, dass „[...] our BSC measure might not pick up the strategic linkages of a real BSC usage

95 Vgl. Hoque/James (2000), S. 4.

96 Vgl. Hoque/James (2000), S. 5.

97 Vgl. Hoque/James (2000), S. 10.

98 Vgl. Hoque/James (2000), S. 10 ff.

99 Die Fragen zum übergeordneten Konstrukt *BSC Usage* beziehen sich nur auf die Verfügbarkeit einer Vielzahl von spezifischen Kennzahlen. Vgl. Hoque/James (2000), S. 2 und 14.

[...]"[100], wird bei der Ergebnisdiskussion gerade auch auf die Strategieumsetzungsfunktion von BSCs abgestellt.[101]

2.1.1.3 Studie von Ittner/Larcker/Randall

In der Studie von Ittner/Larcker/Randall werden Erfolgswirkungen des Einsatzes von strategischem Performance Measurement umfassend untersucht.[102] Dazu werden die Angaben von 140 Top-Manager analysiert (Rücklaufquote 23,3%). Dabei steht zunächst die Frage im Mittelpunkt, ob eine breite Informationsversorgung mit Kennzahlen verschiedene Erfolgsvariablen positiv beeinflusst. Ittner/Larcker/Randall verwenden als Erfolgsvariablen die Gesamtkapitalrentabilität des Unternehmens, das Umsatzwachstum, die Zufriedenheit der befragten Manager mit dem Performance Measurement-System ihres Unternehmens sowie die Kapitalmarktperformance.

Die Ergebnisse der statistischen Analyse ergeben ein widersprüchliches Bild. Die Erfolgsuntersuchungen, die die Gesamtkapitalrentabilität, das Umsatzwachstum und die Kapitalmarktentwicklung der letzten drei Jahre als Erfolgsvariablen verwenden, können die positive Zusammenhangsvermutung nicht bestätigen. Nur bei der statistischen Analyse der Auswirkung einer breiten Informationsversorgung mit Kennzahlen auf die einjährige Kapitalmarktperformance ergibt sich ein signifikanter positiver Zusammenhang. Signifikant positiv wird auch die Zufriedenheit der Manager mit dem Performance Measurement-System des Unternehmens von der Breite der Informationsversorgung mit Kennzahlen beeinflusst.[103] Eine weitere Analyse ergibt hingegen, dass bei Unternehmen mit vergleichbaren Werttreibern und Strategien der Zusammenhang zwischen der Breite der Informationsversorgung mit Kennzahlen sowohl mit der ein- als auch mit der dreijährigen Kapitalmarktentwicklung signifikant positiv ist. Um der Tatsache Rechnung zu tragen, dass zwischen dem Einsatz von Performance Measurement-Innovationen in Unternehmen und möglichen Erfolgswirkungen eine Zeitspanne liegen muss, analysieren Ittner/Larcker/Randall weitergehend die Unternehmen, deren Performance Measurement-System seit drei Jahren unverändert implementiert ist. Die jeweils noch stärkeren Beziehungen zwischen den Variablen sprechen für die vermutete Ursache-Wirkungsbeziehung

---

[100] Vgl. Hoque/James (2000), S. 8.

[101] Vgl. Hoque/James (2000), S. 11.

[102] Vgl. Ittner/Larcker/Randall (2003).

[103] Vgl. Ittner/Larcker/Randall (2003), S. 727f.

zwischen den Variablen *Breite der Kennzahlen* und *organisationaler Erfolg*. Keinen Zusammenhang finden Ittner/Larcker/Randall allerdings, wenn sie als organisationale Erfolgsvariablen die Gesamtkapitalrentabilität und das Umsatzwachstum verwenden.[104]

Den zweiten Schwerpunkt der Studie stellt eine Erfolgsanalyse des Einsatzes spezifischer Kennzahlensysteme dar. Die Autoren untersuchen, ob der Einsatz von Balanced Scorecards, Werttreiberhierarchien und Kennzahlensystemen, deren Kennzahlen durch Ursache-Wirkungszusammenhänge verknüpft sind, den Unternehmenserfolg sowie die Zufriedenheit der Nutzer positiv beeinflussen.[105]

Alle drei Arten von Kennzahlensystemen beeinflussen signifikant und positiv die Zufriedenheit der Nutzer. Ernüchternd fallen hingegen die Ergebnisse der Analysen bezüglich möglicher Erfolgswirkungen des Einsatzes spezifischer Kennzahlensysteme aus, wenn man die Kapitalmarktperformance, die Gesamtkapitalrentabilität und das Umsatzwachstum als Erfolgsvariablen heranzieht. Erfolgswirkungen lassen sich nur für Kennzahlensysteme, deren Kennzahlen über Ursache-Wirkungsbeziehungen miteinander verknüpft sind, anhand der Gesamtkapitalrentabilität nachweisen. Verwendet man aber für die Erfolgsanalyse von Kennzahlensystemen, deren Kennzahlen über Ursache-Wirkungszusammenhänge miteinander verknüpft sind, die Kapitalmarktperformance sowie das Umsatzwachstum, können keine signifikanten Unterschiede nachgewiesen werden. Die Erfolgsanalysen bezüglich des Einsatzes von Balanced Scorecards und Werttreiberhierarchien ergeben keine statistisch signifikanten positiven Zusammenhänge.[106] Um die Ergebnisse zu erhärten, werden dieselben Analysen noch einmal bei den Unternehmen durchgeführt, die die entsprechenden Kennzahlensysteme schon mehr als zwei Jahre im Unternehmen einsetzen. Auch mit diesen Analysen können keine signifikanten Erfolgszusammenhänge ermittelt werden. Unterschiede ergeben sich bei dieser Vorgehensweise nur in Bezug auf die Zufriedenheit der Nutzer. Während der signifikante Einfluss auf die Zufriedenheit bei Unternehmen, deren Kennzahlensysteme über Ursache-Wirkungs-

---

[104] Vgl. Ittner/Larcker/Randall (2003), S. 728ff.

[105] In der Literatur ist die Unterscheidung zwischen Balanced Scorecards einerseits und Kennzahlensystemen, deren Kennzahlen über Ursache-Wirkungszusammenhänge verknüpft sind, kritisiert worden, da die sachlogische Verknüpfung der Kennzahlen gerade ein wichtiger Bestandteil des BSC-Konzeptes ist. Vgl. dazu Davis/Albright (2004), S. 150.

[106] Vgl. Ittner/Larcker/Randall (2003), S. 735f.

verknüpfungen verfügen, signifikant bleibt, ergeben sich jetzt keine signifikanten Zufriedenheitsunterschiede mehr, wenn man Nutzer von Balanced Scorecards und Werttreiberhierarchieen mit Nicht-Nutzern vergleicht. Diese Ergebnisse deuten darauf hin, dass nach einer anfänglichen Begeisterung für die neuen Systeme nach zwei Jahren Ernüchterung eintritt.[107] Während in dieser Studie damit herausgefunden wird, dass eine breite Informationsversorgung mit Kennzahlen den Unternehmenserfolg positiv beeinflusst, fällt die Erfolgsanalyse bezüglich des Einsatzes spezifischer Kennzahlensysteme ernüchternd aus. Da es sich in dieser Studie um die erste systematische Erfolgsanalyse spezifischer Kennzahlensysteme handelt, scheint der Schluss naheliegend, dass die Qualität der Gesamtheit der verfügbaren Kennzahlen erfolgsfördernd ist und nicht der Einsatz eines spezifischen Konzeptes.

2.1.1.4 Studie von Baines/Langfield-Smith

Die Studie von Baines/Langfield-Smith untersucht Zusammenhänge zwischen Veränderungen des Wettbewerbsumfeldes, der Gestaltung von Controllinginformationen und dem Unternehmenserfolg. Dazu werden die Angaben von 140 australischen Unternehmen verwendet (Rücklaufquote von 20%). Die komplexen Zusammenhänge werden mithilfe der Kausalanalyse in LISREL untersucht.[108]

In der Studie werden die Befragten rückblickend zu Veränderungen relevanter Kontextfaktoren befragt, um aktuelle Veränderungen der Informationsversorgung mit Kennzahlen zu erklären.

Die statistische Analyse ergibt, dass Unternehmen auf den erhöhten Wettbewerbsdruck mit dem Einsatz von Differenzierungsstrategien reagiert haben, indem über Produktinnovationen mehr Kundennutzen geschaffen werden konnte. Organisatorisch führte diese Entwicklung zur Schaffung teambasierter Strukturen. Diese Entwicklungen veranlassten die Unternehmen, verstärkt moderne Kostenrechnungssysteme wie die Prozesskostenrechnung und neue Produktionstechnologien einzusetzen. Die resultierende breitere Messung der Unternehmensleistung mit finanziellen und nicht-finanziellen Kennzahlen beeinflusst schließlich den Unternehmenserfolg positiv.[109]

---

[107] Vgl. Ittner/Larcker/Randall (2003), S. 738.

[108] Vgl. Baines/Langfield-Smith (2003).

[109] Vgl. Baines/Langfield-Smith (2003), S. 688 ff.

Hervorzuheben ist, dass in dieser Studie explizit der Versuch unternommen wird, die für großzahlige Studien typische Schwäche der zeitpunktbezogenen Messung der Zusammenhänge einzugrenzen. Dadurch soll erreicht werden, dass die Kausalität zwischen den Variablen der Untersuchung genauer bestimmt werden kann. Um dies zu erreichen, wurden die Manager gebeten, die Veränderung der Wettbewerbsdynamik und die Veränderung der Strategie in den letzten Jahren rückblickend zu beurteilen. Obwohl die Autoren als Limitation ihrer Studie selber einräumen, dass eine Längsschnittstudie für diese Art der Untersuchung noch geeigneter gewesen wäre, ist festzuhalten, dass diese Studie zusammen mit der Studie von Ittner/Larcker/Randall verlässlichere Aussagen über die Kausalität zwischen den Variablen erlaubt als frühere Untersuchungen.

Hervorzuheben ist zudem, dass auf anspruchsvolle statistische Verfahren zurückgegriffen wurde. Insbesondere die Verwendung der konfirmatorischen Faktorenanalyse bei der Konstruktvalidierung verleiht den Ergebnissen der Studie Glaubwürdigkeit.

2.1.1.5 Studie von Sandt

Die Studie von Sandt (2004) untersucht das Thema *Kennzahlen* und *Kennzahlensysteme* und den möglichen Erfolgszusammenhang als bislang einzige deutsche Arbeit unter Rückgriff auf anspruchsvolle statistische Verfahren.[110] Im Gegensatz zu früheren Arbeiten zum Performance Measurement wurden in dieser Erhebung nicht Controller, sondern Manager als die Nutzer der gelieferten Informationen mithilfe eines standardisierten Fragebogens befragt. Insgesamt werden die Angaben von 254 ergebnisverantwortlichen Managern analysiert (Rücklaufquote von 10,6%).[111]

In Forschungsfrage 2 der Arbeit von Sandt wird der Einfluss von Gestaltungsmerkmalen von Kennzahlen auf die Zufriedenheit der Nutzer untersucht. Dazu werden aus einer Literaturanalyse die Gestaltungsmerkmale *Ausgewogenheit der Kennzahlen*, *Zusammenhang der Kennzahlen*, *Anpassung der Kennzahlen* und *Nutzer-Know-How* abgeleitet.[112] Nach der erfolgten Operationalisierung wurde im Rahmen eines Kausalmodells getestet, inwiefern die extrahierten Gestaltungsmerkmale von Kennzahlen die Zufriedenheit der Nutzer beeinflussen. Die Analyse ergab, dass drei

---

[110] Vgl. Sandt (2004).

[111] Vgl. Sandt (2004), S. 90.

[112] Vgl. Sandt (2004), S. 133 ff.

der vier extrahierten Gestaltungsmerkmale hochsignifikant die Zufriedenheit der Nutzer beeinflussen. Nicht bestätigt (nur 10%-Signifikanzniveau) wurde die Hypothese, dass der Zusammenhang der Kennzahlen die Zufriedenheit der Nutzer beeinflusst.[113]

Der Verfasser räumt in seiner Untersuchung ein, dass es nicht Ziel der Arbeit war, alle Gestaltungsmerkmale von Kennzahlen zu identifizieren, und leitet deswegen einen weiteren Forschungsbedarf bezüglich der Identifikation weiterer Gestaltungsmerkmale ab.[114]

Insgesamt weist die Arbeit eine hohe methodische Qualität auf. Durch die Verwendung von exploratorischer und konfirmatorischer Faktorenanalyse konnten sehr verlässliche Messskalen entwickelt werden. Insbesondere die Messung der *Breite der Informationsversorgung mit Kennzahlen* (in der Arbeit von Sandt als *Ausgewogenheit* bezeichnet) stellt eine überzeugende Messung im Vergleich zu früher verwendeten Skalen dar. Auch die anderen zum Großteil neuentwickelten Konstrukte weisen durchgängig eine sehr hohe Messqualität auf und heben sich dadurch auch von vielen in internationalen Fachzeitschriften veröffentlichten Studien aus dem Bereich *Performance Measurement* positiv ab.

Trotz der insgesamt sehr hohen Qualität der Arbeit sollen drei Punkte kritisch hervorgehoben werden:

- Die Sichtweise, dass das Nutzer-Know-How, d. h. das Wissen der Nutzer über die Kennzahlen, ein Gestaltungsmerkmal von Kennzahlen ist, überzeugt nicht vollständig. In dieser Arbeit wird das Verständnis der Nutzer über ihre Kennzahlen vielmehr als Fähigkeit von Managern und nicht als Gestaltungsmerkmal von Kennzahlen aufgefasst.
- Die Anpassung der Kennzahlen ist ebenfalls kein direktes Gestaltungsmerkmal von Kennzahlen, sondern kausal eine Bedingung, dass die Kennzahlen auch langfristig eine hohe Qualität aufweisen.
- Bei der Operationalisierung des inhaltlich zentralen Konstruktes *Zusammenhang der Kennzahlen* wird nicht eindeutig klar, ob sich die Fragen auf den Zusammen-

---

[113] Vgl. Sandt (2003), S. 113; Sandt (2004), S. 152 f.

[114] Vgl. Sandt (2004), S. 152.

hang eines spezifischen Kennzahlensystems oder auf den Zusammenhang der Gesamtheit der verfügbaren Kennzahlen im Unternehmen beziehen. Vielleicht kann der nicht-signifikante Befund durch diese Unklarheit erklärt werden.

2.1.1.6 *Studie von Nelson/Todd/Wixom*

In der Studie von Nelson/Todd/Wixom (2005) werden in sieben Unternehmen die Nutzer von Data-Warehouse-Systemen zur Qualität der zur Verfügung stehenden quantitativen Informationen und Informationssysteme befragt. Die Studie stützt sich damit auf 465 Antworten von Mitarbeitern aus sieben verschiedenen Unternehmen.[115] Die folgenden Ausführungen konzentrieren sich auf die Ergebnisse bezüglich der Faktoren, die die Qualität der zur Verfügung stehenden quantitativen Informationen erklären.

Insgesamt werden vier Gestaltungsmerkmale von quantitativen Informationen identifiziert und ihr Einfluss auf die (Gesamt-)Qualität der zur Verfügung stehenden quantitativen Information untersucht. Als Gestaltungsmerkmale werden die *Breite des Informationsangebotes*, die *Aktualität der quantitativen Informationen*, die *Richtigkeit* und die Art *der Darstellung der Informationen* extrahiert. Als Maß für die (Gesamt-)Qualität der Kennzahlen wird eine Gesamtbeurteilung der Qualität der zur Verfügung stehenden quantitativen Informationen herangezogen. Die Autoren vertreten den Standpunkt, dass die Qualität von Informationen nicht absolut, sondern nur relativ in Abhängigkeit des spezifischen Nutzerkreises untersucht werden kann. So kann die Bedeutung verschiedener Gestaltungsmerkmale von Kennzahlen je nach Kreis der Nutzer unterschiedlich hoch sein.[116]

Die Analyse des Strukturgleichungsmodells ergibt, dass von den vier untersuchten Gestaltungsmerkmalen die Richtigkeit den stärksten Einfluss auf die Qualität der Informationen hat. Auch die Breite des Informationsangebotes sowie die graphische Darstellung der Informationen beeinflussen die Qualität der Kennzahlen stark und signifikant. Kein statistisch signifikanter Zusammenhang kann zwischen der Aktualität der Informationen und der Qualität ermittelt werden.[117]

---

[115] Vgl. Nelson et al. (2005), S. 209.

[116] Vgl. Nelson et al. (2005), S. 201 ff.

[117] Vgl. Nelson et al. (2005), S. 214 f. Die Ergebnisse bezüglich der untersuchten Gestaltungsmerkmale der Informationssysteme sollen nicht vorgestellt werden, da die Frage, wie IT-basierte Informationssysteme gestaltet sein sollten, nicht Gegenstand dieser Arbeit ist.

Bei der Arbeit von Nelson/Todd/Wixom ist positiv hervorzuheben, dass sie als erste umfassend den Einfluss verschiedener Gestaltungsmerkmale auf die Qualität der verfügbaren quantitativen Informationen untersucht. Folgende zwei Aspekte müssen aber bei der Beurteilung der Ergebnisse einschränkend berücksichtigt werden:

Erstens werden die Antworten von 465 Teilnehmern der Befragung ausgewertet, die aber nur aus sieben verschiedenen Unternehmen stammen. Streng genommen hätten die Antworten der Teilnehmer eines Unternehmens zu je einer Beurteilung der Qualität der Informationen zusammengefasst werden müssen, da die Teilnehmer größtenteils die Informationsqualität derselben Informationen beurteilen. Es stehen damit eigentlich nicht 465 Antworten für die statistische Analyse zur Verfügung sondern nur sieben.[118]

Zweitens ist der Teilnehmerkreis an der Befragung zu heterogen, da die Angaben von Mitarbeitern unterschiedlichster Hierarchieebenen gleichermaßen verwendet werden. Die der Studie zugrunde liegende Auffassung, dass die Beurteilung von Informationen hinsichtlich ihrer Qualität zwischen verschiedenen Nutzerkreisen sehr unterschiedlich sein kann, hätte eigentlich eine Fokussierung auf eine homogenere Nutzergruppe nach sich ziehen müssen, da davon auszugehen ist, dass Top-Manager andere Informationsbedürfnisse haben als spezialisierte Funktionsbereichsmanager. Es bleibt durch diese Vorgehensweise daher unklar, für welche Gruppe(n) die festgestellten Zusammenhänge zwischen Gestaltungsmerkmalen von Kennzahlen und der (Gesamt-)Qualität der quantitativen Information gelten.

Aufgrund der genannten Mängel sind erhebliche Zweifel an der Verlässlichkeit der Ergebnisse der Studie von Nelson/Todd/Wixom angebracht.

2.1.1.7 Studie von Chenhall

In dieser Studie untersucht Chenhall (2005) die Zusammenhänge zwischen strategischen Kennzahlensystemen, organisationalem Lernen und organisationalem Erfolg.[119] Dazu werden die Antworten von 80 australischen Managern strategischer Geschäftseinheiten mithilfe des PLS-Ansatzes (Partial Least Squares) analysiert.[120]

---

[118] Vgl. Kwok/Sharp (1998), S. 147.

[119] Vgl. Chenhall (2005).

[120] Vgl. Chenhall (2005), S. 405 und 409.

Obwohl Chenhall den explorativen Charakter der Studie hervorhebt[121], werden fünf Hypothesen abgeleitet. Es wird angenommen, dass zusammenhängende strategische Performance Measurement-Systeme (*Integrative SPMS*) einerseits das organisationale Lernen (*Organizational Learning*) und andererseits den organisationalen Erfolg (*Competitive Strategic Outcomes*) positiv beeinflussen.

Der Autor vermutet auch einen positiven Zusammenhang zwischen organisationalem Lernen und organisationalem Erfolg. Weiterhin wird vermutet, dass zusammenhängende strategische Kennzahlensysteme dazu beitragen, die Unternehmensstrategie mit den Produktionsprozessen (*Strategic Alignment of Manufacturing*) in Einklang zu bringen, was wiederum den organisationalen Erfolg positiv beeinflussen soll.[122]

Nach Durchführung der exploratorischen Faktorenanalyse ergibt sich, dass die Fragen zum Vorhandensein eines zusammenhängenden strategischen Performance Measurement-Systems drei Konstrukte ergeben (*SPMS Strategic & Operational*, *SPMS Supplier Orientation*, *SPMS Customer Orientation*). Das erste Konstrukt (*SPMS Strategic & Operational*) soll messen, ob strategische Kennzahlen vorhanden sind und die Kennzahlen ein integriertes, zusammenhängendes Performance Measurement-System ergeben. Die anderen beiden Konstrukte messen zum einen die ausreichende Verfügbarkeit lieferantenbezogener Kennzahlen (*SPMS Supplier Orientation*) und zum anderen die ausreichende Verfügbarkeit kundenbezogener Kennzahlen (*SPMS Customer Orientation*). Auch die Messung des organisationalen Erfolges führt nach Durchführung einer exploratorischen Faktorenanalyse zu drei unterschiedlichen Konstrukten (*Strategic Outcome: Low Cost-Price*, *Strategic Outcome: Flexibility*, *Strategic Outcome: Delivery*).[123]

Nach der Aufspaltung der beiden Konstrukte werden insgesamt zehn Zusammenhänge überprüft. Vier davon sind allerdings nur signifikant auf dem 10%-Niveau. Keinen Zusammenhang kann der Autor zwischen den Konstrukten *SPMS Strategic & Operational* und *Strategic Alignment of Manufacturing* sowie zwischen *SPMS Strategic & Operational* und *Strategic Outcome: Flexibility* nachweisen. Mit der Strategie verbundene und zusammenhängende Performance Measurement-Systeme beeinflussen nur das organisationale Lernen positiv. Die Verfügbarkeit kunden-

---

[121] Vgl. Chenhall (2005), S. 395.
[122] Vgl. Chenhall (2005), S. 401 ff.
[123] Vgl. Chenhall (2005), S. 407 f.

bezogener Kennzahlen beeinflusst signifikant positiv das organisationale Lernen. Die Verfügbarkeit lieferantenbezogener Kennzahlen beeinflusst signifikant positiv die Konstrukte *Strategic Outcome: Low Cost-Price* und *Strategic Alignment of Manufacturing*. Das Konstrukt *Strategic Outcome: Delivery* wird von den Variablen *Organizational Learning* sowie *Strategic Alignment of Manufacturing* signifikant positiv beeinflusst.[124]

Die inhaltliche Interpretation der Ergebnisse fällt wegen der vom Autor selber eingeräumten Qualitätsprobleme bei den Konstruktmessungen schwer.[125] Eine Validierung der Konstruktmessungen mit den Möglichkeiten der konfirmatorischen Faktorenanalyse hätte wahrscheinlich ergeben, dass der Großteil der zu Messinstrumenten zusammengefassten Indikatoren den gebildeten Konstrukten nicht hätte zugeordnet werden können. Selbst die angegebenen Gütemaße der durchgeführten explorativen Faktorenanalyse hätten dazu führen müssen, die Konstrukte als gültige Messungen der untersuchten Sachverhalte abzulehnen. Mit Ausnahme der Konstrukte *Organizational Learning* und *Strategic Alignment of Manufacturing* erfassen die Indikatoren der anderen sechs Konstrukte nur Varianzanteile von deutlich unter 50%, dabei weisen einige sogar nur Varianzanteile zwischen 10 und 18% auf. Auch die zum Teil niedrigen Faktorladungen einzelner Items legen die Vermutung nahe, dass bei Berechnung der Indikatorreliabilitäten ein großer Teil der verwendeten Indikatoren hätte eliminiert werden müssen.

Eine Analyse der verwendeten Fragen der Konstruktmessungen kann dabei die ungenügenden Gütemaße leicht erklären. So umfasst z. B. das Konstrukt *SPMS Customer Orientation* Indikatoren, die die Verfügbarkeit von Finanzkennzahlen und das Vorhandensein von *leading and lagging performance measures* abfragen. Inhaltlich ist es wenig plausibel anzunehmen, dass Fragen nach der Verfügbarkeit von Finanzkennzahlen ermitteln können, ob ein Performance Measurement-System der Kundenorientierung einen hohen Stellenwert einräumt. Als äußerst problematisch ist auch die Messung des zentralen Konstruktes *SPMS Strategic & Operational* zu beurteilen, da hier die strategische Ausrichtung eines Performance Measurement-Systems mit dem Aspekt eines hohen Maßes an Zusammenhang zwischen den Kennzahlen vermengt abgefragt wird. Eine Aufspaltung dieser grundsätzlich zwei unter-

---

[124] Vgl. Chenhall (2005), S. 412.

[125] Vgl. Chenhall (2005), S. 415.

schiedlichen Gestaltungsmerkmale von Performance Measurement-Systemen wäre Voraussetzung gewesen, genauer untersuchen zu können, von welchem Gestaltungsmerkmal eines Performance Measurement-Systems welche Art von Wirkung ausgeht.

Folgt man der Sichtweise, dass der wissenschaftliche Gehalt einer Aussage notwendigerweise davon abhängt, inwiefern bei den verwendeten Messungen den Kriterien der Reliabilität und Validität genügend Rechnung getragen wurde[126], müssen die Aussagen der Studie von Chenhall (2005) äußerst kritisch gesehen werden.

2.1.2 Zusammenfassung und Fazit

Zusammenfassend lassen sich die folgenden Erkenntnisse und Kritikpunkte aus den vorgestellten Studien festhalten:

Inhaltlich:
Die vorgestellten Untersuchungen finden übereinstimmend heraus, dass eine breite Informationsversorgung mit Kennzahlen die jeweils untersuchten Erfolgsvariablen signifikant positiv beeinflusst. Insbesondere die Arbeit von Sandt (2004) entwickelt eine überzeugende Messung des Konstruktes *Breite der Informationsversorgung mit Kennzahlen* und behebt die in Kapitel 2.1.1.1 genannte Schwäche früherer Operationalisierungen des Konstruktes. Die Erfolgswirksamkeit eines weiteren wichtigen Gestaltungsmerkmales von modernem Performance Measurement, nämlich der Zusammenhang zwischen den Kennzahlen, konnte bislang nicht eindeutig geklärt werden. Auf Grundlage der detailliert beschriebenen Literatur lässt sich damit die Forschungslücke, weitere Gestaltungsmerkmale und ihren Einfluss auf Erfolgsvariablen zu untersuchen, deutlich aufzeigen.

Methodisch:
Methodisch ist anzumerken, dass ein großer Teil von Studien erhebliche Schwächen aufweist. Wie bei den jeweiligen Studien aufgezeigt, besteht daher erheblicher Verbesserungsbedarf bezüglich der Messung der Konstrukte. Die Verwendung von nicht-validen Messungen führt zur Nichtgültigkeit der inhaltlich getroffenen Aussa-

---

[126] Vgl. z. B. Hildebrandt (1998), S. 87.

gen.[127] Methodisch positiv hervorzuheben sind insbesondere die Arbeiten von Baines/Langfield-Smith (2003), Ittner/Larcker/Randall (2003) und Sandt (2004).[128]

2.2 Kritische Würdigung des Standes der empirischen Forschung zu Erfolgswirkungen der Nutzung von Kennzahlen

2.2.1 Ausgewählte Studien im Detail

Die Auswahl der aufgeführten Studien, die empirisch den Zusammenhang zwischen der Nutzung von quantitativen Informationen und Erfolgsvariablen untersucht haben, erfolgt nach den in Kapitel B 2.1.1 beschriebenen Auswahlkriterien. Die im Folgenden vorzustellenden Studien sollten dabei den Zusammenhang zwischen der Nutzung von quantitativen Informationen (Kennzahlen) und Erfolgsvariablen mithilfe großzahliger Empirie untersuchen. Daher bleiben Arbeiten, in denen Nutzungsarten von Informationen als abhängige Variable untersucht werden, ausgeklammert.[129] Um den aktuellen Forschungsstand und bestehende Defizite aufzeigen zu können, wird zudem auf Studien fokussiert, die nicht mehr als zehn Jahre alt sind.[130]

Neben Arbeiten, die die Erfolgsauswirkungen der Nutzung von Kennzahlen oder Controllinginformationen untersucht haben, wurden auch relevante Studien aus anderen Teildisziplinen der Betriebswirtschaftslehre berücksichtigt. Bei Dissertationen wird jeweils nur der Teil der Arbeit vorgestellt, in dem der Erfolgszusammenhang zwischen der Nutzung der Informationen und dem Erfolg untersucht wird.

2.2.1.1 Studie von Diamantopoulos/Souchon

In ihrer Studie von 1998 untersuchen Diamantopoulos/Souchon die Nutzung von drei verschiedenen Marketingexportinformationsquellen (*export marketing research, export assistance, export market intelligence*).[131] In der Studie wird zwischen der konzeptionellen, instrumentellen und symbolischen Nutzung unterschieden und die

---

[127] Vgl. Peter (1979), S. 6.

[128] Vgl. Baines/Langfield-Smith (2003); Ittner/Larcker/Randall (2003); Sandt (2004).

[129] Für Arbeiten, die die Nutzung von Informationen als abhängige Variablen untersuchen vgl. Hunold (2003); Henri (2006b).

[130] Für ältere Arbeiten, die sich mit dem Thema *Nutzung von quantitativen Informationen* beschäftigen, vgl. Simon et al. (1954); Pelz (1978); Burchell et al. (1980); Ansari/Euske (1987); Menon/Varadarajan (1992); Hirst/Baxter (1993).

[131] Vgl. Diamantopoulos/Souchon (1998).

Auswirkungen auf die Export-Leistung der Unternehmen als abhängige Variable untersucht.

Demnach beeinflussen die instrumentelle und konzeptionelle Nutzung von Informationen aus der *export market intelligence* signifikant positiv die Export-Leistung der Unternehmen. Im Gegensatz dazu beeinflussen die instrumentelle und konzeptionelle Nutzung von Informationen aus dem *export marketing research* und dem *export assistance* die Export-Leistung der Unternehmen negativ.[132]

Diese widersprüchlichen Ergebnisse begründen Diamantopoulos/Souchon mit der Vermutung, dass die Qualität der Informationen der verschiedenen Informationsquellen, unterschiedlich ist. Sie fordern diesbezüglich, dass in zukünftige Untersuchungen die Qualität der genutzten Informationen berücksichtigt werden müsste.[133]

2.2.1.2 *Studie von Abernethy/Brownell*

Abernethy/Brownell (1999) untersuchen in ihrer explorativ angelegten Studie die Zusammenhänge zwischen Strategieänderungen, der interaktiven und diagnostischen Nutzung von Budgetinformationen und dem organisationalen Erfolg von Krankenhäusern.[134] Dazu werden die Antworten von 63 Hauptgeschäftsführern öffentlicher Krankenhäuser mithilfe der moderierten Regressionsanalyse untersucht.[135]

Es wird untersucht, ob bei Krankenhäusern, die wichtige Strategieänderungen vornehmen, der Zusammenhang zwischen Strategieänderung und dem organisationalen Erfolg durch die Nutzung von Budgetinformationen moderiert wird.[136] Die Ergebnisse der explorativen Analyse legen den Schluss nahe, dass die interaktive Nutzung von Budgetinformationen dazu beiträgt, dass vorgenommene Strategieänderungen den Unternehmenserfolg von Krankenhäusern positiv beeinflussen. Im Gegensatz dazu hat den Ergebnissen des ergänzend durchgeführten Gruppenvergleichs zufolge die diagnostische Nutzung einen negativen Effekt auf den Erfolg von Krankenhäusern.[137]

---

[132] Vgl. Diamantopoulos/Souchon (1998), S. 125 f.

[133] Vgl. Diamantopoulos/Souchon (1998), S. 127.

[134] Vgl. Abernethy/Brownell (1999).

[135] Vgl. Abernethy/Brownell (1999), S. 194.

[136] Vgl. Abernethy/Brownell (1999), S. 189.

[137] Vgl. Abernethy/Brownell (1999), S. 197 ff.

Auch hinsichtlich dieser Studie sind eine Reihe kritischer Anmerkungen zu machen. In der Studie wird nur die interaktive Nutzung als Konstrukt gemessen. Daneben wird ermittelt, ob im Unternehmen die Nutzung von Budgetinformationen interaktiv *oder* diagnostisch erfolgt.[138] Diese Vorgehensweise verwundert, da in der Literatur die Mehrheitsmeinung herrscht, dass sich beide Arten der Nutzung nicht wechselseitig ausschließen.[139] Grundsätzlich positiv zu würdigen ist, dass zur Prüfung der Konvergenzvalidität der Messung des organisationalen Erfolges bei einigen Unternehmen mehrere Personen befragt wurden. Damit sollte gezeigt werden, dass die Einschätzungen der befragten Personen je Unternehmen bezüglich des Unternehmenserfolges übereinstimmen und kein Common-Method-Bias die Ergebnisse verzerrt hat. Die angegebenen Korrelationen zwischen den Angaben der Hauptgeschäftsführer und Finanzvorstände einerseits und den Hauptgeschäftsführern und den verantwortlichen Medizinern andererseits zum Erfolg der Krankenhäuser sind als sehr niedrig anzusehen ($r = 0{,}31$ bzw. $r = 0{,}23$).[140] Vor der Verwendung der Angaben für die Analyse hätte daher auf eines der in der Literatur diskutierten Verfahren zur Erzielung von Messkonvergenz zwischen offensichtlich unterschiedlichen Antworten zurückgegriffen werden müssen.[141] Die einfache Verwendung der Angaben der Hauptgeschäftsführer, die nach den eigenen Angaben der Autoren erheblich von den Angaben insbesondere der Finanzvorstände abweichen, ist daher äußerst fragwürdig.

2.2.1.3. Studie von Vandenbosch

In der Studie von Vandenbosch (1999) analysiert die Autorin den Zusammenhang zwischen der Nutzung von Kennzahlen und dem Unternehmenserfolg.[142] Dazu werden insgesamt 344 Mitarbeiter unterschiedlichster Hierarchieebenen aus 18 großen nordamerikanischen Unternehmen befragt.[143]

Vandenbosch unterscheidet vier unterschiedliche Arten der Informationsnutzung: *score keeping*, *improving understanding*, *focusing attention* und *legitimizing deci-*

---

[138] Vgl. Abernethy/Brownell (1999), S. 198; für die Messung vgl. ferner S. 202.

[139] Vgl. hierzu zum Beispiel die Untersuchungsdesigns von Sandt (2004) und Henri (2006a).

[140] Vgl. Abernethy/Brownell (1999), S. 197. Nach herrschender Meinung der Statistiker sind Korrelationen unter 0,5 als gering einzuschätzen. Vgl. Schlosser (1976), S. 34; Bühl/Zöfel (2002), S. 243.

[141] Vgl. für mögliche Verfahren z. B. Glick et al. (1990); Kumar/Stern/Anderson (1993).

[142] Vgl. Vandenbosch (1999).

[143] Vgl. Vandenbosch (1999), S. 85.

sions. Unter *score keeping* versteht Vandenbosch dabei die Nutzung von Kennzahlen zu Kontrollzwecken. *Improving understanding* beschreibt die mittelbare Nutzung der Kennzahlen. Die Kennzahlen werden dabei nicht für einen konkreten Zweck genutzt, sondern herangezogen, um die Wissensbasis des Nutzers zu erweitern. Unter *focusing attention* wird die Nutzung von Kennzahlen verstanden, die darauf abzielt, eine gemeinsame Sprache im Unternehmen zu finden und die Fokussierung der Aufmerksamkeit der Mitarbeiter auf kritische Erfolgsfaktoren zu fördern. Unter *legitimizing decisions* wird die Nutzung zur Durchsetzung von getroffenen Entscheidungen verstanden.[144]

Der Untersuchung liegen die Hypothesen zugrunde, dass die Nutzungsarten *improving understanding*, *focusing attention* und *legitimizing decisions* den Unternehmenserfolg positiv beeinflussen.[145] Kein positiver Zusammenhang wird hingegen zwischen der Nutzungsart *score keeping* und dem Unternehmenserfolg angenommen.[146]

Die Analyse der Zusammenhänge mithilfe eines Strukturgleichungsmodells (Partial Least Squares) bestätigt alle formulierten Hypothesen. Zwischen der Nutzungsart *score keeping* und dem Unternehmenserfolg besteht demnach sogar ein signifikant negativer Zusammenhang. Dieses Ergebnis überrascht, da in einer Vielzahl von Arbeiten und Studien der besondere positive Zusammenhang zwischen dem Lernen von Individuen und der Kontrolle hervorgehoben wurde.[147]

Als problematisch bei der Studie von Vandenbosch ist zu sehen, dass die Erfolgsvariable der Studie *enabling competitiveness* ausschließlich mit Fragen der Art *The ESS (Exectutive Support Systems) enables us to keep up with the competition* gemessen wurde.[148] Dass die Nutzungskonstrukte, die durchgängig mit Fragen der Art *das ESS hilft mir bei der Kontrolle, Durchsetzung etc.* mit dem Erfolgskonstrukt der Art *das ESS hilft dem Unternehmen erfolgreich zu sein* korreliert, kann nicht, wie in der Studie geschehen, inhaltlich interpretiert werden, da die Zusammenhänge Ergebnis der jeweils gleichen Art des Fragens sind (das ESS ist gut für A wirkt auf das ESS ist gut für B).

---

[144] Vgl. Vandenbosch (1999), S. 82f.
[145] Vgl. Vandenbosch (1999), S. 82.
[146] Vgl. Vandenbosch (1999), S. 81.
[147] Vgl. z.B. Schäffer/Steiners (2004), S. 385; Schäffer (2001).
[148] Vgl. Vandenbosch (1999), S. 90.

Problematisch ist daneben auch, dass die 344 Teilnehmer der Untersuchung nur aus 18 verschiedenen Unternehmen stammen. Wie in Kapitel B 2.1.1.6 bei der Studie von Nelson/Todd/Wixom muss auch hier kritisiert werden, dass nur 18 Untersuchungseinheiten in die Analyse hätten eingehen dürfen, da die 344 Teilnehmer den Unternehmenserfolg von nur 18 unterschiedlichen Unternehmen beurteilen.[149]

Wegen der beiden genannten Kritikpunkte muss die inhaltliche Gültigkeit aller in der Studie von Vandenbosch getroffenen Aussagen zu den Erfolgswirkungen der Nutzung von Kennzahlen angezweifelt werden.

2.2.1.4 Studie von Karlshaus

In der Arbeit von Karlshaus (2000) werden zum ersten Mal im deutschen Sprachraum die Erfolgswirkungen der Nutzung von Informationen untersucht.[150] Zu diesem Zweck werden die Antworten von jeweils 133 Marketing- und Kostenrechnungsmanager analysiert, was einer effektiven Rücklaufquote von 12,3% entspricht.[151]

Untersucht wird, inwiefern verschiedene Arten der Nutzung von Kostenrechnungsinformationen den Markterfolg (gemessen durch den relativen Marktanteil) und indirekt den Unternehmenserfolg (gemessen durch die Umsatzrendite) positiv beeinflussen. Dabei werden die Angaben der Marketingleiter zur Nutzung der Kostenrechnungsinformationen untersucht. Karlshaus unterscheidet zwischen der *instrumentellen*, der *konzeptionellen* und der *symbolischen* Nutzung. Unter *instrumenteller Nutzung* wird das Ausmaß bezeichnet, in dem Kostenrechnungsinformationen für die Lösung eines konkreten Problems bzw. für eine konkrete Entscheidung verwendet werden. Unter *konzeptioneller Nutzung* wird die Nutzung von Informationen ohne konkreten Zweck verstanden, die dazu dient, sich über den allgemeinen Zustand des

[149] In einer früheren Studie, die sich auf die Auswertung von 36 Interviews beschränkte, untersuchen Vandenbosch/Huff den Zusammenhang zwischen *focused search*, *scanning* und der wahrgenommenen Effizienz und Effektivität des Unternehmens. Die Ergebnisse sollen an dieser Stelle nicht weiter behandelt werden, da einerseits *focused search* und *scanning* die Informationssuche von Managern und nicht die Informationsnutzung messen und andererseits auch hier die verwendete Methodik Anlass zu erheblichen Zweifeln bezüglich der Interpretierbarkeit der Ergebnisse gibt. Es werden die Antworten von 36 Managern aus nur 6 verschiedenen Unternehmen befragt. Somit hätten wiederum nur sechs Angaben zu den organisationalen Erfolgsmaßen verwendet werden dürfen, da Manager des gleichen Unternehmens über das gleiche Objekt Auskunft geben. Vgl. Kwok/Sharp (1998), S. 147.

[150] Vgl. Karlshaus (2000).

[151] Vgl. Karlshaus (2000), S. 78.

Unternehmens zu informieren. Die *symbolische Nutzung* erfasst das Ausmaß, in dem Informationen dazu verwendet werden, bereits getroffene Entscheidungen anderen mitzuteilen oder den eigenen Standpunkt in Diskussionen mit Kollegen zu unterstützen.[152]

Die Ergebnisse der Hypothesenprüfung ergeben bezüglich der angenommenen Erfolgswirkungen der Nutzung ein gemischtes Bild. Entgegen den Erwartungen wirkt sich die intensivere instrumentelle Nutzung von Kostenrechnungsinformationen signifikant negativ auf den Markterfolg aus. Die konzeptionelle Nutzung der Kostenrechnungsinformationen wirkt hingegen signifikant positiv. Zwischen der symbolischen Nutzung und dem Markterfolg besteht kein signifikanter Zusammenhang. Da der Markterfolg den Unternehmenserfolg signifikant beeinflusst, wirken die instrumentelle und die konzeptionelle Nutzung indirekt auf den Unternehmenserfolg.[153]

Das Ergebnis, dass die intensivere instrumentelle Nutzung signifikant negativ den Markterfolg beeinflusst, erklärt Karlshaus mit den in der Literatur zu findenden Hinweisen, dass Kostenrechnungsinformationen für Entscheidungen und Probleme von Marketingmanagern nicht relevant sind.[154] Bei dieser Begründung wäre dann aber offen, warum die konzeptionelle Nutzung der Kostenrechnungsinformationen positiv wirkt. Es ist vielmehr zu vermuten, dass die Nichtberücksichtigung der Qualität der Kostenrechnungsinformationen bei der Untersuchung der Erfolgswirkungen der Nutzung von Informationen die widersprüchlichen Ergebnisse erklärt. Auf diesen Aspekt soll im Laufe dieser Arbeit noch intensiver eingegangen werden.

2.2.1.5 Studie von Bisbe/Otley

In der Studie von Bisbe/Otley werden die Art der Zusammenhänge zwischen Produktinnovationen, der Art der Nutzung von quantitativen Informationen und dem Unternehmenserfolg untersucht.[155] Dazu werden die Antworten von 40 Managern spanischer Unternehmen mithilfe von Regressions- und Pfadanalysen analysiert.[156]

---

[152] Vgl. Karlshaus (2000), S. 153 ff.
[153] Vgl. Karlshaus (2000), S. 177 ff.
[154] Vgl. Karlshaus (2000), S. 178 f.
[155] Vgl. Bisbe/Otley (2004).
[156] Vgl. Bisbe/Otley (2004), S. 715.

In der Studie werden zwei verschiedene Kausalzusammenhänge zwischen den drei genannten Variablen untersucht. In Modell 1 (Mediationsmodell) wird getestet, ob die intensivere interaktive Nutzung von quantitativen Informationen positiv auf erfolgreiche Produktinnovationen (als Output gemessen) und damit indirekt auf den Unternehmenserfolg wirkt. Im Gegensatz dazu untersucht Modell 2 (Moderationsmodell), inwiefern die intensivere interaktive Nutzung den Zusammenhang zwischen erfolgreicher Produktinnovation und dem Unternehmenserfolg moderiert.[157]

Ergebnis des Mediationsmodells ist, dass die interaktive Nutzung von quantitativen Informationen nicht mit einer erhöhten Produktinnovation zusammenhängt. Weitere Untersuchungen des Datensatzes ergeben zudem, dass auch kein direkter Zusammenhang zwischen der interaktiver Nutzung und dem Unternehmenserfolg besteht.[158]

Im Gegensatz dazu kann mithilfe des Moderationsmodells gezeigt werden, dass die interaktive Nutzung quantitativer Informationen den positiven Zusammenhang zwischen Produktinnovation und Unternehmenserfolg moderiert.[159] Das heißt, dass der positive Zusammenhang zwischen Produktinnovation und Unternehmenserfolg umso höher ist, je intensiver Manager quantitative Informationen interaktiv nutzen, da so innovative Produktideen effektiver in messbaren Erfolg transformiert werden können.[160]

Positiv hervorzuheben ist, dass in dieser Studie verschiedene Modellierungsmöglichkeiten der untersuchten Zusammenhänge alternativ getestet und verglichen werden. Die Ergebnisse dieser Studie deuten darauf hin, dass Untersuchungen, die den Einfluss der *Nutzung von Kennzahlen* auf den Erfolg als direkten Effekt untersuchen, kritisch gesehen werden müssen und vielmehr die *Nutzung von Kennzahlen* als Moderatorvariable untersucht werden müsste. Allerdings ist die Studie nicht frei von methodischen Mängeln. Mit nur 40 Antworten ist die absolute Rücklaufquote als sehr gering zu bewerten. Es ist dabei fraglich, inwiefern eine größere Stichprobe nicht zu anderen Ergebnissen geführt hätte, da dies den Einsatz leistungsfähigerer statistischer Methoden ermöglicht hätte.

---

[157] Vgl. Bisbe/Otley (2004), S. 711 ff.

[158] Vgl. Bisbe/Otley (2004), S. 722 ff.

[159] Vgl. Bisbe/Otley (2004), S. 724 f.

[160] Vgl. Bisbe/Otley (2004), S. 729.

2.2.1.6 Studie von Sandt

In Forschungsfrage vier seiner Arbeit untersucht Sandt die Wirkung der Nutzung von Kennzahlen auf die Qualität des Führungszyklus und die Anpassungsfähigkeit des Unternehmens. Er verwendet dabei einerseits die Nutzungsarten von Karlshaus (instrumentelle, konzeptionelle und symbolische Nutzung) und andererseits die Nutzungstypologie von Simons (interaktive und diagnostische Nutzung von Kennzahlen).[161] Sandt folgt dabei dem Verständnis von Weber und Schäffer bezüglich des Konzeptes der interaktiven und diagnostischen Nutzung. Demnach bedeutet *diagnostische Nutzung* von Kennzahlen, dass der Manager nur in Ausnahmefällen eingreift und nur den Kennzahlen seine Aufmerksamkeit schenkt, deren Wert unter einen definierten Mindestwert fällt. Im Gegensatz dazu bezieht sich die *interaktive Nutzung* auf die Nutzung einiger ausgewählter Kennzahlen, die für den Erfolg der Unternehmung besonders wichtig sind.[162] Die empirische Analyse des ersten Kausalmodells zu Erfolgswirkungen der instrumentellen, konzeptionellen und symbolischen Nutzung ergibt, dass die symbolische und die konzeptionelle Nutzung hochsignifikant die Qualität des Führungszyklus beeinflussen. Überraschenderweise wirkt die instrumentelle Nutzung, d. h. die Nutzung für Entscheidungszwecke, nicht positiv auf die Qualität des Führungszyklus. Hochsignifikant positiv wirken die instrumentelle und die konzeptionelle Nutzung von Kennzahlen auf die Anpassungsfähigkeit der Organisation, hochsignifikant negativ die symbolische Nutzung.[163]

Sandt schlussfolgert aus den Ergebnissen, dass für die Qualität des Führungszyklus bzw. für die Qualität von Entscheidungen die Nutzung von quantitativen Informationen weniger relevant ist als bislang vermutet.[164]

Die Ergebnisse der Erfolgsanalyse bezüglich der interaktiven und diagnostischen Nutzung der Kennzahlen ergeben, dass die konzeptionelle Nutzung sehr stark und hochsignifikant die Qualität des Führungszyklus beeinflusst. Der Einfluss auf die Anpassungsfähigkeit ist hingegen nicht-signifikant. Die interaktive Nutzung wirkt zwar signifikant, aber nur schwach und negativ auf die Qualität des Führungszyklus

---

[161] Vgl. Simons (1987); Simons (1990); Simons (1995).

[162] Vgl. Simons (1995), S. 17 f.

[163] Vgl. Sandt (2004), S. 201.

[164] Vgl. Sandt (2004), S. 206.

und darüber hinaus ebenfalls signifikant, aber nur schwach positiv auf die Anpassungsfähigkeit der Organisation.[165]

2.2.1.7 Studie von Steiners

In der Arbeit von Steiners (2005) wird der Zusammenhang zwischen der Nutzung von Controllinginformationen, dem Lernen von Managern und dem Unternehmenserfolg untersucht.[166]

Steiners unterscheidet bei den Nutzungsarten, die in die Erfolgsanalyse eingehen, zwischen dem *Lernen ex ante* (Nutzung zu Entscheidungszwecken), dem *Lernen ex post* (Nutzung zu Kontrollzwecken) und der *mittelbaren Nutzung* (entspricht dem *improving understanding* von Vandenbosch [1999][167] bzw. der *konzeptionellen Nutzung* von Karlshaus [2000][168]).[169] Es werden Hypothesen gebildet, dass die drei Nutzungsarten sich positiv auf die Modelländerungen und Modellbestätigungen der befragten Manager auswirken.[170] Unter einer Modellbestätigung wird dabei die Bestätigung bestehender interner Modelle, unter einer Modelländerung die Änderung bestehender interner Modelle von Akteuren verstanden.[171] Ein internes Modell eines Akteurs kann als die Summe seiner mentalen Abbildungen der realen, ihn umgebenden Welt definiert werden.[172]

Weiterhin wird angenommen, dass sich Modellbestätigungen positiv auf die Effizienz und Modelländerungen positiv auf die Effektivität des Unternehmens auswirken. Es wird zusätzlich die Hypothese hergeleitet, dass Effizienz den wirtschaftlichen Erfolg positiv beeinflusst und die Effektivität die Anpassungsfähigkeit auf neue Herausforderungen des Unternehmens steigert. Schließlich werden Hypothesen zu möglichen positiven Zusammenhängen zwischen der Nutzung von Controllinginformationen und der Effizienz und der Effektivität des Unternehmens hergeleitet.[173]

---

[165] Vgl. Sandt (2004), S. 204.
[166] Vgl. Steiners (2005).
[167] Vgl. Vandenbosch (1999), S. 90.
[168] Vgl. Karlshaus (2000), S. 154.
[169] Vgl. Steiners (2005), S. 37 f.; ferner S. 199.
[170] Vgl. Steiners (2005), S. 82 ff.
[171] Vgl. hierzu Steiners (2005), S. 20.
[172] Vgl. Steiners (2005), S. 15.
[173] Vgl. für eine Übersicht über die Hypothesen Steiners (2005), S. 97.

Mit Ausnahme der Hypothese bezüglich des Zusammenhangs zwischen der Effizienz des Unternehmens und dem wirtschaftlichen Erfolg können alle Hypothesen bestätigt werden.[174] Der fehlende Zusammenhang zwischen der Effizienz des Unternehmens und dem wirtschaftlichen Erfolg wird mit dem Hinweis begründet, dass sich die Unternehmen des produzierenden Gewerbes schon alle auf einem vergleichbar hohen Effizienzniveau befinden.[175]

Eine explorative Analyse bezüglich des moderierenden Einflusses der Wettbewerbsintensität und der Qualität der Controllinginformationen ergab keine auf dem 5%-Niveau signifikanten Moderationseffekte.[176]

Kernaussage der Studie ist damit, dass eine intensivere Nutzung von Controllinginformationen zu Lerneffekten bei Managern führt, die wiederum den Unternehmenserfolg positiv beeinflussen.

Positiv herauszuheben ist, dass die Arbeit auf die anspruchsvolle Kausalanalyse in LISREL zurückgreift. Zusätzlich wurde im Gegensatz zu Vandenbosch (1999) bei der Erhebung der Stichprobe sichergestellt, dass jeweils nur ein Manager je Unternehmen antwortet.

2.2.1.8 Studie von Henri

In der Studie von Henri (2006a) werden die Zusammenhänge zwischen der Nutzung von Controllinginformationen, organisationalen Fähigkeiten und dem organisationalen Erfolg untersucht.[177] Dazu werden die Antworten von 383 Top-Managern kanadischer Unternehmen ausgewertet (Rücklaufquote von 24%).[178]

Es wird angenommen, dass die diagnostische Nutzung von Kennzahlen die organisationalen Fähigkeiten des Unternehmens (organisationales Lernen, Innovationsfähigkeit, Marktorientierung und Entrepreneurship) negativ beeinflusst.

Die interaktive Nutzung soll hingegen die genannten organisationalen Fähigkeiten positiv beeinflussen, ebenso wie die *dynamic tension* (gemessen als Produkt der

---

[174] Vgl. Steiners (2005), S. 199.

[175] Vgl. Steiners (2005), S. 204.

[176] Vgl. Steiners (2005), S. 205 ff.

[177] Vgl. Henri (2006a).

[178] Vgl. Henri (2006a), S. 540.

interaktiven und diagnostischen Nutzung). Bezüglich der vier organisationalen Fähigkeiten, die von Henri als die vier Kernressourcen eines Unternehmens angesehen werden, um nachhaltige Wettbewerbsvorteile zu erlangen, wird dem Ressourcenansatz folgend die Hypothese aufgestellt, dass diese den Unternehmenserfolg positiv beeinflussen.[179] Damit wird ein indirekter Erfolgszusammenhang zwischen der Nutzung von Kennzahlen über die Verbesserung der organisationalen Fähigkeiten auf den organisationalen Erfolg unterstellt.

Die Ergebnisse der Hypothesenprüfung bestätigen, dass die diagnostische Nutzung die vier organisationalen Fähigkeiten signifikant negativ und die interaktive Nutzung signifikant positiv beeinflussen. Die Analysen ergeben keine eindeutige Bestätigung für die Zusammenhangsvermutung der *dynamic tension* und den vier organisationalen Fähigkeiten. Während im Gesamtmodell kein Zusammenhang besteht, führt eine Zweiteilung des Datensatzes anhand der Variable *environmental uncertainty* dazu, dass sich bei hoher Ausprägung der Variable signifikante (wenn auch sehr schwache) Zusammenhänge ergeben. Signifikante Zusammenhänge zwischen diesen Variablen ergeben sich auch, wenn man die Unternehmen mit hoher Ausprägung von *flexibility values* untersucht. Keine Zusammenhänge ergeben sich zwischen den vier organisationalen Fähigkeiten und dem Unternehmenserfolg, sodass auch kein indirekter Einfluss der Nutzung von Kennzahlen auf den Unternehmenserfolg nachgewiesen werden kann.[180]

In einer weiteren Analyse untersucht Henri mögliche direkte Effekte zwischen der interaktiven und diagnostischen Nutzung und dem Unternehmenserfolg. Obwohl der Autor selber einräumt, dass es sich bei den gefundenen Zusammenhängen nicht um statistisch signifikante Befunde handelt, werden diese nicht-signifikanten Ergebnisse inhaltlich gedeutet.[181] Bemerkenswerterweise findet Henri einen positiven Zusammenhang zwischen der diagnostischen Nutzung und dem Unternehmenserfolg und einen negativen zwischen der interaktiven Nutzung und der gewählten Erfolgsvariable. Die Vorgehensweise, Ergebnisse, die nicht das 5%-Signifikanzniveau erreichen, inhaltlich zu interpretieren erscheint dabei allerdings wenig konservativ.

---

179 Für einen graphischen Überblick über die Hypothesen vgl. Henri (2006a), S. 534.

180 Vgl. Henri (2006a), S. 543 f.

181 Vgl. Henri (2006a), S. 547.

Konzeptionell zweifelhaft ist grundsätzlich die Hypothese, dass die *dynamic tension* die vier organisationalen Fähigkeiten positiv beeinflussen soll, da *dynamic tension* in der Studie von Henri als Produkt von interaktiver und diagnostischer Nutzung gemessen wurde. Die Tatsache, dass die aufgestellte Hypothese nicht bestätigt werden konnte erklärt sich leicht, wenn man bedenkt, dass die diagnostische Nutzung einen negativen Einfluss auf die vier organisationalen Fähigkeiten hat. Methodisch unzureichend ist auch der durchgeführte Mehrgruppenvergleich, da keine Angaben über die Verbesserung des Chi-Quadrat-Wertes, anhand dessen erst das Vorliegen einer Moderation geklärt werden kann, gemacht wurden.[182]

2.2.2 Zusammenfassung und Fazit

Zusammenfassend muss der empirisch gesicherte Wissenstand bezüglich möglicher Erfolgswirkungen der Nutzung von quantitativen Informationen als gering angesehen werden. Vergleicht man die Aussagen zu Erfolgswirkungen der Nutzung von quantitativen Informationen bei den vorgestellten Studien, so existieren in Bezug auf alle bekannten Nutzungsarten widersprüchliche Ergebnisse. Während z.B. Vandenbosch (1999) einen signifikant negativen Zusammenhang zwischen der Nutzung von quantitativen Informationen zu Kontrollzwecken und dem Unternehmenserfolg feststellt[183], ist eines der zentralen Ergebnisse der Arbeit von Steiners (2005), dass die Nutzung von Controllinginformationen zu Kontrollzwecken den Unternehmenserfolg direkt und indirekt durch das Lernen der Manager positiv beeinflusst[184]. Weiterhin findet Sandt (2004) einerseits einen positiven Zusammenhang zwischen der Nutzung zu Entscheidungszwecken und der einen gewählten Erfolgsvariable, keinen allerdings zwischen dieser Nutzungsart und der anderen Erfolgsvariable.[185] Während Karlshaus (2000) einen negativen Zusammenhang zwischen der Nutzung zu Entscheidungszwecken und der gewählten Erfolgsvariable findet, stellt genau diese Nutzungsart die den Erfolg am stärksten beeinflussende Nutzungsart in der Studie von Steiners (2005) dar.[186] Auch in Bezug auf die anderen bekannten Nutzungsarten können keine übereinstimmenden und eindeutigen Ergebnisse konstatiert werden.

---

182 Vgl. hierzu die Erläuterungen in Kapitel E 3.2.

183 Vgl. Vandenbosch (1999), S. 88 f.

184 Vgl. Steiners (2005), S. 199.

185 Vgl. Sandt (2004), S. 201.

186 Vgl. Karlshaus (2000), S. 180 f.; Steiners (2005), S. 199.

Die mangelnde Ergebniskonvergenz der Studien könnte dabei auf einen oder mehrere der folgenden Punkte zurückgeführt werden:

- Einige Arbeiten untersuchen die Auswirkungen der Nutzung von quantitativen Informationen auf individuelle, andere auf organisationale Erfolgsmaße.
- In Bezug auf die interaktive und diagnostische Nutzung besteht keine Einigkeit hinsichtlich der Konzeptualisierung und Operationalisierung der Informationsnutzung.
- Ein großer Teil der vorgestellten Studien greift nicht auf die Gütekriterien der zweiten Generation zurück, sodass qualitativ schlechte Konstruktmessungen die Ergebnisse verzerrt haben könnten.
- Die Qualität der genutzten Informationen wird implizit als Zufallsvariable behandelt und nicht berücksichtigt.
- Einige Studien verwenden sehr geringe Stichprobengrößen.

Den möglichen Ursachen mangelnder Ergebniskonvergenz der vorgestellten Studien soll bei der Herleitung der Hypothesen dieser Arbeit besondere Aufmerksamkeit geschenkt werden.

3. Theoretische Bezugspunkte der Arbeit

3.1 Wissenschaftstheoretische Orientierung der Untersuchung

Diese Arbeit verfolgt ein pragmatisches Wissenschaftsziel.[187] Dabei lassen sich deskriptive, explikative und instrumentelle Aussagen unterscheiden. Die in der Einführung dargelegte Zielsetzung der Arbeit umfasst Aussagen aller drei Kategorien. Die angestrebte Untersuchung der Verbreitung und Nutzung von Kennzahlen und Kennzahlensystemen führt im Wesentlichen zu deskriptiven Aussagen. Durch die Operationalisierung verschiedener Gestaltungsmerkmale von Kennzahlen wird zusätzlich ein Instrument zur unternehmensindividuellen Schwachstellenanalyse empirisch validiert, sodass in diesem Teil der Untersuchung auch instrumentelle Aussagen getroffen werden können. Die Untersuchung der direkten, indirekten und

---

[187] Vgl. Hauschildt (2003), S. 9.

moderierenden Zusammenhänge zwischen den Gestaltungsmerkmalen und der Qualität von Kennzahlen, der Nutzung und dem persönlichen Erfolg der Manager führt in erster Linie zu Aussagen explikativer Natur. Darüber hinaus können praxisrelevante Empfehlungen abgeleitet werden, die instrumentelle Aussagen darstellen.

In Analogie zu den Überlegungen von Scherer (2002) bezieht sich die Wissenschaftstheorie im Kontext der empirischen Controllingforschung auf die Frage, wie die empirische Controllingforschung betrieben werden sollte.[188] Grundsätzlich ist bei Arbeiten der empirischen Controllingforschung eine positivistische Orientierung erkennbar, die vom sog. kritischen Rationalismus geleitet wird.[189] Die Grundprinzipien des kritischen Rationalismus wurden von dem Philosophen Karl Popper entwickelt und haben eine Synthese des Rationalismus und des Empirismus zum Ziel. Der klassische Empirismus betrachtet die Erfahrung der Realität als Quelle der Erkenntnis, wobei die Annahme getroffen wird, dass der Mensch durch seine sinnliche Erfahrung einen unmittelbaren Zugang zur Realität besitzt. Durch diesen sinnlichen Zugang zur Realität ist es dem Menschen möglich, durch Induktion von der Wahrheit eines singulären Satzes auf die Wahrheit allgemeingültiger Sätze zu schließen.[190] Die entgegengesetzte Position nimmt der Rationalismus ein, demzufolge die Wahrheit über die Vernunft erschlossen werden kann. Nach der Formulierung von grundlegenden Annahmen, sog. Axiomen, können mittels Deduktion weitere Aussagen logisch hergeleitet werden. Bei der Konstruktion solcher logischer Aussagensysteme wird auf die Einhaltung logischer Postulate wie die Widerspruchsfreiheit geachtet. Während am Rationalismus kritisiert wird, dass sein Begründungsverfahren auf axiomatischen Vernunftseinsichten beruht, die willkürlich sein können, wird am klassischen Empirismus kritisiert, dass eine empirische Beobachtung schwer als zweifelsfreier Ausgangspunkt für eine Ableitung eines wahren Aussagensystems herangezogen werden kann.[191]

Popper erkennt die Erfahrung als Quelle der Erkenntnis an, schränkt aber ihren Anspruch ein, indem er das Induktionsprinzip grundsätzlich ablehnt. Im kritischen Rationalismus ist es ebenfalls nicht möglich, aus einer vernunftmäßig einsichtbaren,

---

[188] Vgl. Scherer (2002), S. 4.
[189] Vgl. z.B. Aust (1999), S. 20; Gleich (2001), S. 16.
[190] Vgl. Scherer (2002), S. 6.
[191] Vgl. Popper (1979), S. 10.

aber letztlich willkürlichen Grundannahme ein Aussagensystem abzuleiten. Zwar weist Popper Theorien einen hohen Stellenwert zu, die grundlegenden Annahmen und Theorien werden aber nicht, wie beim Rationalismus, als gegeben angenommen sondern kritisch mithilfe der Empirie immer wieder überprüft. Theorien werden dabei immer nur vorläufig und nicht endgültig verifiziert, können aber endgültig falsifiziert werden. Eine Theorie kann dabei nur als wissenschaftlich gelten, wenn aus ihr empirisch überprüfbare Hypothesen ableitbar sind.[192] Eine Theorie kann nach Popper nur dann als Theorie gelten, wenn sie widerlegbar ist. Nach Popper muss eine objektive wissenschaftliche Aussage zusätzlich das Kriterium der intersubjektiven Nachvollziehbarkeit erfüllen.[193]

Die Möglichkeit der stringenten Anwendung kritisch-rationalistischer Prinzipien auf dem Gebiet der sozialwissenschaftlichen Forschung ist umstritten. Ausgangspunkt der Zweifel stellt der Hinweis dar, dass die kritisch-rationalistischen Prinzipien im Kontext der naturwissenschaftlichen Forschung entwickelt worden sind.[194] Die naturwissenschaftliche Forschung zeichnet sich dabei im Gegensatz zur sozialwissenschaftlichen dadurch aus, dass untersuchte Zusammenhänge leicht wiederholbar sind und zu den gleichen Ergebnissen führen müssen. Die intersubjektive Nachvollziehbarkeit wird dadurch weitestgehend sichergestellt und insbesondere die endgültige Falsifikation einer Theorie ermöglicht.[195] Im Gegensatz dazu ist in den modernen Sozialwissenschaften der Zusammenhang zwischen Variablen in starkem Maße von einer Vielzahl von Kontextfaktoren abhängig. Eindeutige, von Kontextfaktoren unabhängige Ursache-Wirkungszusammenhänge sind unwahrscheinlich.[196] Insbesondere die Möglichkeit, eine Theorie bzw. eine Hypothese endgültig zu falsifizieren, erscheint schwer möglich, da ein nicht bestätigter Zusammenhang sich in einem anderen Kontext bestätigen ließe.[197] Erschwert wird dieses Problem durch die methodischen Schwierigkeiten, Konstrukte fehlerfrei zu messen. Dabei muss fest-

---

[192] Vgl. Popper (2002a), Popper (2002b).

[193] Vgl. Popper (1998).

[194] Vgl. Kubicek (1975), S. 48 ff.; Schanz (1988), S. 1 f.; Hunt (1991), S. 268 ff.

[195] Vgl. Kosiol (1973), S. 4.

[196] Vgl. Kubicek (1975), S. 49; Hauschildt (2003), S. 20; Ittner/Larcker/Randall (2003), S. 722.

[197] Vgl. Martin (1989), S. 19 ff. Neben dieser grundsätzlichen Problematik, Theorien im Kontext sozialwissenschaftlicher Forschung schwer falsifizieren zu können, wird methodisch der Falsifikation von Hypothesen bislang wenig Aufmerksamkeit geschenkt. Für die Falsifikation einer Hypothese müssen dabei die Hypothese nicht auf den Fehler erster, sondern zweiter Art getestet werden. Vgl. Borkowski/Welsh/Zhang (2001).

gestellt werden, dass gerade die deutsche empirische Controllingforschung dem Aspekt einer methodisch guten Konstruktmessung bislang zu wenig Aufmerksamkeit geschenkt hat.[198]

Auch in der internationalen empirischen Controllingforschung kann dieses Problem als gravierend angesehen werden. In einem Überblick über in der empirischen Management Accounting-Forschung verwendeten Konstrukte machen Kwok/Sharp (1998) deutlich, dass die meisten Konstrukte nur unzureichend validiert worden sind.[199]

Ein zweiter zentraler Einwand gegen die strenge Verwendung kritisch-rationalistischer Prinzipien im Kontext der empirischen Sozialforschung besteht in der Forderung des kritischen Rationalismus, immer aus einer klaren Theorie heraus deduktiv Hypothesen abzuleiten und zu überprüfen. Zu beachten ist in diesem Zusammenhang, dass die Prinzipien des kritischen Rationalismus im Kontext der Naturwissenschaften entwickelt worden sind, wo *harte* Theorien existieren, die endgültig falsifizierbar sind. Für weite Bereiche der Betriebswirtschaft liegen hingegen keine ausreichend akzeptierten Theorien vor, es herrscht Theorienvielfalt. In diesem Zusammenhang spricht Witte daher von „utopischem Theorismus“ und von einem „unrealistischen theoretischen Anspruch“.[200]

Hauschildt (2003) veranschaulicht dieses Problem am Beispiel der Forschung zu Erfolgsfaktoren zwischenbetrieblicher Kooperation. Bei der Suche nach einer geeigneten Theorie kann dabei nicht auf eine, sondern auf zehn Theorien zurückgegriffen werden, wobei keine der Theorien für sich alleine genommen eine ausreichende Menge an begründbaren Zusammenhängen liefert.[201] Erst die Verwendung einer Vielzahl von möglichen Theorien liefert eine hinreichende Menge theoretisch begründbarer Erfolgsfaktoren, die zusammen erst in der Lage sind, das komplexe Phänomen genügend zu erfassen. Hauschild stellt nach einer Analyse veröffentlichter empirischer Studien in nationalen und internationalen Fachzeitschriften fest, dass Theorien zur Lösung eines Problems verwendet werden, um möglichst viele Anregungen bezüglich existierender Zusammenhänge zu erhalten. Die empirische be-

---

198 Vgl. Homburg/Klarmann (2003), S. 76 f.

199 Vgl. Kwok/Sharp (1998). Für die grundsätzliche Messfehlerproblematik vgl. Kubicek (1977), S. 8; Anderson (1983), S. 21; Martin (1989), S. 23 ff.

200 Vgl. Witte (1977), S. 271.

201 Vgl. Hauschildt (2003), S. 14 f.

triebswirtschaftliche Forschung ist somit keine theoriegeleitete, sondern eine problemgeleitete, in der Theorien eine dienende und nicht eine herrschende Funktion einnehmen sollten.[202]

Diese kritische Einschätzung zur Leistungsfähigkeit der in der Betriebswirtschaftslehre verwendeten Theorien wird durch die Ergebnisse einer von Homburg/Baumgartner (1995) durchgeführten Metaanalyse untermauert, demzufolge rein konfirmatorische Anwendungen der Kausalanalyse in der Marketingforschung in der Minderheit sind. Vielmehr findet eine Vermischung von explorativer und konfirmatorischer Vorgehensweise statt, welche häufig notwendig erscheint, da die jeweils verwendeten Theorien offenbar zu ungenau sind, um exakte Hypothesen vor der eigentlichen Datenauswertung bezüglich der Beziehungen zwischen den Variablen herleiten zu können.[203]

Zudem besteht kein Konsens, welche Kriterien erfüllt sein müssen, um einem Satzsystem den Rang einer Theorie zusprechen zu können.[204] Legt man eine strenge Sichtweise zugrunde, könnten nur mathematisch formalisierte Theorien als Theorie gelten und nicht verbal beschriebene. Im Gegensatz zu der strengen Sichtweise wird in der betriebswirtschaftlichen Forschung die Einordnung von Variablen in einen theoretischen Bezugsrahmen meistens schon als Theorie aufgefasst.[205]

Aufgrund der skizzierten kritischen Einschätzung der tatsächlichen Leistungsfähigkeit der in der Betriebswirtschaftslehre verwendeten Theorien folgt diese Arbeit nicht dem wissenschaftstheoretischen Verständnis des kritischen Rationalismus, sondern dem des *wissenschaftlichen Realismus*. Demnach kann bei wiederholtem Bestätigen von Hypothesen von einer schrittweise zunehmenden Bestätigung eines Satzes ausgegangen werden. Die induktive Sichtweise wird dabei wieder ein Stück weit zugelassen, wobei weder das Prinzip der endgültigen Verifikation noch der endgültigen Falsifikation einer Theorie existiert.[206] Dem wissenschaftlichen Realismus wird mittlerweile eine bedeutende Stellung zugesprochen und er wird von führenden Forschern der empirischen Betriebswirtschaft verwendet.[207]

---

[202] Vgl. Hauschildt (2003), S. 15.

[203] Vgl. Homburg/Baumgartner (1995), S. 1099 f.

[204] Vgl. Hauschildt (2003), S. 12.

[205] Vgl. Hauschildt (2003), S. 13.

[206] Vgl. Hunt (1990).

[207] Vgl. Homburg (2000), S. 66 ff.

Aus der dargelegten wissenschaftstheoretischen Orientierung der Untersuchung und der diskutierten Problematik von verwendeter Methodik und verfügbaren Theorien im Kontext der empirischen Betriebswirtschaftslehre werden für diese Arbeit zwei zentrale Schlussfolgerungen gezogen:

1. „Valid measurement is the sine qua non of science [...] If the measures used in a discipline have not been demonstrated to have a high degree of validity, that discipline is not a science“[208]. Die Fragestellungen einer korrekten Konstruktmessung erfahren in dieser Arbeit eine besondere Berücksichtigung. Deswegen soll auf die leistungsstärksten Verfahren zur Validitäts- und Reliabilitätsbeurteilung für die Validierung reflexiver Konstrukte zurückgegriffen werden. Daneben wird auch den aktuell geführten Diskussionen zu Problemen der Behandlung multidimensionaler Konstrukte, der Messung durch formative Konstrukte und der Common-Method-Bias-Problematik Rechnung getragen.[209] Die in Kapitel B 2.2 durchgeführte kritische Analyse des Standes der Forschung zu Auswirkungen der Nutzung von Kennzahlen auf den Erfolg lässt vermuten, dass die dargelegten Widersprüchlichkeiten bisheriger Studien auf eine mangelnde Beachtung methodischer Aspekte zurückzuführen ist.
2. Diese Arbeit folgt der Leitidee des theoretischen Pluralismus, wonach verschiedene Theorien komplementär Verwendung finden. In dieser Arbeit werden theoretische Bezugspunkte verwendet, um den Bezugsrahmen der Arbeit und damit die übergeordneten Zusammenhänge zwischen der Qualität von Kennzahlen, der Nutzung und dem resultierenden Erfolg abzuleiten. Die Ableitung der Hypothesen aus einer einzigen Theorie wird hingegen abgelehnt. Bei der Begründung der spezifischen Hypothesen wird vor allem auf die veröffentlichte empirische Literatur zurückgegriffen. Dabei sollen auch methodische Probleme früherer Studien diskutiert werden, um dadurch zu inhaltlich präziseren Hypothesen zu gelangen. Diese Vorgehensweise scheint insbesondere im Hinblick auf die wider-

---

[208] Peter (1979), S. 6.

[209] Dazu bemerken Kwok/Sharp: „The methodological foundations of behavioural accounting research lie in the disciplines of psychology and sociology. Although the last three decades have seen a growing interest in behavioural accounting research, it is still an emerging field. For this reason, behavioural accounting researchers need to apply state-of-the-art methodologies, the use of which is second nature in these well-established disciplines. A failure to adhere to state-of-the-art methodologies limits confidence in results, and impedes the advancement of behavioural accounting knowledge.“ Kwok/Sharp (1998), S. 137.

sprüchlichen Ergebnisse bisheriger empirischer Studien zur Erfolgswirksamkeit der Nutzung von Kennzahlen gerechtfertigt, da offenbar keine der in diesen Studien verwendeten Theorien in der Lage war, Hypothesen über die genaue Art der Zusammenhänge herzuleiten.

3.2 Der Rationalitätssicherungsansatz der Führung und die Behavioral Accounting-Forschung

Die vorliegende Arbeit kann dem Forschungsfeld *Behavioral Accounting* zugeordnet werden. In Kapitel B 3.2.1 soll ein kurzer Überblick über die verschiedenen Teilgebiete dieser Forschungsrichtung gegeben werden. In Kapitel B 3.2.2 wird das Konzept der Rationalitätssicherung der Führung beschrieben, das als theoretischer Modellierungsansatz dieses Forschungsfeldes betrachtet werden kann.[210]

3.2.1 Behavioral Accounting

Das Forschungsgebiet *Behavioral Accounting* umfasst eine Vielzahl von Forschungsrichtungen und kann mittlerweile als eine der wichtigsten Ausrichtungen der angloamerikanischen Management Accounting-Forschung betrachtet werden.[211] Die Arbeiten des Behavioral Accounting setzen dabei auf ein verhaltenswissenschaftlich orientiertes Akteursverständnis. Es wird nicht mehr (wie beim Modell des homo oeconomicus) davon ausgegangen, dass die Informationsaufnahme, -bearbeitung und -nutzung optimal sind.[212] Es ist allerdings zu konstatieren, dass die Forschungsrichtung *Behavioral Accounting* sehr stark von Studien zu spezifischen Fragestellungen geprägt ist, die nicht eine bestimmte, sondern eine Vielzahl von Theorien verwenden. Versuche der Theoriebildung finden sich im anglo-amerikanischen Raum bisher kaum.[213] Der Definitionsversuch von Bruns/DeCoster muss daher ungenau bleiben. Nach Bruns/DeCoster kann *Behavioral Accounting* folgenderweise definiert

---

[210] Vgl. Hirsch (2005), S. 180ff.

[211] Vgl. Weber (1993), S. 13; Meyer/Rigsby (2001), S. 253f. In der deutschsprachigen Controllingforschung wurde dem Gebiet *Behavioral Accounting* bislang weniger Beachtung geschenkt. Vgl. Süßmair (2000), S. 3f.; Littkemann (2004), S. 23; Bramsemann/Heineke/Kunz (2004), S. 564.

[212] Vgl. Holzer/Lück (1978), S. 511.

[213] Vgl. Hirsch (2005), S. 169.

werden: „Behavioral Accounting considers the impact of the process of measuring and reporting on people and organizations."[214]

Nach Heide und Siegel beschäftigen sich Arbeiten des Gebietes *Behavioral Accounting* mit den wechselseitigen Beziehungen zwischen menschlichem Verhalten und der Rechnungslegung.[215]

Arbeiten aus dem Bereich *Behavioral Accounting* wurden dabei historisch vor allem von der Psychologie und der Soziologie sowohl inhaltlich als auch methodisch stark beeinflusst.[216]

Dem Bereich *Behavioral Accounting* lässt sich eine Vielzahl von Arbeiten zuordnen, die von Birnberg/Shields (1989) in fünf Kategorien eingeteilt werden können: *Managerial Control, Accounting Information Processing, Accounting Information System (AIS) Design, Auditing Process Research* und *Organizational Sociology*.[217]

Zu beachten ist, dass eine Reihe weiterer Kategorisierungsmöglichkeiten existiert.[218] Die Komplexität des Forschungsfeldes *Behavioral Accounting* bedingt zudem, dass keine der vorgenommenen Kategorisierungsversuche als überschneidungsfrei angesehen werden kann.[219]

Arbeiten, die dem Bereich *Managerial Control* zuzuordnen sind, beschäftigen sich vor allem mit den Auswirkungen auf das Verhalten von Mitarbeitern, die durch das Controllingsystem hervorgerufen werden.[220] Dem Bereich *Accounting Information Processing* sind Arbeiten zuzuordnen, die den gesamten Entscheidungsprozess einschließlich kognitiver Aspekte der Entscheider untersuchen.[221]

Arbeiten aus dem Bereich *Accounting Information System* beschäftigen sich mit der übergeordneten Frage, wie Controllingsysteme ausgestaltet sein sollten. Arbeiten aus

---

[214] Vgl. Bruns/DeCoster (1969), S. 5.

[215] Vgl. Siegel (1989), S. 15; Schanz (1993), Sp. 2006; Hoffjan (1998), S. 87; Heide (2001), S. 58.

[216] Vgl. Birnberg/Shields (1989), S. 28 f.; Kwok/Sharp (1998), S. 137.

[217] Vgl. Birnberg/Shields (1989). Für frühe Arbeiten, die dem Bereich *Behavioral Accounting* zuzuordnen sind, vgl. Argyris (1952); Devine (1960); Stedry (1960); Golembiewski (1964); Willingham (1964); Hofstede (1967); Hopwood (1972); Hopwood (1973); Hopwood (1974).

[218] Vgl. z. B. Hofstedt (1975); Birnberg (1993).

[219] Vgl. Schweitzer/Küpper (1995), S. 551; Meyer/Rigsby (2001), S. 257.

[220] Vgl. Birnberg (1993), S. 6; Meyer/Rigsby (2001), S. 256.

[221] Vgl. Birnberg/Shields (1989), S. 47.

dem Bereich „Auditing Process Research" berücksichtigen bei ihren Untersuchungen die Rolle des Wirtschaftsprüfers, während Arbeiten des Bereichs *Organizational Sociology* u. a. den Einfluss von Kontextfaktoren auf das Controllingsystem untersuchen.[222]

Viele Studien des Gebietes *Behavioral Accounting* lassen sich nicht genau einer der beschriebenen Teilgebiete zuordnen. Auch in dieser Arbeit wird eine Vielzahl unterschiedlicher Aspekte tangiert, sodass eine eindeutige Klassifizierung nicht möglich ist.

3.2.2 Rationalitätssicherung der Führung

Als wichtiger theoretischer Bezugspunkt dient in dieser Arbeit der Rationalitätssicherungsansatz der Führung von Weber/Schäffer.[223] Die Aufgabe des Controllings besteht demnach darin, Rationalität ökonomischen Handelns über alle Phasen des Führungszyklus sicherzustellen. Unter Rationalität verstehen Weber/Schäffer Zweckrationalität im Sinne Max Webers.[224] Demnach wird eine Handlung als rational betrachtet, wenn sie dazu geeignet ist, bei gegebenen Nebenbedingungen ein definiertes Ziel optimal zu erreichen bzw. einem übergeordneten Zweck hinreichend zu dienen.[225]

Als oberster Zweck (bzw. oberstes Ziel) wird bei Unternehmen oft die Gewinnmaximierung gesehen, die das Prinzip des wirtschaftlichen Handelns notwendig macht.[226] Zu beachten ist, dass Weber/Schäffer fordern, diesen übergeordneten Zweck rational zu begründen. Der Bezug der Konzeption von Weber/Schäffer zur Diskursethik von Habermas impliziert, dass Rationalität immer nur relativ bleiben kann und im ständigen Diskurs der Mitglieder einer Kommunikationsgemeinschaft begründet werden muss.[227]

Versteht man unternehmerischen Erfolg als im Diskurs akzeptierten, obersten Zweck einer Unternehmung, kann Controlling als die Summe der Maßnahmen verstanden

---

[222] Vgl. Meyer/Rigsby (2001), S. 256.

[223] Vgl. Weber/Schäffer (1999d); Weber/Schäffer (1999e).

[224] Vgl. Weber/Schäffer (1999d), S. 734.

[225] Vgl. Weber/Schäffer (1999d), S. 734.

[226] Vgl. Friedmann (1970) in Verbindung mit Gutenberg (1929), S. 28.

[227] Vgl. Weber/Schäffer (1999d), S. 734; für die Grundlagen der Diskursethik vgl. Habermas (1988); Ulrich (1993); Ulrich (1998).

werden, die die Wahrscheinlichkeit einer rationalen Unternehmensführung über alle Phasen des Führungszyklus sicherstellt.[228] Dabei können grundsätzlich Führungs- und Ausführungshandlungen differenziert werden.[229]

Führungshandeln beginnt, wie in Abbildung 7 zu sehen, idealtypisch mit der Entscheidungsfindung in der Willensbildungsphase. Nachdem eine Entscheidung getroffen ist, wird sie im Unternehmen durchgesetzt. An die Durchsetzung schließt sich die Umsetzung an, gefolgt von der Kontrolle. Die Umsetzung der getroffenen Entscheidungen stellt dabei keine spezifische Führungs-, sondern eine Ausführungshandlung dar. Aus einer Analyse möglicher Defizite, die während der einzelnen Phasen eines idealtypischen Führungszyklus bezüglich der Führungsrationalität entstehen können, leiten Weber/Schäffer notwendige Controllingmaßnahmen ab.[230]

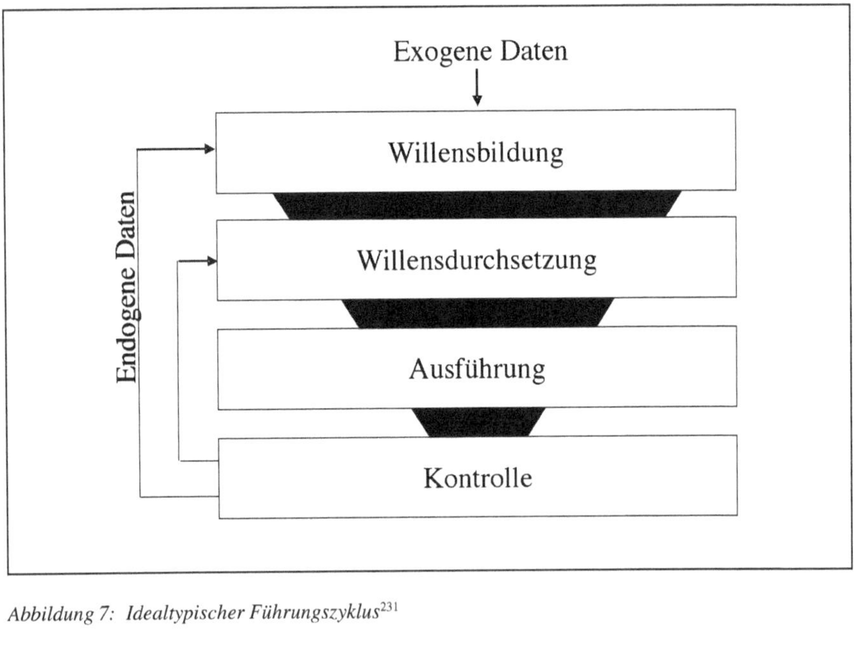

Abbildung 7: Idealtypischer Führungszyklus[231]

---

[228] Vgl. Weber/Schäffer (1999d), S. 743.

[229] Vgl. Gutenberg (1983), S. 132; Heinen (1991), S. 63; Weber (1997), S. 4; Weißenberger (1997), S. 16 f.; Bach et al. (2002), S. 4, ff.

[230] Vgl. Weber/Schäffer (1999d), S. 734 ff.

[231] Vgl. Weber/Schäffer (1999d), S. 735.

Dazu gehören einerseits die traditionellen Aufgaben des Controllings wie die Sicherstellung einer hohen Qualität von führungsrelevanten Informationen oder die Erarbeitung von Abweichungsalternativen und Handlungsvorschlägen. Andererseits kann der Controller als interner Berater des Managements durch kritisches Hinterfragen von getroffenen Annahmen und Bewertungen zur Rationalität der Unternehmensführung beitragen. Er nimmt dann die Rolle eines *Advocatus Diaboli* ein.[232]

Weber/Schäffer betonen darüber hinaus die Kontextspezifität der Rationalitätssicherstellungsaufgaben.[233] Dadurch gelingt es, die divergierenden Controllingsichtweisen auf einen gemeinsamen Nenner zurückzuführen.

Die Sichtweise des *Controllings als Informationsversorgungsfunktion* entstand vor dem Hintergrund einer mangelnden Datenverfügbarkeit in Unternehmen und stellt auch heute noch eine zentrale Herausforderung dar. Neben der reinen Datenverfügbarkeit kann das Controlling durch die Sicherstellung von Effektivität und Effizienz der Prozesse im Führungszyklus wirtschaftlich rationales Handeln wahrscheinlicher machen. Diese Perspektive entspricht der des *Controllings als ergebnisorientierten Steuerung.* Auch die von zahlreichen deutschsprachigen Forschern als state-of-the-art Ansatz erachtete *koordinationsbezogene Sichtweise*[234] des Controllings kann auf ihren rationalitätssichernden Kern zurückgeführt werden. Je stärker Unternehmen Veränderungen und erhöhtem Wettbewerbsdruck ausgesetzt sind, je wichtiger wird die Rolle des Controllings bei der Abstimmung der Planungs-, Kontroll- und Informationsversorgungssysteme und den Planungs- und Organisationssystemen.

Die vorliegende Arbeit untersucht nicht alle grundsätzlich möglichen rationalitätssichernden Aufgaben, sondern konzentriert sich auf die Qualität der zur Verfügung stehenden Kennzahlen, die in allen Führungsphasen von Managern benötigt werden.

3.3 Der situative Ansatz

Als zweiter theoretischer Bezugspunkt wird in dieser Arbeit der situative Ansatz verwendet.

---

232 Vgl. Weber/Schäffer (1999d).

233 Vgl. für den folgenden Abschnitt Weber/Schäffer (1999d), S. 740 ff.

234 Vgl. z. B. Horváth (2002), S. 367 f.

Das allgemeine Erkenntnisziel des situativen Ansatzes besteht darin, empirische Ausgestaltungsformen von Organisationsstrukturen in Abhängigkeit zu gegebenen exogenen Faktoren differenziert zu betrachten und zu erklären.[235] Dem situativen Ansatz wird mittlerweile in vielen Teilgebieten der Betriebswirtschaftslehre eine dominante Bedeutung zuerkannt.[236] Der situative Ansatz liegt auch vielen Arbeiten des Gebietes *Behavioral Accounting* zugrunde.[237]

Der zentrale Grundgedanke besteht darin, dass es keine universell optimale Organisationsstruktur gibt, die unabhängig von der jeweiligen Situation in allen Unternehmen zum gleichen Erfolg führt.[238] Unter vergleichbaren Situationsbedingungen gibt es demnach genau eine effiziente Organisationsstruktur, die die Unternehmen übernehmen müssen, um am Markt bestehen zu können.

In Analogie zu naturwissenschaftlichen Gesetzen existieren laut Kontingenztheorie damit Kausalgesetze, die unterschiedliche Organisationsmuster determinieren.[239] Die folgenden Ausführungen werden am (für diese Arbeit) relevanteren Beispiel des Einflusses der Kontextfaktoren auf das Controllingsystem des Unternehmens veranschaulicht.[240]

Die oben beschriebene Form des kontingenztheoretischen „Fits" wird durch das Selektionsmodell zum Ausdruck gebracht und gilt als sehr streng. Demnach existiert für eine bestimmte Situation nur eine optimale Ausgestaltung des Controllingsystems.[241] Wichtig anzumerken ist, dass durch diese Form der Untersuchung keine

---

[235] Der situative Ansatz wird häufig auch *Kontingenztheorie* genannt.

[236] Vgl. Galbraith/Schendel (1983), S. 158; Miner (1984), S. 298; Ginsberg/Venkatraman (1985), S. 421; Hambrick/Lei (1985), S. 763; Zeithaml/Varadarajan/Zeithaml (1988), S. 37; Chenhall (2003), S. 127; Tillema (2005), S. 103.

[237] Vgl. Birnberg/Shields (1989), S. 28f. Zu beachten ist allerdings, dass der situative Ansatz einen eigenständigen Theorieansatz und nicht (wie der Rationalitätssicherungsansatz der Führung) einen spezifischen Modellierungsansatz des Feldes *Behavioral Accounting* darstellt.

[238] Vgl. Kieser (2002), S. 169. Für frühe kontingenztheoretische Arbeiten vgl. Woodward (1958); Burns/Stalker (1961); Woodward (1965); Lawrence/Lorsch (1967); Thompson (1967); Pugh et al. (1968); Child (1970); Perrow (1970); Child (1972); Child (1973); Galbraith (1973).

[239] Vgl. Thommen (2002), S. 239.

[240] Für einen Überblick über kontingenztheoretische Arbeiten aus dem Gebiet der empirischen Controlling- bzw. Management Acounting-Forschung vgl. Hayes (1977); Waterhouse/Tiessen (1978); Otley (1982); Fisher (1995); Covaleski/Dirsmith/Samuel (1996); Fisher (1998); Covaleski et al. (2003).

[241] Vgl. Schreyögg (1999), S. 229; Thommen (2002), S. 239; Gerdin/Greve (2004), S. 307; Hartmann (2005), S. 330.

Unterschiede in Bezug auf den erreichten Erfolg erklärbar sind, da angenommen wird, dass Unternehmen, bei denen der Fit nicht optimal ist, vom Markt verschwinden. Diese Annahme wird in der Literatur als zu strikt kritisiert. Es ist vielmehr davon auszugehen, dass ein gewisses Ausmaß an Misfit in real existierenden, unvollkommenen Märkten die Existenz eines Unternehmens nicht gefährdet.[242]

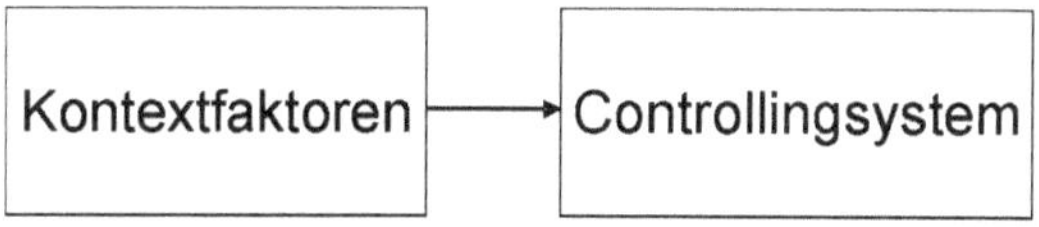

Abbildung 8: Selektionsmodell des kontingenztheoretischen Fits[243]

Im Gegensatz zum Selektionsmodell nimmt das Moderationsmodell des kontingenztheoretischen Fits nicht an, dass Unternehmen, bei denen der Fit nicht gegeben ist, vom Markt verschwinden, sondern dass der Erfolg der Unternehmung umso größer ist, je besser die Anpassung des Controllingsystems an die Kontextfaktoren gelingt.[244] Während bei den Selektionsmodellen des kontingenztheoretischen Fits die Ausgestaltung des Controllingsystems die abhängige Variable darstellt, untersuchen die Moderationsmodelle des kontingenztheoretischen Fits den Erfolg als abhängige Variable.[245]

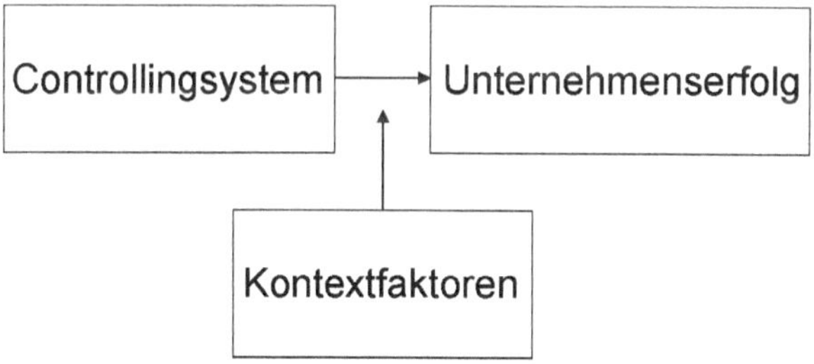

Abbildung 9: Moderationsmodell des kontingenztheoretischen Fits

---

242 Vgl. Kieser/Walgenbach (2003), S. 225 ff.

243 In der Literatur wird das Selektionsmodell des Fits auch Adaptions- oder Kongruenzmodell des Fits genannt. Vgl. Hartmann (2005), S. 333.

244 Vgl. Gerdin/Greve (2004), S. 307; Gerdin (2005a), S. 301; Hartmann (2005), S. 330.

245 Vgl. Hartmann (2005), S. 330 f., für eine grundlegende Diskussion bezüglich adäquater Methoden zur Untersuchung des Moderationsmodells des kontingenztheoretischen Fits vgl. Hartmann/Moers (1999); Dunk (2003); Hartmann/Moers (2003).

Diese Sichtweise bezüglich des kontingenztheoretischen Fits kann als realitätsnäher beurteilt werden und wird dieser Arbeit zugrunde gelegt.

Eine weitere Form des kontingenztheoretischen Fits stellt das Mediationsmodell dar.

Das Mediationsmodell geht im Gegensatz zu den beiden erstgenannten Modellen kontingenztheoretischen Fits davon aus, dass Kontextfaktoren zur Herausbildung eines Fits führen, dass aber während einer Anpassungsphase Formen des Fits und des Misfits nebeneinander auftreten. Aus diesem Grunde kann auf dieser theoretischen Basis auch die Untersuchung von Erfolgsvariablen gerechtfertigt werden.[246] Diese Form des Untersuchungsdesigns ist aktuell Gegenstand kontroverser Diskussionen, die an dieser Stelle nicht weiter vertieft werden sollen.[247]

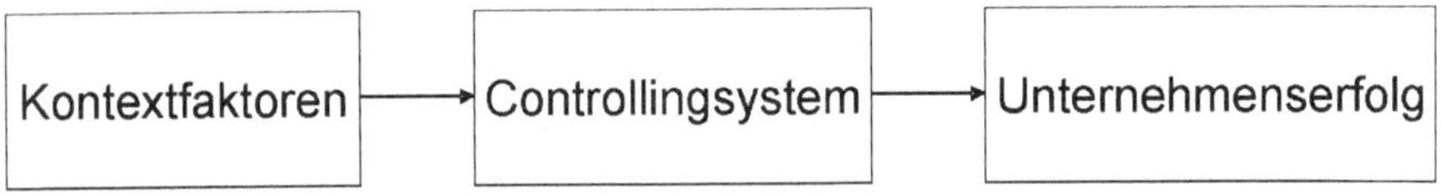

Abbildung 10: Mediationsmodell des kontingenztheoretischen Fits[248]

Für diese Arbeit wird das Moderationsmodell des kontingenztheoretischen Fits verwendet, wobei die Kontingenztheorie als konzeptioneller Leitfaden und nicht als geschlossene Theorie aufgefasst wird. Diese Sichtweise entspricht dem in Kapitel B 3.1 dargelegten wissenschaftstheoretischen Verständnis. Eine genaue Begründung der postulierten Zusammenhänge erfolgt jeweils unter Rückgriff auf existierende Literatur.

3.4 Ableitung des Bezugsrahmens und Präzisierung der Erkenntnisziele

Als theoretische Bezugspunkte für diese Arbeit wurden der Rationalitätssicherungsansatz der Führung, der einen wichtigen konzeptionellen Beitrag zum Forschungsfeld *Behavioral Accounting* darstellt, und der situative Ansatz herangezogen. Die gewählten Theorien ermöglichen die Ableitung des Bezugsrahmens für die empirisch-analytischen Forschungsfragen.

---

246 Vgl. Donaldson (2001), S. 7 f.; Gerdin/Greve (2004), S. 307 f.; Gerdin (2005b), S. 336.

247 Vgl. Gerdin (2005b); Hartmann (2005), S. 330 ff.

248 Das Mediationsmodell kontingenztheoretischen Fits wird auch *Vermischtes Modell* (*mixed modell*) genannt. Vgl. Hartmann (2005), S. 331.

Aus dem Rationalitätssicherungsansatz der Führung ergibt sich der übergeordnete Zusammenhang zwischen der Qualität der Kennzahlen und dem individuellen Erfolg der Manager sowie der Bedeutung von Merkmalen von Kennzahlen für die (Gesamt-)Qualität der Kennzahlen. Welche spezifischen Merkmale die Qualität der Kennzahlen erklären, kann hingegen nicht auf Basis des Rationalitätssicherungsansatzes der Führung hergeleitet werden, sondern muss durch Rückgriff auf veröffentlichte Studien begründet werden.

Während der Rationalitätssicherungsansatz der Führung einen Hinweis auf die potenzielle Relevanz verschiedener Nutzungsarten von Kennzahlen für den Erfolg von Managern gibt, kann durch ihn nicht die Art des Zusammenhangs zwischen der Nutzung der Kennzahlen und dem möglichen resultierenden Erfolg geklärt werden.

Die Behandlung der Nutzungsarten als moderierende Variablen sowie die Berücksichtigung weiterer Kontextfaktoren als Moderatorvariablen ergeben sich vielmehr aus dem in Kapitel B 3.3 erläuterten Moderationskonzept des kontingenztheoretischen Fits, da der Einsatz von Moderationsanalysen die methodische Umsetzung der dort beschriebenen theoretischen Überlegungen darstellt. Da dem Kontingenzansatz Theorielosigkeit vorgeworfen wird, wird sie in dieser Arbeit nicht als eigen-

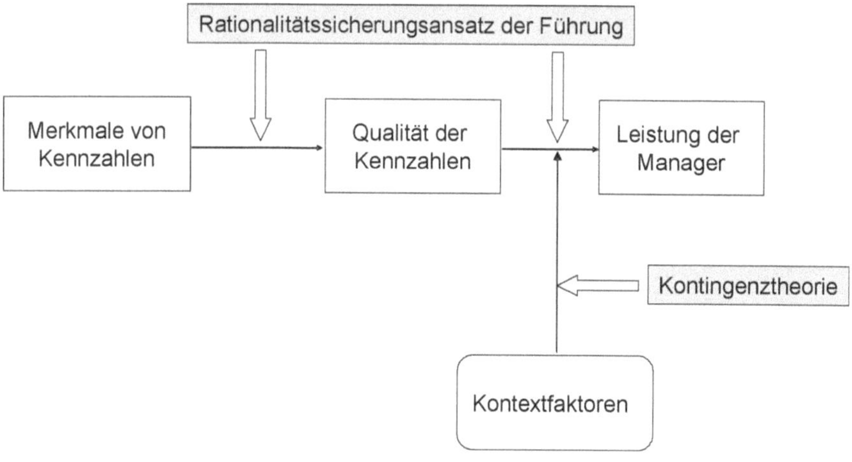

Abbildung 11: Bezugsrahmen der Arbeit

ständige Theorie betrachtet, sondern dient als konzeptionelle Leitidee.[249] Dies impliziert die Notwendigkeit für die vorliegende Arbeit, die einzelnen Hypothesen jeweils auf Grundlage früherer Studien weitergehend zu begründen.

Die in Kapitel A 2 vorgestellten empirisch-analytischen Forschungsfragen können nach den Ausführungen der theoretischen Bezugspunkte im konzeptionellen Bezugsrahmen dieser Arbeit graphisch dargestellt werden. Der Bezugsrahmen (Abb. 11, S. 61) vermittelt einen strukturierten graphischen Überblick über die Untersuchungsschwerpunkte und Grundannahmen der vorliegenden Arbeit.

Die konkrete Hypothesenherleitung erfolgt hauptsächlich auf Basis empirischer Studien, die in renommierten internationalen A- und B-Fachzeitschriften veröffentlicht wurden. Hierbei wird vor allem auch auf empirische Arbeiten aus dem Gebiet des *Behavioral Accounting* zurückgegriffen.

---

[249] Für den Vorwurf der Theorielosigkeit der Kontingenztheorie vgl. Cherrington/Cherrington (1973), S. 225; Tosi/Slocum (1984), S. 9; ferner umfassend Aldrich (1972).

C Ableitung des Forschungsmodells

1. Vorbemerkung: Zum Konzept der Qualität von Kennzahlen

Bevor im nächsten Kapitel Gestaltungsmerkmale von Kennzahlen hergeleitet werden können und deren Erklärungskraft für die (Gesamt-)Qualität der Kennzahlen untersucht wird, soll in diesem Kapitel das Konzept der Qualität von Information erläutert werden.

In der Geschichte der Betriebswirtschaftslehre haben sich verschiedene Sichtweisen zu dem Konstrukt *Qualität* herausgebildet, die jeweils aufeinander aufbauen. Reeves/Bednar skizzieren diese historische Entwicklung und verdeutlichen, dass die überzeugendste Definition des Konstruktes *Qualität* darin besteht, das Ausmaß zu messen, in dem die Erwartungen der Kunden bezüglich eines Produktes oder einer Dienstleistung erfüllt werden.[250]

In der Management Accounting und Management Information Systems-Literatur finden sich vor allem zwei unterschiedliche Auffassungen darüber, was die Qualität von Informationen ausmacht. Nach der intrinsischen Perspektive ist die Qualität von Informationen durch das Ausmaß bestimmt, in dem die Informationen richtig, genau und zuverlässig sind.[251] Diese Konzeptionalisierung liegt einer Reihe nationaler und internationaler Erhebungen zugrunde.[252] Demgegenüber steht die kontextuale Sicht auf Qualität von Informationen, die über die intrinsische Perspektive hinausgeht. *Qualität von Informationen* wird dabei als komplexes vielschichtiges Konstrukt betrachtet, welches von einer ganzen Reihe von Gestaltungsmerkmalen (Genauigkeit, Aktualität etc.) beeinflusst wird. Die Relevanz der verschiedenen Gestaltungsmerkmale ist dabei abhängig vom spezifischen Nutzerkreis der Informationen. Würde man z. B. untersuchen, welche Gestaltungsmerkmale von Kennzahlen über ein Unternehmen für Finanzanalysten von hoher Bedeutung sind, und diese mit den

---

[250] Vgl. Reeves/Bednar (1994), S. 423.

[251] Vgl. Nelson/Todd/Wixom (2005), S. 202.

[252] Vgl. z. B. Zyder (2006), S. 75 f.

für Manager eines Unternehmens wichtigen Gestaltungsmerkmalen vergleichen, wäre es plausibel anzunehmen, dass sich erhebliche Unterschiede bezüglich der Anforderungen an die zur Verfügung gestellten Informationen ergeben würden.

Die kontextuale Sichtweise auf die Informationsqualität macht es damit erforderlich, die Gestaltungsmerkmale von Informationen nutzerkreisspezifisch zu erheben, um mögliche Dimensionen (Faktoren) der Informationsqualität auf ihre Relevanz für die (Gesamt-)Qualität zu untersuchen. Die Messung des Konstruktes gemäß der kontextualen Sichtweise erfolgt daher mittels Abfrage einer Gesamteinschätzung der zur Verfügung stehenden Informationen durch die jeweiligen Nutzer. In einem zweiten Schritt wird dann untersucht, inwiefern diese Gesamteinschätzung der zur Verfügung stehenden Informationen durch Gestaltungsmerkmale von Informationen (z. B. Aktualität) erklärt werden kann.[253] In Analogie zu der vorgestellten Vorgehensweise identifizieren Homburg/Rudolph (1998) die Dimensionen, die für die Erzielung von Kundenzufriedenheit empirisch relevant sind, und Homburg (2000), welche Faktoren das Konstrukt *Kundennähe von Industriegüterunternehmen* erklären.[254]

Das beschriebene Konzept von Informationsqualität ist in der Vergangenheit häufig implizit und explizit in empirischen Studien verwendet worden.[255] In einer jüngeren Untersuchung von Nelson/Todd/Wixom (2005) wurden verschiedene Merkmale von Informationen von Data-Warehouse-Systemen und deren Einfluss auf die kontextuale Qualität der Informationen untersucht.[256]

2. Hypothesenherleitung bezüglich direkter und indirekter Effekte

2.1 Gestaltungsmerkmale und Qualität von Kennzahlen

Wie ausgeführt besteht das erste Teilziel dieser Arbeit darin, Gestaltungsmerkmale von Kennzahlen zu ermitteln, die die Qualität der Kennzahlen aus Sicht von Top-Managern erklären. Grundsätzlich findet sich in der Literatur eine Vielzahl mög-

---

253 Vgl. Vgl. Nelson/Todd/Wixom (2005), S. 202 ff.

254 Vgl. zu der angesprochenen analogen Vorgehensweise der komplexen Konstrukte *Kundenzufriedenheit* und *Kundennähe* Homburg/Rudolph (1998) und Homburg (2000).

255 Vgl. McGowan/Klammer (1997); Ittner/Larcker/Randall (2003); Nelson/Todd/Wixom (2005).

256 Vgl. Kapitel B 2.1.1.6 und die dort erläuterte Kritik an der Studie von Nelson/Todd/Wixom (2005).

licher Gestaltungsmerkmale von Kennzahlen. Eine eindeutige Festlegung, welche Merkmale im Kontext von Top-Managern als besonders wichtig einzuschätzen sind, fällt daher zunächst schwer. Aus diesem Grunde werden für die Selektion der Gestaltungsmerkmale die von Nelson/Todd/Wixom (2005) genannten Kriterien verwendet. Die Gestaltungsmerkmale sollten demnach:

1. möglichst vollständig (gemessen durch die Höhe des Bestimmtheitsmaßes [R^2] des Qualitätskonstruktes),
2. andererseits in der absoluten Anzahl möglichst gering,
3. zusätzlich erkenntnissteigernd in Bezug auf die facettenreiche Natur des kontextualen Qualitätsverständnisses von Information in der jeweiligen nutzerspezifischen Situation
4. und von den Informationslieferanten gestaltbar sein.[257]

Die beiden ersten Kriterien lassen sich direkt aus der Wissenschaftstheorie herleiten und stellen allgemeingültige Kriterien für jedes wissenschaftliche Modell dar.[258] Die beiden letztgenannten Kriterien sind spezifische Anforderungen an betriebswirtschaftliche Informationen und Ausdruck eines praxeologischen Verständnisses von empirischer Forschung, die darauf abzielt, konkrete Handlungsempfehlungen für Unternehmen zu generieren. Eine empirisch validierte Liste relevanter Gestaltungsmerkmale von Kennzahlen kann der Unternehmenspraxis als Checkliste für die Identifikation von Schwachstellen bei der Informationsversorgung mit Kennzahlen dienen.

Die oben aufgeführten Kriterien sind zwar sehr plausibel, helfen aber ex ante wenig bei der Auswahl der Gestaltungsmerkmale. Die notgedrungen subjektive Auswahl der Gestaltungsmerkmale auf Grundlage der veröffentlichten Literatur kann aber ex post anhand der aufgestellten Kriterien kritisch beurteilt werden.

Aus der Analyse der Performance Measurement-Literatur lassen sich die folgenden wesentlichen Gestaltungsmerkmale von Kennzahlen identifizieren:

- Breite
- Zusammenhang

---

[257] Vgl. Nelson/Todd/Wixom (2005), S. 202.

[258] Vgl. z. B. Fama/French (1998), S. 284.

- Aktualität
- Richtigkeit (intrinsische Qualität)
- Verfügbarkeit von aus der Unternehmensstrategie abgeleiteten Kennzahlen

Unter *Breite der Kennzahlen* wird dabei verstanden, dass die zur Verfügung stehenden Kennzahlen und Kennzahlensysteme eine ausgewogene Mischung von finanziellen und nicht-finanziellen quantitativen Informationen darstellen, die über alle relevanten unternehmensinternen und -externen Sachverhalte Auskunft geben. Wie in Kapitel B 2.1 erläutert, stellt die Untersuchung der Auswirkungen einer breiten Messung der Unternehmensleistung mit Kennzahlen auf verschiedene Erfolgsvariablen das Kerngebiet der modernen Performance Measurement-Forschung dar.[259] Während finanzielle Informationen nur die Ergebnisse der Vergangenheit reflektieren (*lagging indicators*), sollen vor allem nicht-finanzielle Kennzahlen die zukünftigen Leistungspotenziale der Unternehmung transparent machen.[260] Dadurch sollen Manager abgehalten werden, kurzfristig Gewinn zu Lasten einer langfristigen Wachstumsstrategie zu optimieren bzw. wichtige Leistungstreiber des Unternehmenserfolges nicht zu erkennen.[261] In einer ersten Studie konnten Chenhall/Morris (1986) empirisch belegen, dass die Breite der Informationsversorgung mit Management Accounting Informationen von Managern für ihre Entscheidungsfindung als nützlich erachtet wird.[262] Später konnte der positive Einfluss von breiter Versorgung mit Management Accounting Informationen auf die individuelle Leistung der Manager sowie auf den Unternehmenserfolg gezeigt werden.[263]

Die Breite der Kennzahlen kann daher als besonders wichtiges Gestaltungsmerkmal der Kennzahlen angesehen werden.

Die folgende Hypothese kann damit formuliert werden:

H1a: Die Breite der Informationsversorgung mit Kennzahlen beeinflusst die Qualität der Kennzahlen positiv.

---

[259] Vgl. z. B. Kaplan/Norton (1992); Kaplan/Norton (1996); Lingle/Schiemann (1996); Atkinson et al. (1997); Ittner/Larcker (1998); Otley (1999); Perlitz (1999); Ittner/Larcker/Randall (2003).

[260] Vgl. Weber/Schäffer (2000), S. 2 ff.

[261] Vgl. Hoque/James (2000), S. 1; Said/Elnaby/Wier (2003), S. 193 f.

[262] Vgl. Chenhall/Morris (1986), S. 27.

[263] Vgl. hierzu die in Kapitel B 2.1.1 vorgestellten Studien.

Der *Zusammenhang* zwischen den Kennzahlen wurde als weiteres wichtiges Gestaltungsmerkmal identifiziert. Während sich die traditionellen Kennzahlensysteme auf Grund der mathematischen Verknüpfung der Kennzahlen durch ein hohes Maß an Zusammenhang auszeichnen, muss bei neueren Kennzahlensystemen, wie der BSC, über die Erarbeitung von Ursache-Wirkungsketten der Zusammenhang zwischen den Kennzahlen erst sachlogisch hergestellt werden. Kaplan/Norton argumentieren, dass durch die Erstellung von Ursache-Wirkungsbeziehungen zwischen den Kennzahlen effektivere Kennzahlensysteme entstehen, mit deren Hilfe Manager die Interdependenzen des Unternehmensgeschäftes besser verstehen können.[264]

Im Gegensatz zu diesem Bezug des Gestaltungsmerkmals *Zusammenhang* auf ein spezifisches Kennzahlensystem wird dieser Arbeit ein umfassenderes Verständnis von *Zusammenhang* zwischen den Kennzahlen zugrunde gelegt. Das ist notwendig, da sich diese Untersuchung nicht auf die Erfolgswirkungen eines einzelnen Kennzahlensystems, sondern auf die Gesamtheit der verfügbaren Kennzahlen und Kennzahlensysteme bezieht.

Die Kennzahlen sollen stark aufeinander aufbauen und dazu beitragen, dass wechselseitige Beziehungen zwischen verschiedenen Arten von Kennzahlen deutlich werden. So kann z. B. ein Bericht in der Art aufgebaut sein, dass die aggregierten Informationen auf einen Blick sichtbar sind, Verweise auf detailliertere Analysen aber ein Aufschlüsseln der Informationen erlauben.[265] Der Zusammenhang zwischen den Kennzahlen in einem Bericht kann darüber hinaus durch ergänzende Erklärungen der Controller gesteigert werden, z. B. wenn auf eine Ergebnisschmälerung durch einen Absatzrückgang hingewiesen wird und dadurch kausale Beziehungen sichtbar werden. Dieser Bezug des Gestaltungsmerkmales *Zusammenhang* liegt auch der Arbeit von Chenhall (2005) zugrunde.[266]

Die von Nelson/Todd/Wixom (2005) angesprochene repräsentationale Dimension der Qualität von Information, mit der die ansprechende Aufbereitung der Informationen im Bericht gemeint ist, kann dabei als eine weitere Möglichkeit erachtet werden, einen Zusammenhang zwischen den Kennzahlen herzustellen.[267]

---

[264] Vgl. Kaplan/Norton (1996), S. 30 f.

[265] Vgl. Weber (2004), S. 285 f.

[266] Vgl. Chenhall (2005), S. 400.

[267] Vgl. Nelson/Todd/Wixom (2005), S. 202.

In früheren empirischen Studien ist der Gestaltungsfaktor *Zusammenhang* zwischen den Kennzahlen wenig untersucht worden. Es fehlt vor allem eine Untersuchung, die den Einfluss des Zusammenhangs auf eine Erfolgsvariable untersucht. Sandt (2004) liefert einen ersten empirischen Hinweis, dass der Zusammenhang zwischen Kennzahlen die Zufriedenheit der Manager positiv beeinflusst.[268] In der in Kapitel B 2.1.1.7 kritisch beurteilten Studie von Chenhall (2005) wird ein positiver Zusammenhang zwischen den verfügbaren Kennzahlen und dem organisationalen Lernen untersucht.[269]

Der Zusammenhang zwischen den Kennzahlen wird daher als zweites wichtiges Gestaltungsmerkmal gewählt. Die folgende Hypothese kann damit formuliert werden:

H1b: Der Zusammenhang zwischen den Kennzahlen beeinflusst die Qualität der Kennzahlen positiv.

Die Aktualität der Kennzahlen wird von einem Großteil der veröffentlichten Literatur als wichtiges Gestaltungsmerkmal von Kennzahlen diskutiert. Unter *Aktualität von Kennzahlen* wird dabei verstanden, dass die Kennzahlen über aktuelle Ereignisse Auskunft geben und nicht veraltet sind. Damit die Kennzahlen aktuell sein können, muss zusätzlich sichergestellt werden, dass die Kennzahlen nach ihrer Ermittlung dem Management zeitnah zur Verfügung gestellt werden.[270]

In der Budgetierungsliteratur wird dem Faktor *Aktualität von Budgetinformationen* eine besondere Rolle zugewiesen. Kren (1993) stellt fest, dass die Aktualität der Budgetinformationen dazu beiträgt zu verhindern, dass Manager die ihnen vorgegebenen Ziele zwar formell erreichen, aber gleichzeitig die übergeordnete Zielerreichung des Unternehmens konterkarieren.[271] In einer aktuellen empirischen Studie belegen Künkele/Schäffer (2005) die empirische Relevanz des Faktors *Aktualität von Budgetinformationen* für die erfolgreiche Gestaltung der Budgetkontrolle.[272]

---

268 Vgl. Sandt (2003), S. 113; Sandt (2004), S. 152 f. Wie in Kapitel B 2.1.1.5 beschrieben war der Einfluss des Zusammenhangs zwischen den Kennzahlen und der Zufriedenheit der Manager nur auf dem 10%-Niveau signifikant.

269 Vgl. Chenhall (2005), S. 411 f.

270 Vgl. Posselt (1986), S.156.

271 Kren spricht von der „frequency of reporting“, die eine wichtige inhaltliche Facette des Konstruktes *Aktualität* in existierenden Operationalisierungen des Konstruktes darstellt. Vgl. Kren (1993), S. 114.

272 Vgl. Künkele/Schäffer (2005), S. 22 f.

In einer weiteren Studie finden Chenhall/Morris (1986) heraus, dass Manager aktuelle Controllinginformationen als nützlich für ihre Entscheidungen ansehen.[273] Chia (1995) liefert empirische Erkenntnisse, denen zufolge die Aktualität der Informationen einen positiven Einfluss auf die Effektivität der Arbeit von Managern hat.[274] In der Studie von Nelson/Todd/Wixom (2005) stellt Aktualität ein wichtiges Gestaltungsmerkmal für die Qualität der Informationen dar.[275] Vor diesem Hintergrund ist es plausibel anzunehmen, dass die Aktualität der Kennzahlen auch ein relevantes Gestaltungsmerkmal ist.

Folgende Hypothese wird daher formuliert:

H1c: Die Aktualität der Kennzahlen beeinflusst die Qualität der Kennzahlen positiv.

Zusätzlich wurde die Richtigkeit der Kennzahlen als wesentliches Gestaltungsmerkmal identifiziert. Unter *Richtigkeit* wird dabei der Umstand verstanden, dass die Kennzahlen richtig berechnet sind und sie damit die Geschehnisse fehlerfrei widerspiegeln.

Eine große Anzahl empirischer Studien konnte die Bedeutung der Richtigkeit von quantitativen Informationen bestätigen.[276]

In der in Kapitel B 2.1.1.6 beschriebenen Studie von Nelson/Todd/Wixom (2005) war die Richtigkeit der quantitativen Informationen das wichtigste Gestaltungsmerkmal.[277]

Die folgende Hypothese kann daher formuliert werden:

H1d: Die Richtigkeit der Kennzahlen beeinflusst die Qualität der Kennzahlen positiv.

Die Erfolgsrelevanz der Anbindung von Performance Measurement-Systemen an die Strategie der Unternehmen stellt eines der am intensivsten diskutierten Themen in

---

273 Vgl. Chenhall/Morris (1986).

274 Vgl. Chia (1995).

275 Vgl. Nelson/Todd/Wixom (2005), S. 216.

276 Vgl. Nicolaou/Masoner/Welker (1995); Teng/Cheon/Grover (1995); Naveh/Halevy (2000); Nicolaou (2000).

277 Vgl. Nelson/Todd/Wixom (2005).

der Controllingforschung dar.[278] Gemäß dem Konzept der Balanced Scorecard soll aus der Vision des Unternehmens eine Strategie entwickelt werden. Aus der Strategie sollen spezielle Kennzahlen abgeleitet und regelmäßig gemessen werden, die Auskunft über den Zielerreichungsgrad der Strategieumsetzung geben.[279] In der Literatur findet sich auch die Meinung, dass aus der Strategie abgeleitete Kennzahlen der Ausgangspunkt sind, um die strategische und operative Planung zwecks Erhöhung der Effektivität der Organisation miteinander zu verbinden.[280]

Trotz bislang fehlender wissenschaftlich gesicherter empirischer Erkenntnisse bezüglich der tatsächlichen Erfolgswirkung von aus der Unternehmensstrategie abgeleiteten Kennzahlen soll mit der folgenden Hypothese die Relevanz dieses Gestaltungsmerkmals für die Qualität der Kennzahlen untersucht werden.

H1e: Die Verfügbarkeit von aus der Unternehmensstrategie abgeleiteten Kennzahlen beeinflusst die Qualität der Kennzahlen positiv.

2.2 Qualität von Kennzahlen und Erfolg von Managern

Im Gegensatz zu informellen Informationen, die durch den persönlichen Kontakt der Manager mit Mitarbeitern und Kunden in Telefonaten und Meetings gewonnen werden können, stellt die Informationsversorgung mit Kennzahlen die wichtige formale Informationsquelle eines Unternehmens (und damit für Manager) dar.[281] In einer frühen Veröffentlichung stellt Mintzberg (1973) fest, dass die zentrale Rolle von Managern in der Suche, Nutzung und Weitergabe von Informationen besteht.[282] Diese Feststellung impliziert die Notwendigkeit, dass Kennzahlen eine hohe Qualität aufweisen müssen. Wegen der besonderen Relevanz der Informationsqualität für Manager betrachten Weber/Schäffer (2001) die Sicherstellung der Informationsqualität als eine der zentralen Aufgaben des Controllings. Eine hohe Qualität von Kennzahlen kann demnach die Qualität des Führungszyklus eines Managers über alle Phasen hinweg positiv, eine schlechte Qualität aber auch negativ beeinflus-

---

[278] Vgl. Ittner/Larcker/Randall (2003).

[279] Für eine umfassende Erläuterung des Konzepts vgl. Kaplan/Norton (2001).

[280] Vgl. Gaiser/Greiner (2003).

[281] Vgl. Bruns Jr./McKinnon (1993), S. 86; Macintosh (1994), S. 38 f.; Mendoza/Brescos (2001), S. 259 f.

[282] Vgl. Mintzberg (1973).

sen.[283] Da, wie in Kapitel B 2.1 dargelegt, eine beträchtliche Anzahl von Veröffentlichungen vorliegt, die die Bedeutung der Breite der Informationsversorgung mit Kennzahlen für den individuellen Erfolg von Managern wie auch für den Unternehmenserfolg nachweisen, ist es plausibel anzunehmen, dass die Qualität der Kennzahlen, die die Dimension *Breite der Kennzahlen* umfasst, ebenfalls den individuellen Erfolg der Manager positiv beeinflusst.

Auf Grundlage der genannten Theorie und der vorliegenden empirischen Befunde lässt sich die folgende Hypothese formulieren:

H2: Die Qualität von Kennzahlen beeinflusst den individuellen Erfolg der Manager positiv.

2.3 Zwischenbemerkung

Die Begründung der bisherigen Modellierung der Zusammenhänge, nach der die Erfolgswirkungen verschiedener Gestaltungsmerkmale von Kennzahlen als indirekte Effekte untersucht werden, soll an dieser Stelle verdeutlicht werden. Grundsätzlich wäre es alternativ auch denkbar gewesen, die Angaben zu den Gestaltungsmerkmalen der Kennzahlen direkt auf den individuellen Erfolg der Manager wirken zu lassen. Diese alternative Vorgehensweise wird in dieser Studie aber nicht verfolgt, weil es ein Teilziel dieser Arbeit ist, die Bedeutung möglichst vieler Gestaltungsmerkmale von Kennzahlen für den individuellen Erfolg der Manager empirisch nachzuweisen. Es ist zu vermuten, dass weniger wichtige Gestaltungsmerkmale von Kennzahlen nicht direkt signifikant den individuellen Erfolg der Manager beeinflussen, obwohl sie relevante Qualitätsdimensionen für die (Gesamt-)Qualität der Kennzahlen darstellen. Ein nicht-signifikanter Zusammenhang zwischen einem weniger wichtigen Gestaltungsmerkmal von Kennzahlen und dem individuellen Erfolg der Manager würde daher zur Ablehnung einer entsprechenden Hypothese führen. Im Gegensatz dazu kann der Erfolgszusammenhang zwischen einem weniger wichtigen Gestaltungsmerkmal von Kennzahlen und dem individuellen Erfolg der Manager indirekt nachgewiesen werden, wenn das Gestaltungsmerkmal die (Gesamt-)Qualität der Kennzahlen positiv beeinflusst und diese wiederum einen signifikanten Teil des individuellen Erfolges der Manager erklärt.

---

[283] Vgl. Weber/Schäffer (2001), S. 31 ff.

3. Hypothesenherleitung bezüglich der moderierenden Effekte

3.1 Der Einfluss der Nutzungsarten

3.1.1 Auswahl der zu untersuchenden Nutzungsarten von Kennzahlen

In der Literatur wurde die Nutzung von Informationen mit unterschiedlichen Nutzungstypologien untersucht.

Zum einen wird in der internationalen empirischen Controllingforschung dem Konzept der interaktiven und diagnostischen Nutzung große Aufmerksamkeit geschenkt.[284] Wie in Kapitel B 2.2 dargestellt, existiert mittlerweile auch eine Reihe von Arbeiten, die die empirischen Auswirkungen der interaktiven und diagnostischen Nutzung von Kennzahlen untersuchen. Analysiert man die unterschiedlichen Operationalisierungen der Konstrukte, die die interaktive und diagnostische Nutzung messen sollen, fällt auf, dass es nicht nur Unklarheit bezüglich einer geeigneten Operationalisierung, sondern auch über die inhaltliche Bedeutung dieser Nutzungsarten gibt.[285] Da somit in der Literatur bislang keine einheitliche Auffassung über die Bedeutung des Konzeptes vorliegt, wird diese Typologie bei der folgenden Hypothesenüberprüfung nicht berücksichtigt.

Stattdessen werden in dieser Untersuchung die Nutzung von Kennzahlen zu Kontrollzwecken, die Nutzung zu Entscheidungszwecken, die Nutzung zur Durchsetzung und die mittelbare Nutzung untersucht. Mit dieser Unterscheidung von Nutzungsarten lässt sich die größtmöglichste Vergleichbarkeit zu früheren Studien herstellen.

Die ersten drei Nutzungsarten ergeben sich direkt aus dem in Kapitel B 3.2.2 beschriebenen Führungszyklus und sind selbsterklärend. Daneben existiert in der Literatur die Nutzungsart *mittelbare Nutzung* von Kennzahlen. Darunter wird die Nutzung ohne Bezug zu konkreten Problemen oder Entscheidungen verstanden.[286]

---

[284] Vgl. Simons (1990); Simons (1995); Simons/Davila (1998); Simons (2000).

[285] Vgl. die unterschiedlichen Operationalisierungen der jeweiligen Konstrukte bei Abernethy/Brownell (1999); Davila (2000); Bisbe/Otley (2004); Sandt (2004). Henri ist dabei zum Beispiel der Auffassung, dass die Nutzung zu Kontrollzwecken (*monitoring*) der diagnostischen Nutzung, und die interaktive dem *attention focusing* entspricht. Vgl. Henri (2006a); Henri (2006b).

[286] Für eine Erklärung der Nutzungsarten vgl. Schäffer/Steiners (2004), S. 385 ff.

Ergebnis dieser Nutzungsart ist die Erweiterung der Wissensbasis. Sie wird deshalb von Schäffer/Steiners (2004) als *mittelbares Lernen* und von Vandenbosch (1999) als *improving understanding* bezeichnet.[287] In der von Sandt (2004) und Karlshaus (2000) verwendeten Typologie von Nutzungsarten wird diese Nutzungsart *konzeptionelle Nutzung* genannt.[288] In den Arbeiten werden zwar unterschiedliche Bezeichnungen für die Nutzungsart *mittelbare Nutzung* verwendet, die Operationalisierungen stimmen aber weitestgehend überein. Ähnlich verhält es sich mit den anderen Nutzungsarten. Die Nutzung zu Kontrollzwecken wird von Vandenbosch (1999) *score keeping*, von Henri (2006) *monitoring* und von Schäffer/Steiners (2004) *Lernen ex post* genannt.[289] Die Nutzung zu Entscheidungszwecken wird von Karlshaus (2000) *instrumentelle Nutzung*, von Henri (2006) *strategic decision making* und von Schäffer/Steiners (2004) *Lernen ex ante* genannt.[290] Für die Nutzung zur Durchsetzung finden sich die Bezeichnungen *legitimizing decions* und *symbolische Nutzung*.[291] Während Schäffer/Steiners (2004) zwischen drei verschiedenen Durchsetzungsarten (*Durchsetzung ex ante, Durchsetzung ex post und mittelbare Durchsetzung*) unterscheiden, wird in dieser Arbeit die Nutzung zur Durchsetzung nicht in drei Konstrukte aufgespaltet.[292] Diese Vorgehensweise begründet sich damit, dass die früheren Studien, zu denen Vergleichbarkeit geschaffen werden soll, die Nutzung zur Durchsetzung ebenfalls nicht aufgespaltet haben.

3.1.2 Hypothesenherleitung

In Kapitel B 2.2 wurde ausführlich dargestellt, dass bisherige empirische Untersuchungen, die die Erfolgswirkungen der Nutzung von quantitativen Informationen untersucht haben, in Bezug auf alle untersuchten Nutzungsarten zu widersprüchlichen Schlüssen gekommen sind. In jüngerer Zeit ist die mangelnde Ergebniskonvergenz der empirischen Erfolgsfaktorenforschung zum Gegenstand scharfer Kritik geworden, da der betriebswirtschaftlichen Praxis dadurch wenig gesicherte

---

[287] Vgl. Vandenbosch (1999), S. 90; Schäffer/Steiners (2004), S. 385 f.

[288] Vgl. Karlshaus (2000), S. 23; Sandt (2004), S. 163 f. Die verwendete Nutzungstypologie, die den beiden Arbeiten zugrunde liegt, geht dabei auf frühere Arbeiten zurück. Vgl. hierzu Pelz (1978); Deshpandé/Zaltman (1982); Menon/Varadarajan (1992); Moorman (1995).

[289] Vgl. Vandenbosch (1999), S. 90; Schäffer/Steiners (2004), S. 385; Henri (2006b), S. 80 f.

[290] Vgl. Karlshaus (2000), S. 153 ff.; Schäffer/Steiners (2004), S. 385; Henri (2006b), S. 85.

[291] Vgl. Vandenbosch (1999), S. 79; Sandt (2004), S. 164 f.

[292] Vgl. Schäffer/Steiners (2004), S. 386 ff.

Handlungsempfehlungen gegeben werden können.[293] Der zweite wesentliche Punkt der Kritik an der empirischen Erfolgsfaktorenforschung zielt auf die festgestellten methodischen Schwächen vieler Studien ab.[294] Wie in Kapitel B 2.2 erläutert, treffen damit beide Kritikpunkte auf die Studien zu möglichen Erfolgswirkungen der Nutzung von Kennzahlen zu. Neben dieser generellen Kritik an der empirischen Erfolgsfaktorenforschung kritisieren Homburg/Klarmann (2003), dass im Gegensatz zum Marketing speziell die empirische Controllingforschung die Zusammenhänge zwischen Variablen zu wenig differenziert untersucht hat und deswegen vermehrt mediierende, moderierende und nicht-lineare Zusammenhänge getestet werden sollten.[295]

Drei mögliche Ursachen, die zu den widersprüchlichen Ergebnissen bezüglich der Erfolgswirkungen der Nutzung von quantitativen Informationen geführt haben könnten, sollen erläutert werden. Die Aufarbeitung der genannten Kritikpunkte stellt die Basis der eigenen Hypothesenformulierung dar.

1. Die Studien von Abernethy/Brownell (1999) und Bisbe/Otley (2004) geben Hinweise darauf, dass der Zusammenhang zwischen der Nutzung von Kennzahlen und dem Erfolg kein direkter, sondern ein moderierender ist.[296] Henri (2006a) stellt diesbezüglich fest „[...] the exact nature of the relationship between the use of PMS and performance remains ambiguous. Theoretical support and prior empirical evidence in the literature are insufficient to justify a direct relationship between PMS use and performance [...].“[297] Konsequenz für die eigene Hypothesenbildung ist damit, dass die Nutzungsarten von Kennzahlen als Moderatorvariablen behandelt werden.

2. In bisherigen Studien zur Nutzung von Kennzahlen wird implizit angenommen, dass eine intensivere Nutzung der quantitativen Informationen zu Erfolgswirkungen führt, ohne dass die Quelle und Qualität der genutzten Informationen eine wichtige Rolle spielt. Auch die Studien, die einen moderierenden Einfluss der

293 Vgl. Nicolai/Kieser (2002), S. 581 f.

294 Vgl. Nicolai/Kieser (2002), S. 584 f.

295 Vgl. Homburg/Klarmann (2003), S. 80 ff.

296 Vgl. Abernethy/Brownell (1999); Bisbe/Otley (2004). Bei einem moderierenden Effekt beeinflusst die Moderatorvariable die abhängigen und unabhängigen Variablen nicht direkt, sondern verstärkt den Zusammenhang zwischen zwei Variablen. Vgl. hierzu ausführlich Kapitel E 3.2.

297 Henri (2006a), S. 538.

(interaktiven) Nutzung unterstellen, treffen implizit diese Annahme.[298] Bei der Interpretation ihrer widersprüchlichen Ergebnisse zur Nutzung von Informationen vermuten Diamantopoulos/Souchon (1998) daher, dass der Grund dafür in der Nicht-Berücksichtigung der Informationsquelle bzw. -qualität zu suchen ist.[299] Auf der anderen Seite existieren Forderungen, dass die Forschung zur Gestaltung von Kennzahlen und Kennzahlensystemen der tatsächlichen Nutzung der Informationen mehr Aufmerksamkeit widmen sollte. Dazu bemerkt Henri (2006b): „To date, most of the empirical research has focused on issues related to the diversity of measurement and has overlooked the use of PMS as a whole."[300] Souchon et al. (2003) vermuten dazu, dass eine hohe Qualität von Informationen nicht automatisch, sondern nur bei adäquater Nutzung zu optimalen Ergebnissen führen kann.[301] Um der zu erwartenden interdependenten Beziehung zwischen der Qualität der Kennzahlen, der Nutzung der Kennzahlen und dem resultierenden Erfolg gerecht zu werden, wird in dieser Studie daher untersucht, inwiefern der Zusammenhang zwischen der Qualität der Kennzahlen und dem Erfolg durch die Nutzungsarten moderiert wird.

3. Die in Kapitel B 2.2 vorgestellten Studien untersuchen den Zusammenhang zwischen der Nutzung quantitativer Informationen durch Individuen (Manager) und organisationalen Erfolgsvariablen. Diese Vorgehensweise wird dabei mit dem sog. *Upper Echelons*-Paradigma begründet.[302] Gemäß dem von Hambrick/Mason postulierten Paradigma können individuelle Eigenschaften von besonders einflussreichen Managern strategische Entscheidungen und damit auch den Unternehmenserfolg beeinflussen.[303] Dem Umstand, dass in der unternehmerischen Wirklichkeit eine Vielzahl von Einzelbeispielen zu finden ist, bei denen ein Manager einen bedeutsamen Einfluss auf eine strategische Entscheidung genommen hat, kann nicht widersprochen werden. Das *Upper Echelons*-Paradigma kann damit einen unsystematischen Einfluss von Einzelpersonen auf den Unterneh-

---

[298] Vgl. Abernethy/Brownell (1999); Bisbe/Otley (2004).

[299] Vgl. Diamantopoulos/Souchon (1998).

[300] Vgl. Henri (2006b), S. 78.

[301] Vgl. Souchon et al. (2003), S. 106: „However, the mere acquisition of information is not, in itself, sufficient to ensure that the decisions made will be effective. One reason for this is that decision makers may possess but not use information [...]".

[302] Vgl. Karlshaus (2000), S. 171; Steiners (2005), S. 88.

[303] Vgl. Hambrick/Mason (1984); ferner Finkelstein/Hambrick (1996). Für die Aufzählung einiger Beispiele vgl. z. B. Steiners (2005), S. 88 f.

menserfolg begründen. Konzeptionell nicht begründbar über das *Upper Echelons*-Paradigma ist hingegen der systematische Einfluss der Nutzung von Informationen durch ein Individuum auf den Unternehmenserfolg, da somit angenommen wird, dass ein wenig mehr Nutzung von Kennzahlen durch Manager stets einen positiven Einfluss auf den Unternehmenserfolg hat.[304] Um die Qualität empirischer Erkenntnisse zu steigern, empfehlen Luft/Shields (2003) in diesem Zusammenhang, bei der empirischen Analyse nicht verschiedene Untersuchungsebenen zu kreuzen.[305] Die Argumentation über das *Upper Echelons*-Paradigma, nach der Manager auf wichtige Entscheidungen einen großen Einfluss ausüben und indirekt den Unternehmenserfolg beeinflussen können, hätte eigentlich zu klaren Bestätigungen der Hypothesen führen müssen, dass die Nutzung von Kennzahlen zu Entscheidungszwecken den Erfolg positiv beeinflusst. Die Tatsache, dass in den Studien von Sandt (2004) und Karlshaus (2000) keine positiven Zusammenhänge festgestellt werden konnten, unterstreicht die Problematik der Begründung über das *Upper Echelons*-Paradigma.[306] Um diese mögliche Quelle als Grund für die mangelnde Ergebniskonvergenz bisheriger Studien auszuschließen, werden in dieser Arbeit die Auswirkungen der Nutzung von Kennzahlen durch Manager auf ihren individuellen Erfolg untersucht und nicht organisationale Konstrukte als Erfolgsvariablen verwendet.

Die angenommene Moderationswirkung der Nutzungsarten bezüglich der Stärke des Zusammenhangs zwischen der Qualität der Kennzahlen und dem individuellen Erfolg der Manager impliziert dabei inhaltlich zwei Dinge. Einerseits wird damit angenommen, dass eine intensivere Nutzung dazu führt, dass sich eine hohe Qualität der Kennzahlen stärker auf den individuellen Erfolg der Manager auswirkt als eine weniger intensive Nutzung der Kennzahlen. Andererseits gilt dieser Zusammenhang aber auch anders herum. Eine schlechte Qualität der Kennzahlen führt bei einer intensiveren Nutzung der Kennzahlen auch stärker zu schlechteren Ergebnissen als eine weniger intensive Nutzung.

---

[304] Abgesehen davon wurden bei den meisten der in Kapitel B 2.2 analysierten Studien nicht ausschließlich Top-Manager, sondern auch Mitarbeiter unterer Hierachieebenen befragt. Vgl. z. B. Vandenbosch (1999). Für einen Überblick über die Diskussion bezüglich möglicher Erfolgswirkungen von Eigenschaften eines Individuums auf den Unternehmenserfolg vgl. Waldmann/Yammarino (1999), S. 266.

[305] Vgl. Luft/Shields (2003), S. 196 ff.

[306] Vgl. Karlshaus (2000), S. 177 f.; Sandt (2004), S. 201.

Die obige Diskussion führt zu den folgenden Hypothesen bezüglich der Auswirkungen der Nutzung von Kennzahlen auf den individuellen Erfolg der Manager:

H3a: Die Nutzung zu Kontrollzwecken moderiert positiv den Zusammenhang zwischen der Qualität der Kennzahlen und dem individuellen Erfolg der Manager.

H3b: Die Nutzung zu Entscheidungszwecken moderiert positiv den Zusammenhang zwischen der Qualität der Kennzahlen und dem individuellen Erfolg der Manager.

H3c: Die mittelbare Nutzung von Kennzahlen moderiert positiv den Zusammenhang zwischen der Qualität der Kennzahlen und dem individuellen Erfolg der Manager.

H3d: Die Nutzung zur Durchsetzung moderiert positiv den Zusammenhang zwischen der Qualität der Kennzahlen und dem individuellen Erfolg der Manager.

3.2 Der Einfluss des Nutzer-Know-Hows

Wie in den Hypothesen 3a–3d zum Ausdruck gebracht, wird in dieser Arbeit davon ausgegangen, dass die verschiedenen Nutzungsarten den Zusammenhang zwischen der Qualität der Kennzahlen und dem individuellen Erfolg der Manager verstärken. Eine plausible Voraussetzung dafür, dass eine gute Qualität von Kennzahlen durch die Nutzung zu einer Erhöhung der individuellen Leistung der Manager führen kann, besteht darin, dass die Nutzer die Bedeutung der Kennzahlen verstehen.[307] In der Literatur findet sich dazu die Meinung, dass insbesondere sog. „weiche“, nicht-finanzielle Kennzahlen Manager vor Verständnisprobleme stellen können.[308] Daneben ist festzustellen, dass schwierig zu verstehende Kennzahlen weniger genutzt werden und leicht verständliche bevorzugt werden.[309] Verschiedene empirische Studien zeigen zudem, dass Manager zunächst auf leicht zugängliche Informationen zurückgreifen.[310]

[307] Vgl. Sandt (2004), S. 140f.

[308] Vgl. Lorino (1997), S. 48; Stivers et al. (1998), S. 27.

[309] Vgl. Jackson/Chow/Leitch (1997), S. 357; ferner Sinkula (1990); Tait/Vessey (1988).

[310] Vgl. Bruns Jr./McKinnon (1993), S. 94ff.; Mendoza/Brescos (2001), S. 274ff.; ferner O'Reilly (1982); Saunders/Jones (1990).

Soweit dem Autor bekannt, liegen bisher keine empirischen Untersuchungen vor, die die Auswirkungen von Verständnisproblemen von Kennzahlen auf den Zusammenhang zwischen der Qualität von Kennzahlen und dem individuellen Erfolg von Managern untersucht haben. In einem theoretischen Modell, dessen Ergebnisse durch eine Simulation unterstützt werden, untersucht Raghunathan (1999), welchen Einfluss die Fähigkeiten von Entscheidern auf den Zusammenhang zwischen der Qualität von Informationen und dem Erfolg haben.[311] Ergebnis ist, dass die Fähigkeiten von Entscheidern in Bezug auf das Verständnis des Zusammenhangs von Informationen für die Stärke der Beziehung zwischen Informationsqualität und Erfolg wichtig ist. Im Gegensatz zu dem theoretischen Modell von Raghunathan wird in dieser Arbeit nicht das Verständnis der Nutzer bezüglich der Zusammenhänge zwischen den Kennzahlen, sondern die Relevanz des Wissens über die Kennzahlen selber untersucht.

Daher kann die folgende Hypothese formuliert werden:

H4: Das Wissen der Nutzer über die Bedeutung der Kennzahlen moderiert positiv den Zusammenhang zwischen der Qualität der Kennzahlen und dem individuellen Erfolg der Manager.

3.3 Der Einfluss der exogenen Kontextfaktoren

Der Einfluss der externen Unternehmensumwelt auf die Ausgestaltung von Controllingsystemen stellt eine wichtige Forschungsrichtung der empirischen Controllingforschung dar. Mittlerweile liegt daher eine große Anzahl von empirischen Studien vor, die die Auswirkung dieser Entwicklung auf die Gestaltung von Controllingsystemen untersucht. Es ist dabei festgestellt worden, dass die höhere Unsicherheit der Umwelt (*Perceived Environmental Uncertainty [PEU]*) zu einer höheren Verfügbarkeit von nicht-finanziellen Kennzahlen geführt hat.[312] In der Studie von Gul/Chia (1994) wurde empirisch gezeigt, dass die wahrgenommene Unsicherheit der Umwelt den Zusammenhang zwischen einer breiten Informationsversorgung mit Kennzahlen und dem individuellen Erfolg von Managern niedriger Hierarchieebenen positiv moderiert.[313]

---

311 Vgl. Raghunathan (1999).

312 Vgl. Mia/Clark (1999); Baines/Langfield-Smith (2003).

313 Vgl. Gul/Chia (1994).

Rückschlüsse aus den bislang vorliegenden empirischen Ergebnissen der Studien, die die Auswirkungen der wahrgenommenen Unsicherheit der Unternehmensumwelt und ihren Einfluss auf die Ausgestaltung von Controllingsystemen untersucht haben, sind allerdings mit Vorsicht zu ziehen. Die Konzeptualisierung und Operationalisierung des Konstruktes *Perceived Environmental Uncertainty* basiert auf den Arbeiten von Duncan (1972) und Khandwalla (1972 und 1977).[314] Der Konzeptionalisierung und Operationalisierung folgend, handelt es sich bei der Messung der wahrgenommenen Unsicherheit der Umwelt um ein Konstrukt, welches verschiedene Merkmale der externen Umwelt unter einem übergeordneten Begriff erfasst (multidimensionales Konstrukt).[315]

Die Verwendung solcher multidimensionaler Konstrukte ist Gegenstand kritischer Diskussionen. Kritiker argumentieren, dass die Verwendung multidimensionaler Konstrukte bei der Hypothesenprüfung zu nicht eindeutigen Ergebnissen führt. Begründet wird dies damit, dass unklar bleibt, ob ein (beispielsweise) bestätigter Zusammenhang auf den Einfluss einer oder mehrerer (und wenn welcher) inhaltlicher Dimensionen des multidimensionalen Konstruktes zurückzuführen ist.[316]

Um dieser Problemstellung gerecht zu werden, erarbeitet Edwards (2001) den Vorschlag, in einem ersten Schritt relevante inhaltliche Dimensionen eines multidimensionalen Konstruktes jeweils einzeln mit mehreren Indikatoren zu operationalisieren. In einem zweiten Schritt kann dann der Einfluss, der von den jeweils einzeln operationalisierten Konstrukten auf die zu untersuchenden Zusammenhänge ausgeht, separat analysiert werden.[317]

---

[314] Vgl. Duncan (1972); Khandwalla (1972); Khandwalla (1977). Frühere Studien betonen, dass es sich bei dem Konstrukt *Perceived Environmental Uncertainty* um ein eindimensionales Konstrukt handelt. Die Begründung stützt sich dabei auf die Ergebnisse der exploratorischen Faktorenanalyse, die bezüglich des PEU-Konstruktes Werte für das Cronbachsche Alpha von mehr als 0,7 aufweisen (vgl. z. B. Gordon/Narayanan (1984), 38 f.). Neueren methodischen Erkenntnissen folgend, handelt es sich dabei um einen Irrtum, da das Cronbachsche Alpha Auskunft über die Reliabilität gibt und nicht über die Dimensionalitätenfrage. Ein Konstrukt kann daher hohe Werte für das Cronbachsche Alpha aufweisen aber trotzdem mehrdimensional sein (vgl. Kwok/Sharp (1998), S. 141).

[315] Vgl. Tymon/Stout/Shaw (1998), S. 28; Law/Wong (1999). Bei den Dimensionen des Konstruktes handelt es sich um je eine Frage zur Technologiedynamik, zum Preiswettbewerb, zum Wettbewerb um kompetente Mitarbeiter, zur Kundendynamik etc. (vgl. z. B. Gordon/Narayanan (1984), S. 45).

[316] Für eine umfassende Kritik an der Verwendung multidimensionaler Konstrukte vgl. Johns (1998).

[317] Vgl. Edwards (2001).

Dieser empfohlenen Vorgehensweise soll in dieser Arbeit gefolgt werden. Statt der Verwendung des PEU-Konstruktes werden daher nur die als relevant zu erachtenden Dimensionen der externen Unternehmensumwelt einzeln analysiert.[318]

In dieser Arbeit sollen drei der als besonders relevant erachteten Dimensionen der externen Unternehmensumwelt bezüglich ihres Einflusses auf den Zusammenhang zwischen der Qualität der Kennzahlen und dem individuellen Erfolg der Manager untersucht werden.

Festzuhalten ist, dass sich die Wettbewerbssituation vieler Unternehmen der Elektroindustrie in den letzten Jahren erheblich verschärft hat. Für Unternehmen des produzierenden Gewerbes hat dies zu immer kürzeren Produktlebenszyklen geführt.[319] Viele Unternehmen sind damit einem „strategischen Trilemma“ ausgesetzt, da den kürzer werdenden Produktlebenszyklen auf der einen Seite steigende F&E-Kosten und steigende Produktentstehungskosten auf der anderen Seite gegenüberstehen.[320] Für die Elektroindustrie existieren Schätzungen bezüglich der Veränderung des Verhältnisses zwischen Produktlebenszeit und der Produktentwicklungszeit. Danach betrug dieses Verhältnis vor 35 Jahren noch 6:1, während zu Beginn der 90er Jahre die Produktlebenszeit schon häufig kürzer war als die Produktentstehungszeit.[321] Siebert (2001) stellt aus volkswirtschaftlicher Sicht in diesem Zusammenhang fest, dass in der Elektroindustrie nicht mehr von der Existenz komparativer Wettbewerbsvorteile der Produkte ausgegangen werden kann.[322] Diese spezielle Form der Wettbewerbsintensität soll in dieser Arbeit *produktbezogene Wettbewerbsintensität* genannt werden und bezeichnet das Ausmaß, in dem Wettbewerber eines Unternehmens in der Lage sind, Produkte mit gleichen Eigenschaften und vergleichbarer Qualität am Markt anzubieten, sodass die Produkte aus Sicht der Kunden substituierbar sind. Wegen der hohen produktbezogenen Wettbewerbsintensität der Elektro-

---

[318] In der empirischen Analyse von Gordon/Narayanan wird die wahrgenommene Unsicherheit durch insgesamt sieben verschiedene Dimensionen der externen Umweltdynamik gemessen. Das sind der Wettbewerb um knappe Vorprodukte, der Wettbewerb um qualifizierte Mitarbeiter, der Preiswettbewerb, der Innovationsdruck der Industrie, die Technologiedynamik, die Veränderungsdynamik des politischen Umfeldes, die Vorhersagbarkeit der Aktivitäten der Wettbewerber. Vgl. Gordon/Narayanan (1984), S. 45.

[319] Vgl. Dent (1996); Shields (1997); Dunk (2004).

[320] Vgl. Pfeiffer/Dögel/Schneider (1989), S. 101; Bleicher (1990), S. 40.

[321] Vgl. Bullinger (1990), S. 9; Fix (1991), S. 52; Mattern (1991), S. 100.

[322] Vgl. Siebert (2001), S. 45 f.

industrie wird diese Branche für besonders geeignet angesehen, um Management-innovationen (wie insbesondere auch Performance Measurement-Innovationen) in Bezug auf ihre Erfolgswirksamkeit zu untersuchen.[323] Während frühere Studien ähnlich argumentieren und testen, inwiefern eine Intensivierung des Wettbewerbes zu einem breiteren Angebot an finanziellen und nicht-finanziellen Kennzahlen geführt hat[324], folgen die Überlegungen in dieser Arbeit dem *Moderationskonzept des kontingenztheoretischen Fits.*[325]

Es lässt sich somit die folgende Hypothese formulieren:

H5: Eine hohe produktbezogene Wettbewerbsintensität moderiert den Zusammenhang zwischen der Qualität der Kennzahlen und dem individuellen Erfolg der Manager positiv.

Zwei weitere Merkmale der externen Unternehmensumwelt sollen explorativ untersucht werden, da die bislang veröffentlichte Literatur für eine konfirmatorische Hypothesenherleitung als nicht ausreichend erachtet wird.

Die angesprochene Verkürzung der Produktlebenszyklen geht laut der *Excellence in Electronics*-Studie mit einer enormen technologischen Dynamik in der Elektronikindustrie einher.[326] Nach der Untersuchung von Pflesser (1999) ist die Technologiedynamik in der deutschen Elektrotechnik- und Elektronikindustrie im Durchschnitt höher als in anderen Sektoren des produzierenden Gewerbes.[327]

Der Einfluss der Technologiedynamik soll daher explorativ untersucht werden:

E1: Moderiert die Technologiedynamik den Zusammenhang zwischen der Qualität der Kennzahlen und dem individuellen Erfolg der Manager?

Die angesprochene *Excellence in Electronics*-Studie stellt zudem fest, dass die Elektroindustrie durch einen scharfen Preiswettbewerb gekennzeichnet ist.[328] Auch dieses Phänomen ist in der Elektroindustrie als wesentlich gravierender anzusehen

---

[323] Vgl. Kluge et al. (1994), Vorwort; Ohms (2000), S. 35.

[324] Vgl. Baines/Langfield-Smith (2003), S. 675.

[325] Vgl. hierzu die Ausführungen in Kapitel B 3.2.2.

[326] Vgl. Kluge et al. (1994), S. 118; Ohms (2000), S. 4f.

[327] Vgl. Pflesser (1999).

[328] Vgl. Kluge et al. (1994), S. 7.

als in vielen anderen Industriebereichen.[329] Da ein intensiver Preiswettbewerb als ein relevantes Merkmal der externen Unternehmensumwelt angesehen werden kann, soll auch folgender explorativer Satz geprüft werden:

E2: Moderiert der Preiswettbewerb den Zusammenhang zwischen der Qualität der Kennzahlen und dem individuellen Erfolg der Manager?

3.4 Der Einfluss der Unternehmensgröße

In der empirischen Literatur wird dem Kontextfaktor *Unternehmensgröße* auch in Bezug auf die Ausgestaltung von quantitativen Informationssystemen bzw. Controlling- und Kennzahlensystemen eine hohe Aufmerksamkeit geschenkt.[330] Da die bisherigen Arbeiten keine eindeutige Hypothesenherleitung erlauben, soll nach einem kurzen Überblick über relevante Literatur der Einfluss der Unternehmensgröße auf den Zusammenhang zwischen der Qualität der Kennzahlen und dem individuellen Erfolg der Manager explorativ untersucht werden.

Frühere Arbeiten vermuten, dass mit zunehmender Unternehmensgröße die Bedeutung von formalen Controllingsystemen für Unternehmen zunimmt.[331] In Bezug auf die Verfügbarkeit von finanziellen und nicht-finanziellen Kennzahlen konnte dieser Zusammenhang auch nachgewiesen werden.[332] Während der kontingenztheoretische Zusammenhang nach dem Mediationsmodell des kontingenztheoretischen Fits damit gezeigt werden konnte, konnten bisherige Studien zum Performance Measurement nicht zeigen, dass eine hohe Qualität von Kennzahlen bei größeren Unternehmen stärker erfolgswirksam ist als bei kleineren.[333]

Die bislang erschienenen empirischen Arbeiten lassen die Existenz von Schwelleneffekten bezüglich des Einflusses der Unternehmensgröße auf die Erfolgswirksamkeit der Qualität von Kennzahlen vermuten. Es ist anzunehmen, dass bei kleinen und mittelgroßen Unternehmen die Kompetenz des Managers den Erfolg des Unternehmens bestimmt, ohne dass ein formales Controllingsystem relevant ist. Weber/

---

329 Vgl. Bullinger (1990), S. 23.

330 Vgl. Merchant (1981); Merchant (1984); Kosmider (1994).

331 Vgl. Bruns Jr./Waterhouse (1975); Ezzamel (1990); Libby/Waterhouse (1996).

332 Vgl. Hoque/James (2000), S. 10; Bescos/Cauvin (2004), S. 194.

333 Vgl. Hoque/James (2000), S. 10.

Schäffer (1999b) bemerken im Zusammenhang von formalen Steuerungssystemen bei kleinen und mittelständischen Unternehmen: „The critical success factor in such a management style is the competence of the entrepreneur in question. The entrepreneur's ability to find the right solutions and to motivate the staff will impact on the level of success of the company. If the entrepreneur has extensive and effective management capabilities, then the management in the small and medium-sized firm is highly efficient and cost effective since the lack of formal tools and methods greatly lowers management costs.“[334]

Weber/Schäffer (1999b) legen weiterhin dar, dass der Unternehmenserfolg durch diese Art der Unternehmensführung allein ab einer bestimmten Größe des Unternehmens nicht mehr sichergestellt werden kann: „Once a critical company size has been reached, however, the capacity of management is no longer sufficient to ensure effective co-ordination.“[335] Diese Überlegungen implizieren, dass ab einer gewissen Unternehmensgröße Kennzahlen zur Unternehmenssteuerung verwendet werden sollten, während sie bei kleineren Unternehmen weniger relevant sind.

Nicht geklärt ist, ab welcher Unternehmensgröße die Qualität von Kennzahlen relevant für den Erfolg der Manager ist.

Die explorative Untersuchung möglicher Schwellenwerte beginnt daher mit der Unterteilung der Stichprobe in kleine, mittlere und große Unternehmen. Für die Unterscheidung wird die entsprechende Definition der Europäischen Kommission zugrunde gelegt. Demnach werden Unternehmen mit weniger als 50 Mitarbeitern als kleine, Unternehmen mit weniger als 250 Mitarbeitern als mittlere und Unternehmen mit mehr als 250 Mitarbeitern als große Unternehmen klassifiziert.[336]

Diese möglichen Schwelleneffekte sollen explorativ untersucht werden.

E3: Moderiert die Unternehmensgröße den Einfluss zwischen der Qualität der Kennzahlen und dem individuellen Erfolg der Manager?

---

[334] Weber/Schäffer (1999b), S. 120.

[335] Weber/Schäffer (1999b), S. 125.

[336] Vgl. Europäische Kommission (2003), S. 36 ff.

D Operationalisierung des Forschungsmodells

1. Grundlegende Aspekte der Operationalisierung

Zur Untersuchung der aufgestellten Hypothesen mussten theoretische Konstrukte für die Messung operationalisiert werden. Solche Konstrukte, die auch als *latente Variablen* bezeichnet werden, können meistens nicht durch eine einfache direkte Frage gemessen, sondern müssen über eine größere Anzahl von Indikatoren erfasst werden.[337] Grundsätzlich muss in diesem Zusammenhang zwischen reflexiven und formativen Konstrukten unterschieden werden, je nachdem, ob die Indikatoren definierende Charakteristika oder Manifestationen der latenten Variablen darstellen.[338]

Mit zwei Ausnahmen, bei denen die relevanten Variablen mit einer einzelnen Frage operationalisiert wurden, stellen die anderen Konstrukte in dieser Arbeit jeweils eindimensionale reflexive Konstrukte dar.

Soweit möglich, wurde auf in früheren empirischen Studien validierte Konstrukte zurückgegriffen.

Auf Basis der verwendeten Messinstrumente erfolgte die Konzeption eines Fragebogens, um die Manager bezüglich der ihnen zur Verfügung stehenden Kennzahlen, der Nutzung der Kennzahlen und ihres persönlichen Erfolges zu befragen. Die Datenerhebung mittels eines Fragebogens eignet sich besonders, wenn Hypothesen getestet werden und daher eine große Stichprobe möglichst kostengünstig realisiert werden soll.[339] Eine schriftliche Befragung, bei der der Untersucher bei der Datenerhebung nicht anwesend ist, zeichnet sich weiterhin, dadurch aus, dass den Befragten mehr Zeit für die Beantwortung der Fragen bleibt und somit überlegtere

---

[337] Vgl. z.B. Churchill (1979), S. 66; Bagozzi/Phillips (1982), S. 465; Bagozzi/Baumgartner (1994), S. 388; Baumgartner/Homburg (1996), S. 144.

[338] Vgl. Fassott (2006), S. 71; ferner umfassend Edwards/Bagozzi (2000); Rossiter (2002); Jarvis/Mackenzie/Podsakoff (2003); Götz/Liehr-Gobbers (2004); Rossiter (2005); Albers/Hildebrandt (2006).

[339] Vgl. Oppenheim (1993), S. 82; Berekoven/Eckert/Ellenrieder (1999), S. 112; für eine Diskussion der Vor- und Nachteile einer schriftlichen Befragung vgl. ferner Herrmann/Homburg (2000), S. 27 f.

Antworten erwartet werden können. Darüber hinaus ist die Anonymitätszusage glaubhafter und es können ungewünschte Beeinflussungseffekte vermieden werden.[340]

Vor Versand des Fragebogens wurden die entwickelten Messinstrumente einem intensiven Pre-Test unterzogen. Dazu prüften Kollegen aus dem akademischen Umfeld sowie zehn Manager die Fragen auf Verständlichkeit, Vollständigkeit und Eindeutigkeit.[341] Die Anregungen der Pre-Test-Teilnehmer führten zu kleineren Anpassungen bei den Formulierungen einiger Fragen.

Die schließlich im Fragebogen verwendeten Konstrukte werden im nächsten Kapitel ausführlich dargestellt.

2. Operationalisierung von Merkmalen von Kennzahlen

Breite der Informationsversorgung mit Kennzahlen

Breite der Kennzahlen bezeichnet das Ausmaß, in dem die Kennzahlen aus einer ausgewogenen Mischung aus finanziellen und nicht-finanziellen Kennzahlen bestehen und über alle wichtigen unternehmensinternen und -externen Geschehnisse Auskunft geben.

Tabelle 1: Operationalisierung des Konstruktes „Breite der Kennzahlen"

Indikatoren des Konstruktes „Breite der Kennzahlen"
Ich werde umfassend mit Kennzahlen aus allen Organisationseinheiten versorgt.
Die Kennzahlen umfassen in ausreichendem Maße sowohl finanzielle als auch nicht-finanzielle.
Die Kennzahlen berücksichtigen neben quantitativen auch qualitative Perspektiven der Geschäftseinheit.
Die Kennzahlen decken umfassend die „harten" wie auch die „weichen" Aspekte der Geschäftseinheit ab.

340 Vgl. Bourque/Fielder (1995), S. 11; Schnell/Hill/Esser (1999), S. 336.

341 Vgl. Bouchard (1976), S. 381; Hunt/Sparkman/Wilcox (1982), S. 269 ff.; Aaker/Day (1983), S. 193 f.; Kinnear/Taylor (1991), S. 352 f.; Bagozzi (1994), S. 42 f.

Bei der Operationalisierung des Konstruktes wurde auf die validierte Skala von Sandt zurückgegriffen.[342] Zu den drei Indikatoren wurde ein Vierter hinzugefügt, der die konzeptionelle Definition des Konstruktes sinnvoll ergänzt. Die Messung eines Konstruktes mit vier Indikatoren ermöglicht darüber hinaus die Anwendung einer größeren Anzahl von Gütekriterien der zweiten Generation.

Zusammenhang der Kennzahlen

Das Merkmal *Zusammenhang der Kennzahlen* misst, inwiefern die Kennzahlen in einem Zusammenhang zueinander stehen. Damit wird es Informationsnutzern ermöglicht, Zusammenhänge zwischen Geschehnissen unternehmensübergreifend zu analysieren und zu verstehen. Bei der Messung des Konstruktes konnte wiederum auf eine bestehende Skala von Sandt zurückgegriffen werden.[343] Um zu verdeutlichen, dass sich die Fragen auf alle verfügbaren Kennzahlen und Kennzahlensysteme beziehen und nicht auf ein einzelnes Kennzahlensystem, wurde der vierte Indikator umformuliert.

Tabelle 2: Operationalisierung des Konstruktes „Zusammenhang der Kennzahlen"

Indikatoren des Konstruktes „Zusammenhang der Kennzahlen"
Die Kennzahlen aus den verschiedenen Organsationseinheiten sind aufeinander abgestimmt.
Die verschiedenen Kennzahlen bauen sehr stark aufeinender auf.
Die verfügbaren Kennzahlen stehen in einem sehr gut nachvollziehbaren Zusammenhang zueinander.
Die Kennzahlen ergeben ein stimmiges Gesamtsystem.

Aktualität der Kennzahlen

Zur Messung der Aktualität der Kennzahlen konnte nicht auf ein etabliertes Konstrukt zurückgegriffen werden. Basis der Neuentwicklung stellen verwendete Konstrukte von Chenhall/Morris (1986) und Nelson/Todd/Wixom (2005) dar, die aber jeweils nicht mit einer konfirmatorischen Faktorenanalyse validiert worden sind, sodass die Indikatoren nicht einfach übernommen werden konnten.[344]

---

342 Vgl. Sandt (2004), S. 137.

343 Vgl. Sandt (2004), S. 138.

344 Vgl. Nelson/Todd/Wixom (2005), S. 234; Chenhall/Morris (1986), S. 24f.

Um die Aktualität der Kennzahlen mit mehr als drei Indikatoren messen zu können, wurden Indikatoren entwickelt, die die konzeptionelle Bedeutung des Konstruktes widerspiegeln. Es resultierte eine Konstruktmessung mit fünf Indikatoren.

Tabelle 3: Operationalisierung des Konstruktes „Aktualität der Kennzahlen"

Indikatoren des Konstruktes „Aktualität der Kennzahlen"
Die Kennzahlen sind stets top aktuell.
Wenn ich Kennzahlen anfordere, erhalte ich diese unverzüglich.
Kennzahlen erhalte ich regelmäßig zu festgelegten Zeitpunkten (Wochenberichte Monatsberichte etc.).
Nach Ermittlung der Ist-Werte stehen die Kennzahlen in kürzester Zeit zur Verfügung.
Ich wünschte mir, dass die Kennzahlen schneller zur Verfügung stehen würden. (R)
(R): Reverse-Coded Item, d. h. umgekehrte Skala im Vergleich zu den anderen Indikatoren.

Richtigkeit der Kennzahlen

Die Richtigkeit der Kennzahlen umfasst bei der Messung zwei Facetten. Zum einen werden die Informationsnutzer gefragt, inwiefern die Kennzahlen fehlerfrei berechnet sind. Zum anderen werden die Informationsnutzer gefragt, inwiefern sie sich auf die Richtigkeit der Kennzahlen auch verlassen können. Die Richtigkeit von Kennzahlen wird in der Literatur auch als *intrinsische Perspektive* der Qualität von Informationen bezeichnet. Bei der Operationalisierung des Konstruktes konnte wiederum auf eine Reihe deutscher und internationaler Konstrukte zurückgegriffen werden.[345] Um zu einer Messung mit vier Indikatoren zu gelangen, wurde ein Indikator zusätzlich entwickelt.

Tabelle 4: Operationalisierung des Konstruktes „Richtigkeit der Kennzahlen"

Indikatoren des Konstruktes „Richtigkeit der Kennzahlen"
Die Kennzahlen sind in unserem Unternehmen einheitlich definiert.
Die Kennzahlen zeichnen sich durch ein hohes Maß an Genauigkeit aus.
Die Qualität der Kennzahlen ist sehr hoch.
Ich kann mich auf die Richtigkeit der Kennzahlen verlassen.

345 Vgl. Nelson/Todd/Wixom (2005), S. 202; ferner S. 227 und die dort angegebene Literatur.

Verfügbarkeit von aus der Unternehmensstrategie abgeleiteten Kennzahlen

Das Konstrukt *Verfügbarkeit von aus der Unternehmensstrategie abgeleiteten Kennzahlen* bezieht sich auf den Ratschlag von Kaplan/Norton (2001), dass Manager durch die Entwicklung von Balanced Scorecards spezielle Kennzahlen regelmäßig zur Verfügung gestellt bekommen sollten, die den Erfolg der Strategieumsetzung messen.[346]

Die Operationalisierung des Konstruktes *Verfügbarkeit von aus der Unternehmensstrategie abgeleiteten Kennzahlen* erfolgte mittels einer einzigen Frage. Die existierende Mehr-Item Messung von Chenhall (2005) wurde in dieser Studie auf Grund der fehlenden konzeptionellen Schärfe der Messung und den daraus resultierenden nicht ausreichenden statistischen Gütemaßen nicht verwendet.[347] Da diesem Konstrukt die für die Operationalisierung notwendige inhaltliche Breite fehlt, konnten nicht mehrere Indikatoren identifiziert werden, in denen sich die Bedeutung des übergeordneten Konstruktes reflektiert. Dabei muss in Kauf genommen werden, dass bei dieser Art der Messung dem Messfehler keine Rechnung getragen werden kann.[348]

Stattdessen wurde, wie der Tabelle 5 zu entnehmen ist, ein einziger präziser Indikator zur Messung des Sachverhaltes gewählt.

Tabelle 5: Messung der „Verfügbarkeit von aus der Unternehmensstrategie abgeleiteten Kennzahlen“

Messung zur „Verfügbarkeit von aus der Unternehmensstrategie abgeleiteten Kennzahlen“
Ich erhalte aus der Unternehmensstrategie abgeleitete Kennzahlen.

Anpassung der Kennzahlen

Um die Verbreitung von Kennzahlen und Kennzahlensystemen möglichst vollständig deskriptiv beschreiben zu können, wurde auch die Anpassungshäufigkeit der Kennzahlen erhoben.

Anpassung der Kennzahlen bezieht sich auf die Fähigkeit einer Organisation, bei einer veränderten Strategie bzw. einer organisatorischen Veränderungen relevante neue Kennzahlen zu generieren und überflüssig gewordene Kennzahlen aus den

[346] Vgl. umfassend Kaplan/Norton (2001).

[347] Vgl. die Kritik an Chenhall (2005) in Kapitel B 2.1.1.7.

[348] Vgl. ausführlich Little/Lindenberger/Nesselroade (1999).

Berichten zu entfernen. Bei der Messung konnte wiederum auf ein bestehendes Konstrukt von Sandt zurückgegriffen werden.[349]

Tabelle 6: Operationalisierung des Konstruktes „Anpassung der Kennzahlen"

Indikatoren des Konstruktes „Anpassung der Kennzahlen"
Die Kennzahlen werden von Zeit zu Zeit an neue Anforderungen angepasst.
Bei organisatorischen Änderungen, z. B. neue Strategie, Organisationsstruktur, neue Technologien, werden die Kennzahlen angepasst.
Bei Änderungen des Marktumfeldes werden die Kennzahlen hinsichtlich ihrer Zweckmäßigkeit überprüft.
In der Vergangenheit wurden neue Kennzahlen aufgenommen.

Information Overload

Das in der Literatur oft erwähnte Phänomen eines *Information Overload* wurde aus deskriptiven Gründen ebenfalls erhoben.[350]

Information Overload bezieht sich auf den Umstand, dass Manager eine so hohe Anzahl von Kennzahlen erhalten, dass sie Zeit und Mühe aufbringen müssen, um die relevanten Kennzahlen herauszufiltern. Im schlechtesten Fall kann eine zu hohe Anzahl von Kennzahlen dazu führen, dass relevante Kennzahlen nicht ausreichend zur Kenntnis genommen werden können. Dieses Problem wird auch in der Praktikerliteratur intensiv diskutiert.[351] Da für die Messung von *Information Overload* auf

Tabelle 7: Operationalisierung des Konstruktes „Information Overload"

Indikatoren des Konstruktes „Information Overload"
Ich werde mit Kennzahlen regelrecht überflutet.
Wegen der großen Menge an Kennzahlen kann ich oft nicht alle Informationen zur Kenntnis nehmen.
Bei der großen Menge an Kennzahlen ist die Identifikation der bedeutsamen sehr mühsam.

---

349 Vgl. Sandt (2004), S. 140.

350 Für relevante Literatur zum Phänomen des „Information Overload" vgl. Miller (1956); Schroder/Driver/Streufert (1967); Chervany/Dickson (1974); Snowball (1980); Shields (1983); Iselin (1988); Chewning/Harrell (1990); Schick/Gordon/Haka (1990); Stocks/Harrell (1995); Tuttle/Burton (1999).

351 Vgl. z.B. Kaplan/Norton (1997), S. 157.

keine bestehende Skala zurückgegriffen werden konnte, musste das Konstrukt neu entwickelt werden. Auf Basis der theoretischen Konzeption des Konstruktes wurden die folgenden drei Indikatoren entwickelt.

Qualität der Kennzahlen

Wie in Kapitel C 1 beschrieben, soll die Qualität der Kennzahlen kontextbezogen aus der Sicht von Top-Managern der Elektroindustrie gemessen werden.[352] Damit wird der Tatsache Rechnung getragen, dass je nach Nutzerkreis andere Merkmale der Informationsversorgung mit Kennzahlen relevant sein können. Die (Gesamt-)Qualität der Kennzahlen wird daher gemessen, indem die Manager um eine Gesamteinschätzung der Qualität der ihnen zur Verfügung stehenden Kennzahlen gebeten wurden. Diese Vorgehensweise ist in Analogie zu existierenden Arbeiten zu sehen, die z.B. Einflussfaktoren auf die Kundenzufriedenheit untersucht und zu diesem Zwecke als abhängige Variable eine Gesamteinschätzung der Kundenzufriedenheit gewählt haben.[353] Diese Art der Messung der Qualität von Informationen ist in der Management Accounting und Information Systems-Literatur bereits mehrfach implizit und explizit vorgenommen worden. Das verwendete Konstrukt basiert auf einer angepassten Operationalisierung von Ittner et al (2003).[354]

Tabelle 8: Operationalisierung des Konstruktes „Qualität der Kennzahlen"

Indikatoren des Konstruktes „Qualität der Kennzahlen"
Meine Erwartungen an die mir zur Verfügung stehenden Kennzahlen werden vollständig erfüllt.
Mit den mir zur Verfügung stehenden Kennzahlen bin ich sehr zufrieden.
Die Informationsversorgung mit Kennzahlen ist nahezu ideal.

3. Operationalisierung der Nutzungsarten

Bei der Operationalisierung der Nutzungsarten konnte auf umfangreiche deutsche und internationale Vorarbeiten zurückgegriffen werden. Aufgrund kleinerer sprachlicher Ungenauigkeiten mussten die Formulierungen einer großen Anzahl von Indikatoren nochmals überarbeitet und einem Pre-Test unterzogen werden.

---

[352] Vgl. Nelson/Todd/Wixom (2005), S. 201 f.

[353] Vgl. z.B. Homburg/Rudolph (1998), S. 246.

[354] Vgl. Ittner/Larcker/Randall (2003), S. 726.

Nutzung zu Kontrollzwecken

Die *Nutzung zu Kontrollzwecken* beschreibt das Ausmaß, in dem Kennzahlen genutzt werden, um Abweichungen vom angestrebten Ziel zu kontrollieren. Die Operationalisierung lehnt sich dabei an eine bestehende Skala von Steiners (2005) an.[355] Da bei einigen Indikatoren sprachlich nicht immer eindeutig war, inwiefern die tatsächliche Nutzung der Kennzahlen oder eine Qualitätsaussage über die Kennzahlen gemessen wurde, wurden die Fragen umformuliert.

Tabelle 9: Operationalisierung des Konstruktes „Kontrolle"

Indikatoren des Konstruktes „Nutzung zu Kontrollzwecken"
Ich nutze Kennzahlen intensiv, um die Aktivitäten in meinem Verantwortungsbereich zu überwachen.
Ich nutze Kennzahlen intensiv, um Abweichungen vom angestrebten Ziel zu erkennen.
Mit Kennzahlen überprüfe ich die Ergebnisse von getroffenen Entscheidungen.
Ich nutze Kennzahlen intensiv zur Kontrolle wichtiger Erfolgsgrößen (z. B. Kosten, Absatzentwicklung).
Mit Kennzahlen überwache ich die Umsetzung meiner Entscheidungen (z. B. durch Soll/Ist-Werte).

Nutzung zu Entscheidungszwecken

Mit der *Nutzung zu Entscheidungszecken* wird das Ausmaß bezeichnet, in dem Kennzahlen für die Entscheidungsfindung direkt verwendet werden.

Die Nutzung zu Entscheidungszwecken ist im deutschen Sprachraum bisher mehrfach gemessen worden. Um sicherzustellen, dass das Konstrukt tatsächlich nur die Nutzung zu Entscheidungszwecken misst und nicht eine Qualitätsaussage über die vorhandenen Kennzahlen ist, wurden existierende Indikatoren der Konstrukte *Instrumentelle Nutzung* von Karlshaus (2000) bzw. *Lernen ex ante* von Schäffer/Steiners (2004) teilweise umformuliert und um einen Indikator ergänzt.[356]

[355] Vgl. Steiners (2005), S. 101.

[356] Vgl. Karlshaus (2000), S. 153; Bauer (2002), S. 205; Sandt (2004), S. 162 f.; Schäffer/Steiners (2004), S. 385.

Tabelle 10: Operationalisierung des Konstruktes „Nutzung zu Entscheidungszwecken“

Indikatoren des Konstruktes „Nutzung zu Entscheidungszwecken“
Ohne die Kennzahlen würden meine Entscheidungen oft anders ausfallen.
Die Kennzahlen machen auf Aspekte meiner Entscheidungen aufmerksam, die sonst unbeachtet blieben.
Für meine Entscheidungen benötige ich die Kennzahlen eigentlich kaum. (R)
Ich verwende Kennzahlen unmittelbar zur Entscheidungsfindung bzw. zur Lösung konkreter Probleme.
Bei wichtigen Entscheidungen frage ich weitere spezifische Kennzahlen nach.
Kennzahlen kommt eine wichtige Rolle bei meinen Entscheidungen zu.
(R): Reverse-Coded Item, d. h. umgekehrte Skala im Vergleich zu den anderen Indikatoren.

Mittelbare Nutzung

Unter *mittelbarer Nutzung* wird das Ausmaß verstanden, in dem Kennzahlen ohne Bezug zu einem konkreten Zweck (Kontrolle, Entscheidung) genutzt werden. Ziel der mittelbaren Nutzung ist es, sich über neue Entwicklungen zu informieren oder einen schnellen Überblick über das Geschehen zu gewinnen. Ergebnis dieser Nutzungsart kann eine Steigerung der Wissensbasis des Nutzers sein. In der Literatur findet sich diese Nutzungsart auch unter der Bezeichnung *improving understanding*[357] und *konzeptionelle Nutzung*[358].

Zur Messung des Konstruktes *Mittelbare Nutzung* wurde auf die Messskala von Steiners (2005) zurückgegriffen. Aufgrund der zum Teil verbesserungsfähigen Gütemaße wurden in diesem Falle die Formulierungen der Indikatoren vollständig überarbeitet und einige neue Indikatoren entwickelt.[359]

[357] Vgl. Vandenbosch (1999), S. 90.
[358] Vgl. Sandt (2004), S. 158.
[359] Vgl. Steiners (2005), S. 102.

Tabelle 11: Operationalisierung des Konstruktes „Mittelbare Nutzung"

Indikatoren des Konstruktes „Mittelbare Nutzung"
Unabhängig von konkreten Entscheidungen halte ich mich mit den Kennzahlen gerne auf dem Laufenden.
Ich nutze die Kennzahlen, um mein allgemeines Verständnis der Unternehmenssituation zu erweitern.
Ich nutze die Kennzahlen, um mir einen Überblick über den Zustand des Unternehmens zu verschaffen.
Ich scanne umfassend die Kennzahlen, um zukünftige Entwicklungen besser absehen zu können.
Ich nutze die Kennzahlen, um Zusammenhänge in meinem Unternehmen zu erkennen.

Durchsetzung

Die *Nutzung zur Durchsetzung* von Entscheidungen bezieht sich darauf, inwiefern Kennzahlen vom Akteur genutzt werden, um eigene Überzeugungen während eines Entscheidungsprozesses durchzusetzen bzw. getroffene Entscheidungen anderen mitzuteilen. In der jüngeren Literatur ist diese Nutzungsart auch unter der *Bezeichnung symbolische Nutzung*[360] oder *legitimizing decisions*[361] zu finden.

Zur Messung des Konstruktes wurde auf eine etablierte Skala von Karlshaus zurückgegriffen.[362]

Tabelle 12: Operationalisierung des Konstruktes „Durchsetzung"

Indikatoren des Konstruktes „Durchsetzung"
Die Kennzahlen helfen mir bei der Durchsetzung von Entscheidungen.
Die geeignete Interpretation der Kennzahlen erlaubt es mir, Entscheidungen zu beeinflussen.
Die Kennzahlen helfen mir bei der Begründung von bereits getroffenen Entscheidungen.
Ich setze Kennzahlen ein, um bereits getroffene Entscheidungen anderen mitzuteilen.

---

360 Vgl. Weber (2004), S. 272 f.

361 Vgl. Vandenbosch (1999), S. 79.

362 Vgl. Karlshaus (2000), S. 155; Sandt (2004), S. 165.

4. Operationalisierung ausgewählter Kontextfaktoren

4.1 Charakteristikum des Akteurs

Nutzer-Know-How

Das Konstrukt *Nutzer-Know-How* erfasst das Wissen der Manager über die Kennzahlen selber und stellt daher eine individuelle Fähigkeit von Akteuren dar.

Zur Messung des Konstruktes wurde auf die validierte Operationalisierung von Sandt (2004) zurückgegriffen.[363]

Tabelle 13: Operationalisierung des Konstruktes „Nutzer-Know-How"

Indikatoren des Konstruktes „Nutzer-Know-How"
Die Berechnungsmethodik der Kennzahlen ist mir sehr gut bekannt.
Ich muss nicht lange über die Bedeutung der Kennzahlen nachdenken.
Der Aussagegehalt der Kennzahlen ist mir immer klar.
Ich könnte die Kennzahlen ohne weiteres einem Dritten erklären.

4.2 Charakteristikum der externen Umwelt

Produktbezogene Wettbewerbsintensität

Produktbezogene Wettbewerbsintensität beschreibt das Ausmaß, in dem Produkte eines Unternehmens denen der Wettbewerber bezüglich der Qualität und Funktionalität ähneln und sie so aus Kundensicht leicht substituierbar sind. Diese spezielle Facette des Wettbewerbs ist, wie in Kapitel C 3.3 beschrieben, besonders in der deutschen Elektroindustrie von hoher Relevanz.

Tabelle 14: Operationalisierung des Konstruktes „Produktbezogene Wettbewerbsintensität"

Indikatoren des Konstruktes „Produktbezogene Wettbewerbsintensität"
In unserer Branche ist es schwierig, sich über technische Produktmerkmale abzugrenzen.
Unsere Produkte unterscheiden sich von der Funktionalität her kaum von denen der Wettbewerber.
Unsere Produkte und die der Wettbewerber haben nahezu den gleichen Kundennutzen.
In unserer Branche werden Produktentwicklungen zügig von Wettbewerbern übernommen.
Die angebotenen Produkte veralten sehr schnell.

[363] Vgl. Sandt (2004), S. 142.

Technologiedynamik

Die Technologiedynamik erfasst das Ausmaß, in dem technologische Änderungen in einer Branche von Bedeutung sind. In dieser Arbeit wird auf das von Pflesser (1999) im deutschen Sprachraum validierte Messinstrument zurückgegriffen.[364]

Eine im anglo-amerikanischen Raum validierte Konstruktoperationalisierung wird häufig in empirischen Untersuchungen verwendet.[365]

Tabelle 15: Operationalisierung des Konstruktes „Technologiedynamik"

Indikatoren des Konstruktes „Technologiedynamik"
Die Technologie in unserer Branche verändert sich schnell.
Technologische Veränderungen bieten in unserer Branche große Chancen.
Viele Produktideen in unserer Branche wurden durch technologische Durchbrüche ermöglicht.
Technologische Entwicklungen sind in unserer Industrie eher unwesentlich.

Preiswettbewerb

Der *Preiswettbewerb* misst, inwiefern der Preisdruck, dem Unternehmen ausgesetzt sind, hoch ist.

Preiswettbewerb wurde in dieser Befragung direkt mit nur einer Frage gemessen. Da die vorgestellten Kontextfaktoren als moderierende Variablen verwendet werden, ist eine Messung mit nur einem Indikatoren vertretbar, da nur geringe Verschiebungen innerhalb der Gruppen mit hoher und mit niedriger Ausprägung der verschiedenen für den Mehrgruppenvergleich zubildenden Gruppen zu erwarten sind.

Tabelle 16: Messung des Konstruktes „Preiswettbewerb"

Messung des Konstruktes „Preiswettbewerb"
Der Preiswettbewerb ist sehr intensiv.

---

[364] Vgl. Pflesser (1999).

[365] Vgl. z. B. Oczkowski/Farrell (1998), S. 223; Farrell (2000), S. 355.

5. Operationalisierung des individuellen Erfolges der Manager

Zur Messung des individuellen Erfolges der Manager musste ein neues Konstrukt entwickelt werden. Eine existierende Operationalisierung im englischsprachigen Raum von Mahoney et al. (1963) konnte in dieser Arbeit nicht verwendet werden.[366] Die ursprüngliche Fassung von Mahoneys Konstrukt sieht vor, dass Manager in acht verschiedenen, voneinander unabhängigen Performance-Kategorien Angaben über ihre eigene Leistung machen.

Diese acht Dimensionen werden im Anschluss auf eine übergeordnete Selbsteinschätzung (einzelne Frage) bezüglich der eigenen Leistung regressiert. Kann die Selbsteinschätzung mit den anderen acht Dimensionen zu über 55% erklärt werden, kann im Folgenden die einzelne Frage zur Selbsteinschätzung für die Analyse verwendet werden.

Der Pre-Test hatte ergeben, dass Manager auf diese Art des eindringlichen Fragens negativ reagierten. Zum anderen stellt Mahoneys Konzept im strengeren Sinne kein Konstrukt dar und genügt modernen Anforderungen an anspruchsvolle sozialwissenschaftliche Messungen nicht. Bei der Messung des individuellen Erfolges der Manager wurde daher auf eine Eigenentwicklung zurückgegriffen. Das Ziel der Eigenentwicklung bestand darin, durch ein Konstrukt mit mindestens drei Variablen eine qualitativ anspruchsvolle Messung sicherzustellen.

Konzeptionelle Grundlage der eigenen Messung war der in Kapitel B 3.2.2 beschriebene Führungszyklus, der in einer einfachen Form aus den Führungsphasen *Entscheidungsfindung*, *Durchsetzung getroffener Entscheidungen* und *Kontrolle* besteht. In früheren Arbeiten wurde das Konzept des Führungszyklus bereits für die Entwicklung eines Konstruktes für die Qualität des Führungszyklus, bezogen auf den Führungszyklus des gesamten Managements eines Unternehmens, verwendet.[367] Es handelt sich daher bei den vorliegenden Operationalisierungen um eine organisationale Erfolgsvariable. In der vorliegenden Arbeit wurden die Fragen individuell auf den einzelnen Manager ausgerichtet, um ein individuelles Erfolgsmaß zu erhalten.

---

[366] Vgl. Mahoney/Jerdee/Carroll (1963). Für Studien, die dieses Konstrukt verwendet haben vgl. u. a. Dunk (1990); Brownell/Dunk (1991); Frucot/Shearon (1991); McInnes/Ramakrishnan (1991); Lau/Low/Eggleton (1995); Chong (1996); Lau/Tan (1998).

[367] Vgl. Reitmeyer (2000), S. 77; Spieker (2003), S. 59.

Tabelle 17: Operationalisierung des Konstruktes „Individueller Erfolg der Manager"

Indikatoren des Konstruktes „Individueller Erfolg der Manager"
Mit der Umsetzung meiner Entscheidungen bin ich sehr zufrieden.
Mit der Kontrolle der Umsetzung meiner Entscheidungen bin ich sehr zufrieden.
Mit den Ergebnissen meiner Entscheidungen bin ich sehr zufrieden.
Mit der Durchsetzung meiner Entscheidungen im Unternehmen bin ich sehr zufrieden.
Mit meinen Entscheidungen bin ich sehr zufrieden.

Mit den entwickelten fünf Indikatoren ergibt sich eine reflexive Messung.

Bezug nehmend auf die vier von Jarvis et al. (2003) genannten Kriterien könnte im Falle des Führungszyklus auch eine formative Messung begründet werden.[368] Die Frage, ob die Behandlung des Konstruktes *individueller Erfolg der Manager* als reflexive Messung und nicht als formative Messung einen Einfluss auf die Hypothesenprüfung hat, wird im Rahmen der Hypothesenüberprüfung wieder aufgegriffen.

6. Operationalisierung des Finanzerfolges des Unternehmens

Der finanzielle Erfolg des Unternehmens wurde in dieser Arbeit als Markierungsvariable zum Test für das Vorliegen eines evtl. Common-Method-Bias gewählt.[369] In dieser Studie operationalisierten vier Fragen das Konstrukt. Dabei wurden die Teilnehmer der Studie gebeten, den finanziellen Erfolg ihres Unternehmens im Vergleich zu Wettbewerbern anzugeben. Die einzelnen Fragen konnten Erfolgskonstrukten anderer Studien entnommen werden.[370] Die Teilnehmer der Befragung sollten dabei jeweils den finanziellen Erfolg ihres Unternehmens relativ zu Wettbewerbern und nicht absolut bewerten. Diese Vorgehensweise hat sich bewährt und wird in vielen Studien verwendet, die den Unternehmenserfolg mithilfe subjektiver Angaben untersuchen.[371]

---

[368] Vgl. Jarvis/Mackenzie/Podsakoff (2003), S. 203.

[369] Vgl. Lindell/Whitney (2001).

[370] Vgl. z. B. Hoque/James (2000); Baines/Langfield-Smith (2003).

[371] Studien, in denen diese Art der Erfolgsmessung verwendet wurde, sind u. a. die Studien von Govindarajan (1984); Govindarajan/Gupta (1985); Abernethy/Stoelwinder (1991); Baines/Langfield-Smith (2003).

Tabelle 18: Operationalisierung des Konstruktes „Finanzieller Erfolg des Unternehmens"

Indikatoren des Konstruktes „Finanzieller Erfolg des Unternehmens"
Wie schätzen Sie den Erfolg Ihres Unternehmens bezüglich der Gesamtkapitalrentabilität (Return in Investment) im Wettbewerbsvergleich ein?
Wie schätzen Sie den Erfolg Ihres Unternehmens bezüglich des Cash-flows aus der operativen Tätigkeit im Wettbewerbsvergleich ein?
Wie schätzen Sie den Erfolg Ihres Unternehmens bezüglich der erzielten Umsatzrendite im Wettbewerbsvergleich ein?
Wie schätzen Sie den Erfolg Ihres Unternehmens bezüglich der Gewinnmarge der Produkte im Wettbewerbsvergleich ein?

E Methodische Konzeption der Studie

1. Datenerhebung und Datengrundlage

1.1 Untersuchungsmethode und Personenkreis der Befragten

Ziel dieser Arbeit ist eine deskriptive Bestandsaufnahme der Verbreitung und Nutzung von Kennzahlen und Kennzahlensystemen bei Unternehmen der Elektroindustrie und eine analytische Untersuchung bezüglich der Wirkungen von Kennzahlen und deren Nutzung auf den Erfolg von Top-Managern.

Um möglichst repräsentative Ergebnisse sicherzustellen, wurde eine schriftliche Datenerhebung mithilfe eines standardisierten Fragebogens gewählt.

Da der Einfluss von Kennzahlen und deren Nutzung auf den Erfolg von Top-Managern im Mittelpunkt der Untersuchung stand, wurde dieser Personenkreis befragt. Darüber hinaus bietet sich die Befragung von Top-Managern zur Ermittlung der Verbreitung von Kennzahlen und Kennzahlensystemen an, da nach der Studie von Sandt (2004) nur 7% der Manager ihre Kennzahlen „aus einer Hand" von der Controllingabteilung geliefert bekommen.[372] Da Controller daher nur einen Teil der quantitativen Informationen liefern, wäre bei der Befragung dieses Personenkreises von einer erheblichen Ergebnisverzerrung auszugehen.

1.2 Datenerhebung

Als Grundgesamtheit der Untersuchung wurden alle Mitgliedsfirmen des ZVEI e.V. gewählt. Im ZVEI e.V. sind nach eigenen Angaben ca. 90% der in Frage kommenden Unternehmen organisiert. Es ist aber zu beachten, dass die Branchenabgrenzung des Verbandes sich von der des Statistischen Bundesamtes unterscheidet.

Die Vorgehensweise, bei empirischen Untersuchungen von Unternehmen der Elektroindustrie auf die Branchenabgrenzung des ZVEI e.V. zurückzugreifen, wurde

---

[372] Vgl. Sandt (2004), S. 118f.

auch von anderen nationalen und internationalen Untersuchungen gewählt.[373] Damit stellt die vorliegende Arbeit eine branchenspezifische Untersuchung unter Mitgliedsfirmen des ZVEI e.V. dar.

Um die Rücklaufquote zu erhöhen, erfolgte bei der Datenerhebung eine enge Zusammenarbeit mit dem ZVEI e.V. So wurde das Anschreiben an die Hauptgeschäftsführer der Mitgliedsunternehmen vom Hauptgeschäftsführer des ZVEI e.V. verfasst und unterschrieben. Dabei wurde der Nutzen der Befragung für den Verband sowie für die Mitgliedsunternehmen herausgestellt. Die Vorgehensweise der Befragung richtet sich dabei an den von Dillmann (2000) erörterten Richtlinien zur Optimierung der Rücklaufquote.[374] Um sicherzustellen, dass der Fragebogen tatsächlich von dem angeschriebenen Hauptgeschäftsführer bzw. einem Mitglied des Vorstandes ausgefüllt wird, wurde im Anschreiben wie auch nochmals auf dem Fragebogen auf die Wichtigkeit hingewiesen, dass ein Mitglied des Vorstandes persönlich an der Befragung teilnimmt.

Bei der Konzeption des Fragebogens wurde darauf geachtet, die abhängigen und unabhängigen Variablen dieser Untersuchung räumlich getrennt voneinander abzufragen, um das Auftreten eines sog. Common-Method-Bias aufgrund von Konsistenzstreben oder sozialer Erwünschtheit der Antwortenden zu reduzieren.[375]

Neben dem Angebot, einen Bericht über die Ergebnisse der Befragung zu erhalten, wurde den Geschäftsführern eine Reihe weiterer Anreize zur Teilnahme an der Befragung angeboten. Dazu gehörten die Teilnahme an einer Weinverlosung sowie die Zusendung von weiterem relevantem Informationsmaterial des Verbandes.

Die Versendung des Fragebogens erfolgte Anfang Mai 2005 an je einen Geschäftsführer der Mitgliedsunternehmen.

Die absolute Anzahl von Antworten lag nach fünf Wochen bei 201 Zusendungen und wurde als noch nicht zufriedenstellend bewertet. Deshalb wurden die Unternehmen, die noch nicht geantwortet hatten, ein zweites Mal angeschrieben und um ihre Teilnahme gebeten. Die zweite Phase der Datenerhebung wurde durch begleitende Telefonanrufe unterstützt und führte zu weiteren 159 beantworteten Fragebögen.

---

[373] Vgl. Kluge et al. (1994); Ohms (2000).

[374] Vgl. Dillman (2000); Van de Stede/Young/Chen (2005).

[375] Vgl. Podsakoff et al. (2003), S. 888.

1.3 Datengrundlage

Insgesamt wurden durch diese zweistufige Vorgehensweise 360 Antworten erzielt, von denen allerdings 26 aufgrund unvollständiger Angaben nicht verwendet werden konnten.

Insgesamt konnte bei 1094 angeschriebenen Unternehmen damit eine effektive Rücklaufquote von 30,7% erzielt werden. Im Vergleich zu Rücklaufquoten anderer Untersuchungen im deutschsprachigen Raum, die größtenteils nur zwischen 3–10% liegen, kann diese Rücklaufquote als sehr gut angesehen werden. Auch im Vergleich zu Studien, die kürzlich in internationalen Top-Fachzeitschriften veröffentlicht worden sind, ist der Rücklauf als sehr zufriedenstellend zu bewerten.[376]

Abbildung 12 gibt einen Überblick über die Größenverteilung der teilnehmenden Unternehmen.

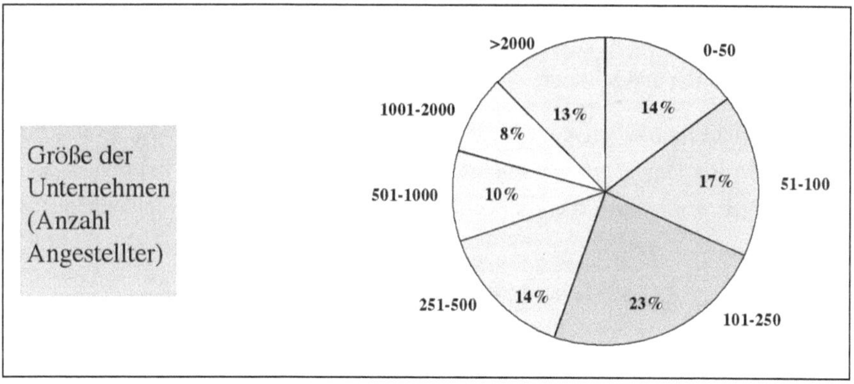

Abbildung 12: Größenverteilung der teilnehmenden Unternehmen

Um zu überprüfen, ob bei der vorliegenden Befragung infolge von Nichtbeteiligungen Verzerrungen aufgetreten waren, wurden Tests auf Non-Response-Bias durchgeführt. Anhand von t-Tests wurde untersucht, ob sich die teilnehmenden Unternehmen aus der Stichprobe von sog. Non-Respondents („Nichtteilnehmern") unterscheiden. Dazu wurde die Stichprobe zunächst anhand des Rücklaufdatums in drei gleich

376 Vgl. z.B. Hambrick/Geletkanycz/Frederickson (1993); Lee/Lee/Pennings (2001); Baines/Langfield-Smith (2003); Henri (2006b).

große Teile aufgespaltet. Anschließend erfolgte ein Vergleich der Antworten der Geschäftsführer bzw. Vorstände des ersten Drittels (Frühantworter) mit den Antworten im letzten Drittel (Spätantworter). Dieser Vorgehensweise liegt die Annahme zugrunde, dass spät eintreffende Antworten dem Antwortverhalten von Nichtteilnehmern am ähnlichsten sind. Jedoch ergaben sich keine signifikanten Unterschiede, sodass davon ausgegangen werden kann, dass kein bedeutsamer Non-Response-Bias vorliegt.[377]

Anrufe bei Managern, die nicht an der Befragung teilnehmen wollten, ergaben, dass sie aufgrund der hohen Anzahl von Fragebögen, die sie wöchentlich erhalten, beschlossen hatten, zukünftig nicht mehr an empirischen Erhebungen teilzunehmen.

2. Grundlagen der Konstruktmessung

2.1 Gütebeurteilung der Messinstrumente

2.1.1 Reliabilität und Validität

Wie in Kapitel D erwähnt, handelt es sich bei den meisten in dieser Arbeit verwendeten Messinstrumenten um eindimensionale reflexive Konstrukte, bei denen davon ausgegangen wird, dass die Indikatoren fehlerbehaftete Manifestationen der zugrunde liegenden Variable sind.

Einen zentralen Aspekt bei der Verwendung eines reflexiven Messmodells stellt die Erfüllung bestimmter Gütekriterien dar. Die Messinstrumente müssen dabei insbesondere den Kriterien der Reliabilität (Zuverlässigkeit) und Validität (Gültigkeit) hinreichend genügen.[378]

Bei einer hohen Reliabilität des Messinstrumentes weisen die Indikatoren eine hohe Korrelation untereinander auf und können einen großen Teil der Varianz des Konstruktes erfassen. Dabei zielt die Reliabilität auf die Ermittlung von Zufallsfehlern ab.[379]

---

[377] Vgl. Armstrong/Overton (1977).

[378] Vgl. hierzu umfassend Carmines/Zeller (1979); Bollen (1989); Baumgartner/Homburg (1996); Mueller (1996); Emrich (2004).

[379] Vgl. z. B. Kwok/Sharp (1998), S. 139 f.

In dieser Arbeit wird daher die *Interne-Konsistenz-Reliabilität* getestet, die sich auf die Korrelation der Indikatoren eines Konstruktes untereinander bezieht.[380]

Die Reliabilität ist eine notwendige, aber nicht hinreichende Bedingung für die Validität einer Messung. Unter der *Validität* wird dabei verstanden, dass das Konstrukt auch tatsächlich das misst, was es zu messen vorgibt. Im Gegensatz zur Reliabilitätsprüfung zielt die Validitätsprüfung auch auf den systematischen Messfehler ab.[381] Darüber hinaus kann mit den ermittelten Validitätsmaßen der konfirmatorischen Faktorenanalyse geprüft werden, ob es sich bei dem Konstrukt um ein ein- oder ein mehrdimensionales Messinstrument handelt.[382]

In der Literatur werden verschiedene Formen der Validität unterschieden, die der Inhalts-, Kriteriums- oder Konstruktvalidität zugeteilt werden können.[383]

Die **Inhaltsvalidität** fordert die genaue inhaltlich-sprachliche Definition des Konstruktes, sodass alle relevanten inhaltlichen Facetten repräsentativ durch die Indikatoren erhoben werden. Die Inhaltsvalidität kann qualitativ durch eine genaue Literaturanalyse und ergänzend durch Experteninterviews sichergestellt werden.[384]

Kriteriumsvalidität ist gegeben, wenn die Messung eines Konstruktes mit der Messung eines anderen Konstruktes korreliert, sofern eine theoretisch enge Beziehung zwischen den beiden Konstrukten bestehen müsste. Erfolgt die Messung des zweiten Konstruktes zu einem späteren Zeitpunkt, spricht man von *Prognosevalidität*, ist die Messung zum gleichen Zeitpunkt geschehen, kann von *Konkurrentvalidität* gesprochen werden.

Bei der Prüfung der **Konstruktvalidität** wird die Beziehung des Messinstrumentes (der Indikatoren) zu dem unbeobachtbaren theoretischen Konstrukt überprüft. Es können dabei die Konvergenz- und die Diskriminanzvalidität sowie die nomologi-

---

[380] Vgl. z. B. Anderson/Gerbing/Hunter (1987). Neben der Internen-Konsistenz-Reliabilität findet sich in der Literatur auch die Test-Retest-Reliabilität und die Parallel-Test-Reliabilität, für deren Ermittlung allerdings weitere Stichproben erforderlich sind. Diese Reliabilitätsmaße können daher in dieser Arbeit nicht verwendet werden. Vgl. hierzu Friedrichs (1981), S. 102; Hildebrandt (1998), S. 88.

[381] Vgl. z. B. Campell (1976), S. 202 ff; Churchill (1991), S. 488 f.

[382] Vgl. Kwok/Sharp (1998), S. 141; ferner umfassend Peter (1981); Churchill (1991).

[383] Vgl. für die folgenden Ausführungen umfassend Campbell/Fiske (1959), S. 81 ff.; Cook/Campbell (1976), S. 225 ff.; Bagozzi (1979), S. 24; Bagozzi/Yi/Phillips (1991), S. 425; Hildebrandt (1998), S. 89 ff.; Abernethy et al. (1999), S. 7 ff.; Kwok/Sharp (1998), S. 141 ff.

[384] Wegen des möglichen Einsatzes von Experteninterviews zur Sicherstellung der Inhaltsvalidität wird in diesem Zusammenhang auch oft von *Face-Validität* gesprochen. Vgl. z. B. Bohrnstedt (1970), S. 92; Churchill (1991), S. 490.

sche Validität unterschieden werden. Bei der *Konvergenzvalidität* wird geprüft, ob zwei unterschiedliche Messungen desselben theoretischen Konstruktes in ihren Werten übereinstimmen. Im Gegensatz dazu wird bei der *Diskriminanzvalidität* geprüft, dass zwei Messinstrumente, die zwei unterschiedliche Sachverhalte messen, auch tatsächlich zu verschiedenen Ergebnissen kommen und sich die Messinstrumente trennscharf unterscheiden. Die *Nomologische Validität* kann als eine Verallgemeinerung der Kriteriumsvalidität betrachtet werden. Sie ist gegeben, wenn zwischen der Messung eines Konstruktes und den Messungen weiterer Konstrukte Zusammenhänge bestehen, die durch eine übergeordnete Theorie vorhergesagt werden konnten. Da für die Untersuchung von Gestaltungsmerkmalen, der (Gesamt-) Qualität und der Nutzung der Kennzahlen sowie dem resultierenden persönlichen Erfolg der Manager keine solche übergeordnete Theorie besteht, kann die nomologische Validität in dieser Arbeit nicht überprüft werden.

Die Validität und die Reliabilität der verwendeten Messinstrumente können anhand verschiedener quantitativer Methoden beurteilt werden. Dabei kann zwischen Kriterien der ersten und der zweiten Generation unterschieden werden.[385]

- Die Methoden der ersten Generation haben ihren Ursprung in der Psychometrie und Psychologie und basieren im Wesentlichen auf der exploratorischen Faktorenanalyse.[386]
- Die Methoden der zweiten Generation beruhen auf der konfirmatorischen Faktorenanalyse, die einen Spezialfall der Kausalanalyse darstellt, und erlauben eine differenzierte Untersuchung der einzelnen Indikatoren im Hinblick auf Messfehlereinflüsse.[387]

In der vorliegenden Arbeit wird im Rahmen der Gütebeurteilung der Konstrukte auf die Verfahren der ersten und zweiten Generation zurückgegriffen. Diese stufenweise Anwendung sorgt für eine Verbesserung des Messinstrumentes, indem bei Unterschreitung bestimmter Grenzwerte einzelne Indikatoren aus dem Konstrukt eliminiert werden.

---

385 Vgl. Steenkamp/van Trijp (1991); Homburg (2000), S. 70.

386 Vgl. hierzu Zöfel (1992), S. 294ff.; Backhaus et al. (2003), 260ff.; ferner umfassend Cronbach (1951); Cronbach/Meel (1955); Cronbach et al. (1972); für die Durchführung der Faktorenanalyse in SPSS vgl. Bühl/Zöfel (2002), S. 465ff.; Diehl/Staufenbiel (2002), S. 482ff.

387 Vgl. Homburg/Giering (1998), S. 120f.; Gerbing/Anderson (1988); Steenkamp/van Trijp (1991); Homburg/Dobratz (1992).

In den folgenden Kapiteln werden die Gütekriterien der ersten und zweiten Generation näher erläutert. Dabei erfolgt lediglich eine kurze Zusammenfassung und Erläuterung der jeweiligen Gütekriterien. Für weitergehende Erklärungen sei auf die jeweils angegebene Literatur verwiesen.

2.1.2 Gütekriterien der ersten Generation

Zu den gängigen Gütekriterien der ersten Generation zählen die exploratorische Faktorenanalyse, die Berechnung des Cronbachschen Alphas und die Item to Total-Korrelation.[388]

Ziel der exploratorischen Faktorenanalyse ist es, eine Menge von Indikatoren zu einer möglichst geringen Anzahl von übergeordneten, unbeobachtbaren Faktoren zu verdichten.[389] Dabei soll die durch die übergeordneten Faktoren erklärte Varianz der Indikatoren möglichst hoch sein.[390] Bei der exploratorischen Faktorenanalyse wird ein Indikator einem Faktor zugeordnet, wenn er mit mindestens 0,5 auf diesen Faktor hochlädt.[391] Ein erster Anhaltspunkt für das Vorliegen hinreichender Diskriminanzvalidität zwischen den Faktoren wird erhalten, wenn die einzelnen Indikatoren jeweils nur auf einen Faktor stark (d. h. >0,5) laden.[392] Ein Faktor sollte stets mehr als 50% der Varianz der ihm zugeordneten Indikatoren erfassen. Aus einer gegebenen Menge an Indikatoren kann die zu extrahierende Anzahl von Faktoren entweder subjektiv durch den Forscher oder unter Rückgriff auf das sog. *Kaiser-Kriterium* bestimmt werden. Gemäß dem Kaiser-Kriterium ist die Zahl der zu extrahierenden Faktoren gleich der Zahl der Faktoren mit Eigenwerten größer als eins.[393] Zur besseren Identifikation der Faktoren kann auf verschiedene Rotationsverfahren zurückgegriffen werden.[394] Üblicherweise wird eine rechtsschiefe Rotation (sog. *Oblimin-Rotation*) gewählt, da in den meisten Untersuchungsbereichen der Sozialwissenschaften nicht von linearer Unabhängigkeit der Faktoren ausgegangen werden kann.[395] Auch in dieser Arbeit wird auf eine rechtsschiefe Rotation zurückgegriffen.

---

[388] Vgl. z. B. Homburg/Giering (1998), S. 119.

[389] Vgl. Hüttner/Schwarting (2000), S. 383.

[390] Vgl. Hartung/Elpelt (1992), S. 505.

[391] Vgl. Backhaus et al. (2003), S. 299.

[392] Vgl. Homburg/Giering (1998), S. 119; Stock (2003), S. 124.

[393] Vgl. Backhaus et al. (2003), S. 295. Die Eigenwerte werden dabei als Summe der quadrierten Faktorladungen eines Faktors über alle Variablen berechnet.

[394] Vgl. Green (1978), S. 227; Norusis (1993), S. 70; Backhaus et al. (2003), S. 298 ff.

[395] Vgl. z. B. Homburg (2000), S. 83.

Das Cronbachsche Alpha ist das bekannteste Maß zur Überprüfung der Internen-Konsistenz-Reliabilität einer Gruppe von Indikatoren, die einem Faktor zugeordnet werden.[396] Das Cronbachsche Alpha kann Werte von null bis eins annehmen, wobei üblicherweise ein Mindestwert von 0,7 gefordert wird.[397] Entgegen oft geäußerten Vermutungen lässt ein hoher Wert des Cronbachschen Alphas nicht auf die Eindimensionalität eines Konstruktes schließen.[398]

Stellt sich bei der Konstruktvalidierung heraus, dass der Wert des Cronbachschen Alphas zu niedrig ist, werden die sogenannten korrigierten *Item to Total-Korrelationen* der Indikatoren untersucht. Die korrigierte Item to Total-Korrelation eines Indikators erfasst die Korrelation des entsprechenden Indikators mit der Summe der anderen Indikatoren. Durch die Elimination des Indikators mit der niedrigsten Item to Total-Korrelation kann die Interne-Konsistenz-Reliabilität des Messinstrumentes erhöht werden.[399]

2.1.3 Gütekriterien der zweiten Generation

Die Gütekriterien der zweiten Generation basieren auf der konfirmatorischen Faktorenanalyse und erlauben im Gegensatz zur exploratorischen Faktorenanalyse die explizite Berücksichtigung von Messfehlern auf der Indikatorebene. Bei der konfirmatorischen Faktorenanalyse werden die Indikatoren genau einem Faktor zugeordnet und es wird inferenzstatistisch getestet, wie gut diese theoretische Zuordnung durch die empirische Kovarianzstruktur gestützt werden kann. Die zum Messmodell gehörenden Strukturgleichungen entsprechen denen der Hauptachsenmethode der exploratorischen Faktorenanalyse. Bei der konfirmatorischen Faktorenanalyse wird implizit davon ausgegangen, dass jeder Indikator nur sein Konstrukt und nicht eine Fremddimension misst. Wenn nicht anders spezifiziert, wird bei der konfirmatorischen Faktorenanalyse Orthogonalität der Faktoren angenommen.[400]

---

396 Vgl. Cortina (1993), S. 98; Peterson (1994), S. 382.

397 Vgl. Nunnally (1978), S. 245.

398 Vgl. Kwok/Sharp (1998), S. 141.

399 Vgl. Churchill (1979), S. 68; Bühl/Zöfel (2002), S. 457 ff.

400 Vgl. Emrich (2004), S. 68. Die konfirmatorische Faktorenanalyse wurde vor allem von Jöreskog entwickelt. Vgl. hierzu Jöreskog (1966); Jöreskog (1967); Jöreskog (1969); Jöreskog/Sörbom (1979); Jöreskog/Sörbom (1982); Jöreskog/Sörbom (2001).

Die Messung eines Konstruktes kann im Rahmen der konfirmatorischen Faktorenanalyse in LISREL durch die Gleichung

$$x = \Lambda \cdot \xi + \delta$$

spezifiziert werden.[401]

X repräsentiert dabei den Vektor der Indikatorvariablen, Λ die Matrix der Faktorladungen, ξ den Vektor der latenten Variablen und δ den Vektor der Messfehlervariablen.

Die Kovarianzmatrix der beobachtbaren Variablen x kann ferner durch die drei Parametermatrizen Λ, Φ und Θ_δ ausgedrückt werden.[402] Die entsprechende Gleichung lautet:

$$\sum = \Lambda \, \Phi \, \Lambda' + \Theta_\delta$$

Die Matrix Λ bezeichnet die Faktorladungsmatrix. Λ' bezeichnet die Transponierte der Matrix Λ, Φ die Kovarianzmatrix der Faktoren (latente Variablen) und Θ_δ die Kovarianzmatrix der Messfehler. Bei der konfirmatorischen Faktorenanalyse werden die Koeffizienten der Pfade zwischen den latenten Variablen, die Varianzen und Kovarianzen der exogenen latenten Variablen und die Varianzen und Kovarianzen der Residualvariablen (λ_{ij}, ϕ_{jk}, $\vartheta_{\delta,ij}$) so geschätzt, dass die Diskrepanzfunktion zwischen der theoretischen Kovarianzmatrix $[F(S; \sum(\Lambda, \Phi, \Theta_\delta))]$ und der empirischen Kovarianzmatrix $[\hat{\sum} = \sum(\hat{\Lambda}, \hat{\Phi}, \hat{\Theta}_\delta)]$ möglichst klein ausfällt.

Von den zur Verfügung stehenden Schätzverfahren zur Lösung dieses Minimierungsproblems stellt das Maximum-Likelihood-Verfahren das gebräuchlichste dar und wird auch in dieser Arbeit verwendet.[403]

Im Anschluss an die Parameterschätzung erfolgt bei der konfirmatorischen Faktorenanalyse die differenzierte Gütebeurteilung des spezifizierten Messmodells. Zur

---

401 Vgl. für die folgenden Ausführungen Homburg/Giering (1998), S. 121 ff.; Backhaus et al. (2003), S. 370 ff.; Emrich (2004), S. 66 ff.

402 Vgl. Homburg (1989), S. 147 ff.

403 Vgl. Nachtigall et al. (2003), S. 7. Die Verwendung des Maximum-Likelihood Verfahrens setzt die multivariate Normalverteilung der Daten voraus. Verschiedene Studien haben gezeigt, dass auch bei Verletzungen dieser sehr strengen Annahme das Maximum-Likelihood-Verfahren zu robusten Schätzungen führt. Vgl. Chou/Bentler (1995); West/Finch/Curran (1995); Curran/West/Finch (1996); Boomsma/Hoogland (2001); Muthén/Muthén (2002).

Modellbeurteilung steht eine große Zahl von lokalen und globalen Gütekriterien zur Verfügung, mit denen die Reliabilität und Validität der Messinstrumente geprüft wird. Während die globalen Gütekriterien eine Beurteilung der Übereinstimmung zwischen theoretischer und empirischer Kovarianzmatrix erlauben, beziehen sich die lokalen Gütemaße auf die einzelnen Facetten des Messinstrumentes (Messfehler, Indikator und vom Konstrukt erfasster Anteil der Varianz).[404]

Zu den in dieser Arbeit verwendeten globalen Gütekriterien zählen:

- der *Chi-Quadrat-Anpassungstest* (χ^2)
- der *Chi-Quadrat-Wert/Zahl der Freiheitsgrade* (χ^2/df)
- der *Root Mean Squared Error of Approximation (RMSEA)*
- der *Root Mean Square Residual Index (RMR)*
- der *Standardized Root Mean Square Residual Index (SRMR)*
- der *Normed Fit Index (NFI)*
- der *Nonnormed Fit Index (NNFI)*
- der *Comparative-Fit Index (CFI)*
- der *Goodness-of-Fit Index (GFI)*
- der *Adjusted Goodness-of-Fit Index (AGFI)*

Zu den verwendeten lokalen Gütekriterien zählen:

- die *Indikatorreliabilität (IR)*
- die *Signifikanz der Faktorladung*
- die *Faktorreliabilitität (FR)*
- die *durchschnittlich erfasste Varianz (DEV)*

Mit dem χ^2-*Anpassungstest* kann inferenzstatistisch das Ausmaß der Übereinstimmung zwischen der empirischen und der theoretischen Kovarianzmatrix getestet werden. Dazu wird gefordert, dass der für die Hypothesenprüfung relevante p-Wert nicht kleiner als 0,05 bzw. 0,1 (gute bzw. akzeptable Anpassung) ist.

---

404 Vgl. z. B. Stock (2003), S. 128 und die dort angegebene Literatur.

Da der beschriebene Test bei steigendem Stichprobenumfang tendenziell zur Ablehnung eigentlich richtiger Modelle führt[405], wird in der Literatur vorgeschlagen, den χ^2-Wert im Verhältnis zur Zahl der Freiheitsgrade als rein deskriptives Anpassungsmaß zu verwenden. Das Verhältnis von χ^2/df sollte dabei nicht mehr als 2 bzw. 3 (gute bzw. schlechte Modellanpassung) betragen.[406]

Der *Root Mean Squared Error of Approximation (RMSEA)* stellt ein weiteres deskriptives Gütemaß dar und misst der Annäherung des Modells an die empirisch erhobenen Daten. Werte unter 0,05 (0,08) deuten dabei auf eine gute (akzeptable) Modellanpassung hin.[407]

Der *Root Mean Square Residual Index (RMR)* ist definiert als die durchschnittliche Größe der Residuen zwischen den Elementen der empirischen Kovarianzmatrix und den Elementen der vom Modell reproduzierten Kovarianzmatrix. Werte unter 0,05 (0,10) lassen auf eine gute (akzeptable) Modellanpassung schließen. Wegen der Abhängigkeit des RMR von der Größe der Varianzen und Kovarianzen der beobachteten Variablen wurde der *Standardized Root Mean Square Residual Index (SRMR)* entwickelt. Er sollte Werte kleiner als 0,05 für eine gute und kleiner als 0,1 für eine akzeptable Modellanpassung annehmen.[408]

Der *Normed Fit Index (NFI)* wurde von Bentler und Bonnet entwickelt und misst die Verbesserung der Anpassungsgüte beim Übergang von einem unabhängigen Modell (Basismodell) zum Zielmodell. Werte ab 0,95 (0,9) deuten auf eine gute (akzeptable) Modellanpassung hin.[409] Aufgrund der Abhängigkeit des Wertes von der Stichprobengröße entwickelten Bentler und Bonnet den Test weiter und schlagen den *Nonnormed Fit Index (NNFI)* vor, der die relative Modellanpassung misst.[410] Für

---

[405] Vgl. Bearden/Sharma/Teel (1982), S. 425 ff.; Boomsma (1982), S. 149 ff. Darüber hinaus ist die Chi-Quadrat-Teststatistik nicht in der Lage, den Fehler 2. Art (Annahme einer falschen Modellstruktur) zu erkennen. Vgl. Förster et al. (1984), S. 357 ff.

[406] Vgl. Schermelleh-Engel/Moosbrugger/Müller (2003), S. 33.

[407] Vgl. Stock (2003), S. 129 und die dort angegebene Literatur.

[408] Vgl. Balderjahn (1998), S. 386 f.; Schermelleh-Engel/Moosbrugger/Müller (2003), S. 38 f.

[409] Vgl. Backhaus et al. (2003), S. 375; Schermelleh-Engel/Moosbrugger/Müller (2003), S. 40 und die dort angegebene Literatur.

[410] Vgl. Bentler/Bonett (1980). Der vorgeschlagene NNFI-Test baut dabei auf den Vorarbeiten von Tucker und Lewis auf. Vgl. Tucker/Lewis (1973).

den NNFI-Wert werden für eine gute (akzeptable) Modellanpassung Werte größer als 0,97 (0,95) gefordert.[411]

Der *Comparative Fit Index (CFI)* bewertet die Güte eines Modells im Vergleich zu einem sogenannten Nullmodell, welches keine Informationen enthält. Im Gegensatz zum NFI berücksichtigt der CFI die Anzahl der Freiheitsgrade.[412] Der Wertebereich des CFI liegt zwischen null und eins. Werte ab 0,97 (0,95) deuten auf eine gute (akzeptable) Modellanpassung hin.[413]

Der *Goodness of Fit Index (GFI)* misst die Diskrepanz zwischen der empirischen und der vom Modell generierten Kovarianzmatrix. Bei perfekter Anpassung des Modells an die empirisch erhobenen Daten ergibt sich ein GFI von eins. Für eine gute (akzeptable) Modellanpassung wird ein Mindestwert von 0,95 (0,9) gefordert. Im Gegensatz zum GFI werden beim *Adjusted Goodness of Fit Index (AGFI)* die Freiheitsgrade berücksichtigt, wobei ein Toleranzwert von 0,9 für eine gute und 0,85 für eine akzeptable Modellanpassung gefordert wird.[414] Wegen der Abhängigkeit des (A)GFI von der Stichprobengröße und der Komplexität des Modells kann eine Unterschreitung der geforderten Mindestwerte in vielen Fällen gerechtfertigt werden.[415]

Die bisher dargestellten globalen Anpassungsmaße ermöglichen die Beurteilung der Übereinstimmung zwischen der theoretischen und der empirischen Kovarianzmatrix. Im Gegensatz dazu ermöglichen die lokalen Gütemaße die Beurteilung der Bestandteile des Messmodells. Als Kriterien zur Beurteilung der Indikatoren werden die Indikatorreliabilität und die Signifikanz der Faktorladung verwendet. Zur separaten Beurteilung der extrahierten Varianz der Faktoren werden die Faktorreliabilität und die durchschnittlich erfasste Varianz verwendet. Die genannten lokalen Gütemaße sollen im Folgenden kurz erläutert werden:

Im Gegensatz zum Cronbachschen Alpha, dem die Annahme einer jeweils gleichhohen Reliabilität der einzelnen Indikatoren zugrunde liegt, kann durch die Berech-

---

411 Vgl. Schermelleh-Engel/Moosbrugger/Müller (2003), S. 41.

412 Vgl. Bentler (1990), S. 238 ff.; Stock (2003), S. 130.

413 Vgl. Schermelleh-Engel/Moosbrugger/Müller (2003), S. 42.

414 Vgl. Schermelleh-Engel/Moosbrugger/Müller (2003), S. 42 f.

415 Vgl. Backhaus et al. (2003), S. 374; Smith/Langfield-Smith (2004), S. 67.

nung der einzelnen *Indikatorreliabilitäten (IR)* die Reliabilität der Indikatoren einzeln berechnet werden. Der Anteil der Varianz eines Indikators, der durch den zugrunde liegenden Faktor erklärt wird, sollte möglichst groß sein. Die Indikatorreliabilität berechnet sich als die quadrierte Korrelation zwischen dem Faktor und dem jeweiligen Indikator. Sie kann Werte zwischen null und eins annehmen, wobei meist ein Mindestwert von 0,4 gefordert wird.[416]

Neben der Stärke der Korrelationen der einzelnen Indikatoren mit dem Faktor wird über einen t-Test die Signifikanz des Zusammenhangs zwischen dem Indikator und dem Faktor getestet. Der Zusammenhang sollte mindestens auf dem 5%-Niveau signifikant sein.[417]

Die *Faktorreliabilität (FR)* und die *durchschnittlich erfasste Varianz (DEV)* dienen der Beurteilung der Frage, wie gut ein Faktor durch eine Menge von Indikatoren erfasst wird. Die Wertebereiche liegen jeweils zwischen null und eins, wobei hohe Werte auf eine gute Erfassung des Faktors durch die Indikatoren hindeuten. In der Literatur wird für die Faktorreliabilität ein Mindestwert von 0,6 und für die durchschnittlich erfasste Varianz ein Mindestwert von 0,5 gefordert.[418]

Die durchschnittlich erfasste Varianz der Faktoren stellt darüber hinaus die Basis der Beurteilung der Diskriminanzvalidität zwischen den Faktoren dar. Ziel des Tests auf Diskriminanzvalidität ist die Überprüfung der inhaltlichen Unterschiedlichkeit zweier Messinstrumente. Zur Beurteilung der Diskriminanzvalidität wird in dieser Arbeit auf das Fornell/Larcker-Kriterium zurückgegriffen, da es das strengste Prüfverfahren in diesem Zusammenhang darstellt. Dabei soll die durchschnittlich erfasste Varianz eines Faktors größer als die quadrierte Korrelation desselben Faktors mit einem anderen Faktor sein.[419]

In den Tabellen 19 und 20 werden alle in dieser Arbeit verwendeten Gütekriterien, noch einmal dargestellt. Bei der Beurteilung eines Messmodells müssen nicht alle Gütekriterien gleichzeitig erfüllt sein. Entscheidend ist vielmehr das Gesamtbild.[420]

---

[416] Vgl. Bagozzi (1982), S. 156; Homburg/Baumgartner (1998), S. 360f.

[417] Vgl. Homburg/Giering (1998), S. 125.

[418] Vgl. Stock (2003), S. 131 f.

[419] Vgl. Fornell/Larcker (1981), S. 46.

[420] Vgl. Schermelleh-Engel/Moosbrugger/Müller (2003), S. 52 f.

Tabelle 19: Gütekriterien der ersten Generation zur Beurteilung der Messmodelle

Gütekriterien der ersten Generation	**Anspruchsniveau**
Erklärte Varianz (EV) (Exploratorische Faktorenanalyse)	$EV \geq 0,5$
Cronbachsches Alpha (α)	$\alpha \geq 0,7$
Item to Total-Korrelation	Eliminierung des Indikators mit der niedrigsten Item to Total-Korrelation, falls das Cronbachsche Alpha kleiner als 0,7 ist

Tabelle 20: Gütekriterien der zweiten Generation zur Beurteilung der Messmodelle[421]

Gütekriterien der zweiten Generation	**Anspruchsniveau**	
	Gute Modellanpassung	Akzeptable Modellanpassung
χ^2/df	$0 \leq \chi^2/df \leq 2$	$2 < \chi^2/df \leq 3$
p-Wert	$0,05 < p \leq 1,0$	$0,01 \leq p \leq 0,05$
RMSEA	$0 \leq RMSEA \leq 0,05$	$0,05 < RMSEA \leq 0,80$
SRMR	$0 \leq SRMR \leq 0,05$	$0,05 < SRMR \leq 0,10$
NFI	$0,95 \leq NFI \leq 1,0$	$0,90 \leq NFI < 0,95$
NNFI	$0,97 \leq NNFI \leq 1,0$	$0,95 \leq NNFI < 0,97$
CFI	$0,97 \leq CFI \leq 1,0$	$0,95 \leq CFI < 0,97$
GFI	$0,95 \leq GFI \leq 1,0$	$0,90 \leq GFI < 0,95$
AGFI	$0,90 \leq AGFI \leq 1,0$	$0,85 \leq AGFI < 0,90$
Indikatorreliabilität (IR)	$IR \geq 0,4$	
t-Wert der Faktorladung	t-Wert $\geq 1,654$	
Faktorreliabilität (FR)	$FR \geq 0,6$	
Durchschnittlich erfasste Varianz (DEV)	$DEV \geq 0,5$	
Fornell/Larcker-Kriterium	DEV > quadrierte Korrelation	

[421] Darstellung in Anlehnung an Schermelleh-Engel/Moosbrugger/Müller (2003), S. 52 und Steiners (2005), S. 134.

2.2 Konstruktmessung

2.2.1 Deskriptive Angaben zu den verwendeten Konstrukten

Bevor die Ergebnisse der Messung auf Konstruktebene dargestellt werden, finden sich in Tabelle 21 die relevanten deskriptiven Angaben zu den Konstrukten.

Tabelle 21: Deskriptive Angaben zu den verwendeten Konstrukten

Variable	Mittelwert	Standard-abweichung	Tatsächliches Ankreuzverhalten		Theoretisch mögliche Spannweite der Antworten	
			Min	Max	Min	Max
Breite	5,163	1,193	1,00	7,00	1,00	7,00
Zusammenhang	5,167	1,239	1,00	7,00	1,00	7,00
Aktualität	5,979	0,830	2,50	7,00	1,00	7,00
Richtigkeit	5,637	0,929	2,00	7,00	1,00	7,00
Aus der Strategie abgeleitete Kennzahlen	4,842	1,759	1,00	7,00	1,00	7,00
Anpassung der Kennzahlen	5,380	1,077	1,00	7,00	1,00	7,00
Information Overload	2,370	1,306	1,00	6,33	1,00	7,00
Qualität der Kennzahlen	5,018	1,279	1,00	7,00	1,00	7,00
Erfolg der Manager	5,279	0,766	1,80	7,00	1,00	7,00
Nutzung zu Kontrollzwecken	5,827	0,880	2,00	7,00	1,00	7,00
Nutzung zu Entscheidungszwecken	5,037	1,016	2,00	7,00	1,00	7,00
Mittelbare Nutzung	5,871	0,867	1,67	7,00	1,00	7,00
Nutzung zur Durchsetzung	5,181	1,167	1,00	7,00	1,00	7,00
Nutzer-Know-How	5,877	0,949	2,00	7,00	1,00	7,00
Produktbezogene Wettbewerbsintensität	4,347	1,423	1,00	7,00	1,00	7,00
Technologiedynamik	5,083	1,279	1,00	7,00	1,00	7,00
Preiswettbewerb	6,200	1,078	2,00	7,00	1,00	7,00
Finanzerfolg des Unternehmens	4,731	1,116	1,00	7,00	1,00	7,00

2.2.2 Gestaltungsmerkmale von Kennzahlen

Breite der Informationsversorgung mit Kennzahlen

Die Reliabilitäts- und Validitätsprüfung des Konstruktes *Breite der Informationsversorgung mit Kennzahlen* ergab durchweg sehr gute Werte. Die Ergänzung der Originalmessung von Sandt um einen weiteren Indikator ermöglichte dabei auch die Verwendung der Gütekriterien der zweiten Generation. Wie Tabelle 22 zeigt, werden alle lokalen und globalen Gütekriterien klar erfüllt. Insgesamt kann die Konstruktmessung daher als sehr gut bezeichnet und für die Untersuchung verwendet werden.

Tabelle 22: Informationen zum Konstrukt „Breite der Kennzahlen“

Informationen zu den einzelnen Indikatoren des Konstruktes „Breite der Kennzahlen“			
Bezeichnung des Indikators	*Item to Total-Korrelation*	*Indikatorreliabilität*	*t-Wert der Faktorladung*
Ich werde umfassend mit Kennzahlen aus allen Organisationseinheiten versorgt.	0,67	0,60	15,71
Die Kennzahlen umfassen in ausreichendem Maße sowohl finanzielle als auch nicht-finanzielle.	0,78	0,84	19,61
Die Kennzahlen berücksichtigen neben quantitativen auch qualitative Perspektiven der Geschäftseinheit.	0,75	0,50	13,92
Die Kennzahlen decken umfassend die „harten“ wie auch die „weichen“ Aspekte der Geschäftseinheit ab.	0,77	0,52	14,32

Informationen zum Konstrukt „Breite der Kennzahlen“			
Deskriptives Gütekriterium		*Ergebnis der exploratorischen Faktorenanalyse*	
Cronbachsches Alpha (standardisiert)	0,88	Erklärte Varianz	0,74
Ergebnis der konfirmatorischen Faktorenanalyse			
χ^2-Wert (Freiheitsgrade)	1,56 (1)	χ^2-Wert/Freiheitsgrade	1,56
p-Wert	0,21	RMSEA	0,04
NFI	1,00	NNFI	1,00
SRMR	0,01	CFI	1,00
GFI	1,00	AGFI	0,98
Faktorreliabilität	0,86	Durchschnittlich erfasste Varianz	0,62

Zusammenhang der Kennzahlen

Wie Tabelle 23 zeigt, weisen beim Konstrukt *Zusammenhang* alle Gütekriterien der ersten und zweien Generation auf eine sehr gute Modellanpassung hin. Die hohe Qualität der Originalmessung von Sandt kann somit bestätigt werden. Das Konstrukt *Zusammenhang* kann daher ebenfalls für die Untersuchung verwendet werden.

Tabelle 23: Informationen zum Konstrukt „Zusammenhang der Kennzahlen"

Informationen zu den einzelnen Indikatoren des Konstruktes „Zusammenhang der Kennzahlen"			
Bezeichnung des Indikators	*Item to Total-Korrelation*	*Indikator-reliabilität*	*t-Wert der Faktorladung*
Die Kennzahlen aus den verschiedenen Organisationseinheiten sind aufeinander abgestimmt.	0,79	0,72	17,63
Die verschiedenen Kennzahlen bauen sehr stark aufeinander auf.	0,76	0,57	18,30
Die verfügbaren Kennzahlen stehen in einem sehr gut nachvollziehbaren Zusammenhang zueinander.	0,82	0,89	19,02
Die Kennzahlen ergeben ein stimmiges Gesamtsystem.	0,77	0,67	19,40

Informationen zum Konstrukt „Zusammenhang der Kennzahlen"			
Deskriptives Gütekriterium		*Ergebnis der exploratorischen Faktorenanalyse*	
Cronbachsches Alpha (standardisiert)	0,90	Erklärte Varianz	0,78
Ergebnis der konfirmatorischen Faktorenanalyse			
χ^2-Wert (Freiheitsgrade)	5,42 (1)	χ^2-Wert/Freiheitsgrade	5,42
p-Wert	0,02	RMSEA	0,11
NFI	0,99	NNFI	0,97
SRMR	0,01	CFI	1,00
GFI	0,99	AGFI	0,92
Faktorreliabilität	0,91	Durchschnittlich erfasste Varianz	0,71

Aktualität der Kennzahlen

Die Reliabilitäts- und Validitätsprüfung des Konstruktes *Aktualität der Kennzahlen* ergab gute Werte. Wegen einer zu geringen Indikatorreliabilität musste der Indikator

Ich wünschte mir, dass die Kennzahlen schneller zur Verfügung stehen würden. von dem endgültigen Messmodell ausgeschlossen werden. Nur der Wert der durchschnittlich erfassten Varianz blieb mit 0,47 geringfügig unter dem geforderten Mindestmaß von 0,50. Da alle anderen Gütemaße sehr gute Werte liefern, kann die Konstruktmessung insgesamt als akzeptabel eingestuft werden. Da es sich bei der hier vorgestellten Messung um die erste gelungene Operationalisierung des Konstruktes *Aktualität der Kennzahlen* im deutschsprachigen Raum handelt, die mit vier Indikatoren operationalisiert wurde, kann das Messinstrument für zukünftige Untersuchungen empfohlen werden.

Tabelle 24: Informationen zum Konstrukt „Aktualität der Kennzahlen"

Informationen zu den einzelnen Indikatoren des Konstruktes „Aktualität der Kennzahlen"			
Bezeichnung des Indikators	*Item to Total-Korrelation*	*Indikator-reliabilität*	*t-Wert der Faktorladung*
Die Kennzahlen sind stets top aktuell.	0,66	0,46	14,88
Wenn ich Kennzahlen anfordere, erhalte ich diese unverzüglich.	0,67	0,49	15,43
Kennzahlen erhalte ich regelmäßig zu festgelegten Zeitpunkten (Wochenberichte, Monatsberichte etc.).	0,53	0,41	9,78
Nach Ermittlung der Ist-Werte stehen die Kennzahlen in kürzester Zeit zur Verfügung.	0,59	0,52	11,37
Ich wünschte mir, dass die Kennzahlen schneller zur Verfügung stehen würden. (R)	eliminiert		

Informationen zum Konstrukt „Aktualität der Kennzahlen"			
Deskriptives Gütekriterium		*Ergebnis der exploratorischen Faktorenanalyse*	
Cronbachsches Alpha (standardisiert)	0,80	Erklärte Varianz	0,62
Ergebnis der konfirmatorischen Faktorenanalyse			
χ^2-Wert (Freiheitsgrade)	0,04 (1)	χ^2-Wert/Freiheitsgrade	0,04
p-Wert	0,85	RMSEA	0,00
NFI	1,00	NNFI	1,00
SRMR	0,00	CFI	1,00
GFI	1,00	AGFI	1,00
Faktorreliabilität	0,78	Durchschnittlich erfasste Varianz	0,47

Richtigkeit der Kennzahlen

Die Reliabilitäts- und Validitätsprüfung des Konstruktes *Richtigkeit der Kennzahlen* ergab ebenfalls sehr gute Werte. Wegen einer zu geringen Indikatorreliabilität musste der Indikator *Die Kennzahlen sind in unserem Unternehmen einheitlich definiert.* von dem endgültigen Messmodell ausgeschlossen werden. Die Gütemaße der verbleibenden drei Indikatoren ergeben eine sehr gute Konstruktmessung. Mit der vorliegenden Messung kann damit das Konstrukt *Richtigkeit der Kennzahlen* auch für den deutschen Sprachraum als validiert angesehen werden.

Tabelle 25: Informationen zum Konstrukt „Richtigkeit der Kennzahlen"

Informationen zu den einzelnen Indikatoren des Konstruktes „Richtigkeit der Kennzahlen"			
Bezeichnung des Indikators	*Item to Total-Korrelation*	*Indikator-reliabilität*	*t-Wert der Faktorladung*
Die Kennzahlen sind in unserem Unternehmen einheitlich definiert.	eliminiert		
Die Kennzahlen zeichnen sich durch ein hohes Maß an Genauigkeit aus.	0,76	0,70	17,73
Die Qualität der Kennzahlen ist sehr hoch.	0,82	0,87	20,59
Ich kann mich auf die Richtigkeit der Kennzahlen verlassen.	0,69	0,55	15,13

Informationen zum Konstrukt „Richtigkeit der Kennzahlen"			
Deskriptives Gütekriterium		*Ergebnis der exploratorischen Faktorenanalyse*	
Cronbachsches Alpha (standardisiert)	0,87	Erklärte Varianz	0,78
Ergebnis der konfirmatorischen Faktorenanalyse			
χ^2-Wert (Freiheitsgrade)	–*	χ^2-Wert/Freiheitsgrade	–*
p-Wert	–*	RMSEA	–*
NFI	–*	NNFI	–*
SRMR	–*	CFI	–*
GFI	–*	AGFI	–*
Faktorreliabilität	0,88	Durchschnittlich erfasste Varianz	0,71

*: Bei weniger als vier Indikatoren hat ein konfirmatorisches Modell keine Freiheitsgrade. Eine Berechnung dieser Maße ist daher nicht sinnvoll.

Aus der Unternehmensstrategie abgeleitete Kennzahlen

Der Tatbestand, dass dem Top-Management aus der Unternehmensstrategie abgeleitete Kennzahlen vorliegen, wurde in dieser Untersuchung mit nur einem Indikator gemessen. Da Gütemaße erst ab einer Anzahl von drei Indikatoren angegeben werden können, wird diese Konstruktmessung als fehlerfrei gemessene Einzelvariable behandelt.

Anpassung der Kennzahlen

Die Reliabilitäts- und Validitätsprüfung des Konstruktes *Anpassung der Kennzahlen* ergab sehr gute Werte. Wegen einer zu geringen Indikatorreliabilität musste der Indikator *In der Vergangenheit wurden neue Kennzahlen aufgenommen.* von dem endgültigen Messmodell ausgeschlossen werden. Da alle verbliebenen Indikatoren sehr gute Werte für die Gütekriterien der ersten und zweiten Generation liefern, kann die Konstruktmessung insgesamt als gut eingestuft werden und für die Untersuchung verwendet werden.

Tabelle 26: Informationen zum Konstrukt „Anpassung der Kennzahlen"

Informationen zu den einzelnen Indikatoren des Konstruktes „Anpassung der Kennzahlen"			
Bezeichnung des Indikators	*Item to Total-Korrelation*	*Indikator-reliabilität*	*t-Wert der Faktorladung*
Die Kennzahlen werden von Zeit zu Zeit an neue Anforderungen angepasst.	0,64	0,46	13,66
Bei organisatorischen Änderungen, z. B. neue Strategie, Organisationsstruktur, neue Technologien, werden die Kennzahlen angepasst.	0,73	0,49	17,29
Bei Änderungen des Marktumfeldes werden die Kennzahlen hinsichtlich ihrer Zweckmäßigkeit überprüft.	0,61	0,41	12,62
In der Vergangenheit wurden neue Kennzahlen aufgenommen.	eliminiert		

(Fortsetzung Tabelle 26 auf S. 121)

Tabelle 26: (Fortsetzung)

Informationen zum Konstrukt „Anpassung der Kennzahlen"			
Deskriptives Gütekriterium		*Ergebnis der exploratorischen Faktorenanalyse*	
Cronbachsches Alpha (standardisiert)	0,80	Erklärte Varianz	0,72
Ergebnis der konfirmatorischen Faktorenanalyse			
χ^2-Wert (Freiheitsgrade)	–*	χ^2-Wert/Freiheitsgrade	–*
p-Wert	–*	RMSEA	–*
NFI	–*	NNFI	–*
SRMR	–*	CFI	–*
GFI	–*	AGFI	–*
Faktorreliabilität	0,81	Durchschnittlich erfasste Varianz	0,60
*: Bei weniger als vier Indikatoren hat ein konfirmatorisches Modell keine Freiheitsgrade. Eine Berechnung dieser Maße ist daher nicht sinnvoll.			

Information Overload

Wie Tabelle 27 zeigt, weisen beim Konstrukt *Information Overload* alle Gütekriterien der ersten und zweiten Generation auf eine sehr gute Modellanpassung hin. Das Konstrukt *Information Overload* kann daher ebenfalls für die Untersuchung verwendet werden.

Zur Prüfung der Diskriminanzvalidität zwischen den Merkmalen von Kennzahlen wird das Fornell-Larcker-Kriterium angewendet.[422] Demnach liegt Diskriminanz-

Tabelle 27: Informationen zum Konstrukt „Information Overload"

Informationen zu den einzelnen Indikatoren des Konstruktes „Information Overload"			
Bezeichnung des Indikators	*Item to Total-Korrelation*	*Indikator-reliabilität*	*t-Wert der Faktorladung*
Ich werde mit Kennzahlen regelrecht überflutet.	0,76	0,67	17,50
Wegen der großen Menge an Kennzahlen kann ich oft nicht alle Informationen zur Kenntnis nehmen.	0,82	0,84	20,52
Bei der großen Menge an Kennzahlen ist die Identifikation der bedeutsamen sehr mühsam.	0,77	0,70	17,96

(Fortsetzung Tabelle 27 auf S. 122)

[422] Vgl. Fornell/Larcker (1981).

Tabelle 27: (Fortsetzung)

Informationen zum Konstrukt „Information Overload"			
Deskriptives Gütekriterium		*Ergebnis der exploratorischen Faktorenanalyse*	
Cronbachsches Alpha (standardisiert)	0,89	Erklärte Varianz	0,82
Ergebnis der konfirmatorischen Faktorenanalyse			
χ^2-Wert (Freiheitsgrade)	–*	χ^2-Wert/Freiheitsgrade	–*
p-Wert	–*	RMSEA	–*
NFI	–*	NNFI	–*
SRMR	–*	CFI	–*
GFI	–*	AGFI	–*
Faktorreliabilität	0,89	Durchschnittlich erfasste Varianz	0,73
*: Bei weniger als vier Indikatoren hat ein konfirmatorisches Modell keine Freiheitsgrade. Eine Berechnung dieser Maße ist daher nicht sinnvoll.			

Tabelle 28: Diskriminanzvalidität zwischen den Gestaltungsmerkmalen von Kennzahlen

Diskriminanzvalidität zwischen den Konstrukten der Gestaltungsmerkmale der Kennzahlen								
Merkmale von Kennzahlen		Breite	Zusammenhang	Aktualität	Richtigkeit	Strategische Kennzahlen	Anpassung	Information Overload
	Durch. erfasste Varianz	*0,62*	*0,71*	*0,47*	*0,71*	*1*		
Breite	*0,62*	1						*Quadrierte Korrelationen*
Zusammenhang	*0,71*	0,30	1					
Aktualität	*0,47*	0,46	0,32	1				
Richtigkeit	*0,71*	0,26	0,25	0,44	1			
Strategische Kennzahlen	*1*	0,19	0,20	0,04	0,04	1		
Anpassung	*0,60*	0,25	0,34	0,15	0,12	0,18	1	
Information Overload	*0,73*	0,00	0,03	0,03	0,03	0,00	0,01	1

validität vor, wenn die quadrierten Korrelationen zwischen zwei Konstrukten kleiner als die durchschnittlich erfasste Varianz von jedem der Konstrukte ist. Das Fornell/Larcker-Kriterium kann als das strengste Verfahren zur Beurteilung der Diskriminanzvalidität angesehen werden.[423] Wie in Tabelle 28 (s. S. 122) zu sehen, ist dieses Kriterium bei allen Konstruktpaaren erfüllt.

2.2.3 Nutzungsarten

Nutzung zu Kontrollzwecken

Das Konstrukt *Nutzung zu Kontrollzwecken* erreicht bei allen Gütekriterien der ersten und zweiten Generation sehr gute Werte. Es stellt daher eine klare Verbesserung zu der Operationalisierung von Steiners (2005) dar und kann in der vorliegenden Version zukünftigen empirischen Arbeiten der deutschen Controllingforschung empfohlen werden.

Tabelle 29: Informationen zum Konstrukt „Nutzung zu Kontrollzwecken"

Informationen zu den einzelnen Indikatoren des Konstruktes „Nutzung zu Kontrollzwecken"			
Bezeichnung des Indikators	*Item to Total-Korrelation*	*Indikator-reliabilität*	*t-Wert der Faktorladung*
Ich nutze Kennzahlen intensiv, um die Aktivitäten in meinem Verantwortungsbereich zu überwachen.	0,71	0,52	13,97
Ich nutze Kennzahlen intensiv, um Abweichungen vom angestrebten Ziel zu erkennen.	0,76	0,60	15,75
Mit Kennzahlen überprüfe ich die Ergebnisse von getroffenen Entscheidungen.	0,72	0,64	14,83
Ich nutze Kennzahlen intensiv zur Kontrolle wichtiger Erfolgsgrößen (z. B. Kosten, Absatzentwicklung).	0,69	0,59	15,48
Mit Kennzahlen überwache ich die Umsetzung meiner Entscheidungen (z. B. durch Soll-/Ist-Werte).	0,72	0,65	14,87

(Fortsetzung Tabelle 29 auf S. 124)

[423] Vgl. Homburg/Giering (1998), S. 126 und die dort zitierte Literatur.

Tabelle 29: (Fortsetzung)

Informationen zum Konstrukt „Nutzung zu Kontrollzwecken“			
Deskriptives Gütekriterium		*Ergebnis der exploratorischen Faktorenanalyse*	
Cronbachsches Alpha (standardisiert)	0,88	Erklärte Varianz	0,68
Ergebnis der konfirmatorischen Faktorenanalyse			
χ^2-Wert (Freiheitsgrade)	2,76 (3)	χ^2-Wert/Freiheitsgrade	0,92
p-Wert	0,43	RMSEA	0,00
NFI	1,00	NNFI	1,00
SRMR	0,01	CFI	1,00
GFI	1,00	AGFI	0,98
Faktorreliabilität	0,88	Durchschnittlich erfasste Varianz	0,60

Nutzung zu Entscheidungszwecken

Bei der Überprüfung des Konstruktes *Nutzung zu Entscheidungszwecken* mussten nach der Durchführung der konfirmatorischen Faktorenanalyse drei Indikatoren

Tabelle 30: Informationen zum Konstrukt „Nutzung zu Entscheidungszwecken“

Informationen zu den einzelnen Indikatoren des Konstruktes „Nutzung zu Entscheidungszwecken“			
Bezeichnung des Indikators	*Item to Total-Korrelation*	*Indikator-reliabilität*	*t-Wert der Faktorladung*
Ohne die Kennzahlen würden meine Entscheidungen oft anders ausfallen.	eliminiert		
Die Kennzahlen machen auf Aspekte meiner Entscheidungen aufmerksam, die sonst unbeachtet blieben.	0,52	0,38	10,63
Für meine Entscheidungen benötige ich die Kennzahlen eigentlich kaum.	eliminiert		
Ich verwende Kennzahlen unmittelbar zur Entscheidungsfindung bzw. zur Lösung konkreter Probleme.	0,61	0,62	13,19
Bei wichtigen Entscheidungen frage ich weitere spezifische Kennzahlen nach.	eliminiert		
Kennzahlen kommt eine wichtige Rolle bei meinen Entscheidungen zu.	0,58	0,49	11,94

(Fortsetzung Tabelle 30 auf S. 125)

Tabelle 30: (Fortsetzung)

Informationen zum Konstrukt „Nutzung zu Entscheidungszwecken“			
Deskriptives Gütekriterium		*Ergebnis der exploratorischen Faktorenanalyse*	
Cronbachsches Alpha (standardisiert)	0,74	Erklärte Varianz	0,66
Ergebnis der konfirmatorischen Faktorenanalyse			
χ^2-Wert (Freiheitsgrade)	–*	χ^2-Wert/Freiheitsgrade	–*
p-Wert	–*	RMSEA	–*
NFI	–*	NNFI	–*
SRMR	–*	CFI	–*
GFI	–*	AGFI	–*
Faktorreliabilität	0,75	Durchschnittlich erfasste Varianz	0,50
*: Bei weniger als vier Indikatoren hat ein konfirmatorisches Modell keine Freiheitsgrade. Eine Berechnung dieser Maße ist daher nicht sinnvoll.			

aufgrund zu geringer Werte der Indikatorreliabilität eliminiert werden. Die verbleibenden drei Indikatoren erreichen durchweg gute Gütemaße. Lediglich die Indikatorreliabilität des ersten Indikators bleibt mit einem Wert von 0,38 geringfügig unter dem geforderten Mindestwert von 0,40. Weil alle anderen Gütemaße zufriedenstellend sind, kann die vorliegende 3-Item-Messung in dieser Form angenommen werden.

Mittelbare Nutzung von Kennzahlen

Die Überprüfung der Reliabilität und Validität des Konstruktes *Mittelbare Nutzung* (s. Tabelle 31, S. 126) führte ebenfalls zur Eliminierung von zwei Indikatoren. Die Fragen „Ich scanne umfassend die Kennzahlen, um zukünftige Entwicklungen besser absehen zu können“ und „Ich nutze die Kennzahlen, um Zusammenhänge in meinem Unternehmen zu erkennen“ mussten aufgrund zu geringer Indikatorreliabilitäten von dem finalen Messinstrument ausgeschlossen werden. Die verbliebenen drei Fragen bilden ein Konstrukt mit sehr guten Gütemaßen.

Nutzung zur Durchsetzung

Bei dem Konstrukt *Nutzung zur Durchsetzung* (s. Tabelle 32, S. 127) musste nach der Durchführung der konfirmatorischen Faktorenanalyse ebenfalls ein Indikator eli-

Tabelle 31: Informationen zum Konstrukt „Mittelbare Nutzung"

Informationen zu den einzelnen Indikatoren des Konstruktes „Mittelbare Nutzung"			
Bezeichnung des Indikators	*Item to Total-Korrelation*	*Indikator-reliabilität*	*t-Wert der Faktorladung*
Unabhängig von konkreten Entscheidungen halte ich mich mit den Kennzahlen gerne auf dem Laufenden.	0,60	0,48	12,88
Ich nutze die Kennzahlen, um mein allgemeines Verständnis der Unternehmenssituation zu erweitern.	0,63	0,54	13,65
Ich nutze die Kennzahlen, um mir einen Überblick über den Zustand des Unternehmens zu verschaffen.	0,68	0,68	15,38
Ich scanne umfassend die Kennzahlen, um zukünftige Entwicklungen besser absehen zu können.	eliminiert		
Ich nutze die Kennzahlen, um Zusammenhänge in meinem Unternehmen zu erkennen.	eliminiert		

Informationen zum Konstrukt „Mittelbare Nutzung"			
Deskriptives Gütekriterium		*Ergebnis der exploratorischen Faktorenanalyse*	
Cronbachsches Alpha (standardisiert)	0,79	Erklärte Varianz	0,71
Ergebnis der konfirmatorischen Faktorenanalyse			
χ^2-Wert (Freiheitsgrade)	–*	χ^2-Wert/Freiheitsgrade	–*
p-Wert	–*	RMSEA	–*
NFI	–*	NNFI	–*
SRMR	–*	CFI	–*
GFI	–*	AGFI	–*
Faktorreliabilität	0,80	Durchschnittlich erfasste Varianz	0,57

*: Bei weniger als vier Indikatoren hat ein konfirmatorisches Modell keine Freiheitsgrade. Eine Berechnung dieser Maße ist daher nicht sinnvoll.

miniert werden. Die verbliebenen Fragen bilden wiederum ein sehr gutes Messinstrument und können für die Untersuchung verwendet werden.

Auch in Bezug auf die Konstrukte der Nutzungsarten liegt Diskriminanzvalidität vor.

Tabelle 32: Informationen zum Konstrukt „Nutzung zur Durchsetzung"

Informationen zu den einzelnen Indikatoren des Konstruktes „Nutzung zur Durchsetzung"			
Bezeichnung des Indikators	*Item to Total-Korrelation*	*Indikator-reliabilität*	*t-Wert der Faktorladung*
Die Kennzahlen helfen mir bei der Durchsetzung von Entscheidungen.	0,66	0,60	14,80
Die geeignete Interpretation der Kennzahlen erlaubt es mir, Entscheidungen zu beeinflussen.	0,72	0,75	16,73
Die Kennzahlen helfen mir bei der Begründung von bereits getroffenen Entscheidungen.	0,60	0,44	12,58
Ich setze Kennzahlen ein, um bereits getroffene Entscheidungen anderen mitzuteilen.	eliminiert		

Informationen zum Konstrukt „Nutzung zur Durchsetzung"			
Deskriptives Gütekriterium		*Ergebnis der exploratorischen Faktorenanalyse*	
Cronbachsches Alpha (standardisiert)	0,81	Erklärte Varianz	0,73
Ergebnis der konfirmatorischen Faktorenanalyse			
χ^2-Wert (Freiheitsgrade)	–*	χ^2-Wert/Freiheitsgrade	–*
p-Wert	–*	RMSEA	–*
NFI	–*	NNFI	–*
SRMR	–*	CFI	–*
GFI	–*	AGFI	–*
Faktorreliabilität	0,82	Durchschnittlich erfasste Varianz	0,60

*: Bei weniger als vier Indikatoren hat ein konfirmatorisches Modell keine Freiheitsgrade. Eine Berechnung dieser Maße ist daher nicht sinnvoll.

Tabelle 33: Diskriminanzvalidität zwischen den Nutzungsarten

Diskriminanzvalidität zwischen den Konstrukten zur Nutzung der Kennzahlen					
Nutzung zur …		Kontrolle	Entscheidungs-findung	Mittelbaren Nutzung	Durchsetzung
	Durch erfasste Varianz	*0,60*	*0,50*	*0,57*	*0,60*
Kontrolle	*0,60*	1			Quadrierte Korrelationen
Entscheidungs-findung	*0,50*	0,44	1		
Mittelbare Nutzung	*0,57*	0,23	0,19	1	
Durchsetzung	*0,60*	0,17	0,34	0,08	1

2.2.4 Kontextfaktoren

Produktbezogene Wettbewerbsintensität

Die Reliabilitäts- und Validitätsprüfung des Konstruktes *Produktbezogene Wettbewerbsintensität* führte zu der Eliminierung von zwei Items aufgrund nicht ausreichender Indikatorreliabilitäten. Die verbliebenen Indikatoren ergeben eine sehr

Tabelle 34: Informationen zum Konstrukt „Produktbezogene Wettbewerbsintensität"

Informationen zu den einzelnen Indikatoren des Konstruktes „Produktbezogene Wettbewerbsintensität"			
Bezeichnung des Indikators	*Item to Total-Korrelation*	*Indikator-reliabilität*	*t-Wert der Faktorladung*
In unserer Branche ist es schwierig, sich über technische Produktmerkmale abzugrenzen.	0,55	0,35	11,06
Unsere Produkte unterscheiden sich von der Funktionalität her kaum von denen der Wettbewerber.	0,74	0,87	17,99
Unsere Produkte und die der Wettbewerber haben nahezu den gleichen Kundennutzen.	0,67	0,61	14,82
In unserer Branche werden Produktentwicklungen zügig von Wettbewerbern übernommen.	eliminiert		
Die angebotenen Produkte veralten sehr schnell.	eliminiert		

Informationen zum Konstrukt „Produktbezogene Wettbewerbsintensität"			
Deskriptives Gütekriterium		*Ergebnis der exploratorischen Faktorenanalyse*	
Cronbachsches Alpha (standardisiert)	0,80	Erklärte Varianz	0,72
Ergebnis der konfirmatorischen Faktorenanalyse			
χ^2-Wert (Freiheitsgrade)	–*	χ^2-Wert/Freiheitsgrade	–*
p-Wert	–*	RMSEA	–*
NFI	–*	NNFI	–*
SRMR	–*	CFI	–*
GFI	–*	AGFI	–*
Faktorreliabilität	0,82	Durchschnittlich erfasste Varianz	0,61
*: Bei weniger als vier Indikatoren hat ein konfirmatorisches Modell keine Freiheitsgrade. Eine Berechnung dieser Maße ist daher nicht sinnvoll.			

gute Konstruktmessung hinsichtlich aller Gütekriterien der ersten und zweiten Generation. Die Messskala kann daher für die Untersuchung verwendet werden.

Technologiedynamik

Die Ergebnisse der konfirmatorischen Faktorenanalyse für das Konstrukt *Technologiedynamik* ergaben eine sehr gute Messung. Nur die umgekehrt kodierte Frage „Technologische Entwicklungen sind in unserer Industrie eher unwesentlich." musste aufgrund einer zu geringen Indikatorreliabilität eliminiert werden.

Tabelle 35: Informationen zum Konstrukt „Technologiedynamik"

Informationen zu den einzelnen Indikatoren des Konstruktes „Mittelbare Nutzung"			
Bezeichnung des Indikators	*Item to Total-Korrelation*	*Indikator-reliabilität*	*t-Wert der Faktorladung*
Die Technologie in unserer Branche verändert sich schnell.	0,71	0,61	16,48
Technologische Veränderungen bieten in unserer Branche große Chancen.	0,76	0,69	18,09
Viele Produktideen in unserer Branche wurden durch technologische Durchbrüche ermöglicht.	0,72	0,70	18,22
Technologische Entwicklungen sind in unserer Industrie eher unwesentlich. (R)		eliminiert	

Informationen zum Konstrukt „Technologiedynamik"			
Deskriptives Gütekriterium		*Ergebnis der exploratorischen Faktorenanalyse*	
Cronbachsches Alpha (standardisiert)	0,85	Erklärte Varianz	0,78
Ergebnis der konfirmatorischen Faktorenanalyse			
χ^2-Wert (Freiheitsgrade)	–*	χ^2-Wert/Freiheitsgrade	–*
p-Wert	–*	RMSEA	–*
NFI	–*	NNFI	–*
SRMR	–*	CFI	–*
GFI	–*	AGFI	–*
Faktorreliabilität	0,86	Durchschnittlich erfasste Varianz	0,67
*: Bei weniger als vier Indikatoren hat ein konfirmatorisches Modell keine Freiheitsgrade. Eine Berechnung dieser Maße ist daher nicht sinnvoll.			

Preiswettbewerb

Die Intensität des Preiswettbewerbes wurde mit nur einer Frage operationalisiert. Da Gütemaße erst ab einer Anzahl von zwei (Cronbachsches Alpha) bzw. drei Indikatoren angegeben werden können, wird diese Konstruktmessung als fehlerfrei gemessene Einzelvariable behandelt.

Wie Tabelle 36 zu entnehmen, liegt auch in Bezug auf die Kontextfaktoren der exogenen Unternehmensumwelt Diskriminanzvalidität zwischen den Konstrukten vor.

Tabelle 36: Diskriminanzvalidität zwischen den Merkmale des Wettbewerbsumfeldes

Untersuchung der Diskriminanzvalidität zwischen den Konstrukten der externen Unternehmensumwelt				
Wettbewerbsumfeld		Produktbezogene Wettbewerbsdynamik	Technologie-dynamik	Preis-wettbewerb
	Durch erfasste Varianz	*0,61*	*0,67*	*1*
Produktbezogene Wettbewerbsdynamik		*0,61*	1	Quadrierte Korrelationen
Technologiedynamik	*0,67*	0,13	1	
Preiswettbewerb	*1*	0,11	0,10	1

Nutzer-Know-How

Wie in Tabelle 37 (s. S. 131) aufgeführt, musste bei der Messung des Konstruktes *Nutzer-Know-How* ein Indikator auf Grund einer zu geringen Indikatorreliabilität eliminiert werden. Die verbliebenen 3 Indikatoren bilden ein sehr gutes reflexives Konstrukt.

2.2.5 Qualität der zur Verfügung stehenden Kennzahlen

Das Konstrukt *Qualität der Kennzahlen* erreicht bei allen Gütekriterien der ersten und zweiten Generation sehr gute Werte. Damit wird die Konstruktoperationalisierung von Ittner/Larcker/Randall (2003) auch für den deutschen Sprachraum validiert und kann für die Untersuchung verwendet werden.[424]

[424] Zwischen dem Konstrukt *Qualität der Kennzahlen* und den Konstrukten, die die Gestaltungsmerkmale der Kennzahlen messen, besteht laut dem Fornell/Larcker-Kriterium jeweils Diskriminanzvalidität, da die quadrierten Korrelationen zwischen den Konstrukten jeweils kleiner sind als die durchschnittlich erfasste Varianz zwischen den Konstrukten.

Tabelle 37: Informationen zum Konstrukt „Nutzer-Know-How"

Informationen zu den einzelnen Indikatoren des Konstruktes „Nutzer-Know-How"			
Bezeichnung des Indikators	*Item to Total-Korrelation*	*Indikator-reliabilität*	*t-Wert der Faktorladung*
Die Berechnungsmethodik der Kennzahlen ist mir sehr gut bekannt.	eliminiert		
Ich muss nicht lange über die Bedeutung der Kennzahlen nachdenken.	0,59	0,41	12,22
Der Aussagegehalt der Kennzahlen ist mir immer klar.	0,73	0,75	17,44
Ich könnte die Kennzahlen ohne weiteres einem Dritten erklären.	0,73	0,76	17,53

Informationen zum Konstrukt „Nutzer-Know-How"			
Deskriptives Gütekriterium		*Ergebnis der exploratorischen Faktorenanalyse*	
Cronbachsches Alpha (standardisiert)	0,82	Erklärte Varianz	0,75
Ergebnis der konfirmatorischen Faktorenanalyse			
Faktorreliabilität	0,84	Durchschnittlich erfasste Varianz*	0,64

*: Bei weniger als vier Indikatoren hat ein konfirmatorisches Modell keine Freiheitsgrade. Eine Berechnung weiterer Gütemaße ist daher nicht sinnvoll.

Tabelle 38: Informationen zum Konstrukt „Qualität der Kennzahlen"

Informationen zu den einzelnen Indikatoren des Konstruktes „Qualität der Kennzahlen"			
Bezeichnung des Indikators	*Item to Total-Korrelation*	*Indikator-reliabilität*	*t-Wert der Faktorladung*
Meine Erwartungen an die mir zur Verfügung stehenden Kennzahlen werden vollständig erfüllt.	0,83	0,77	19,92
Mit den mir zur Verfügung stehenden Kennzahlen bin ich sehr zufrieden.	0,86	0,84	21,29
Die Informationsversorgung mit Kennzahlen ist nahezu ideal.	0,83	0,77	19,91

(Fortsetzung Tabelle 38 auf S. 132)

Tabelle 38: (Fortsetzung)

Informationen zum Konstrukt „Qualität der Kennzahlen“			
Deskriptives Gütekriterium		*Ergebnis der exploratorischen Faktorenanalyse*	
Cronbachsches Alpha (standardisiert)	0,92	Erklärte Varianz	0,86
Ergebnis der konfirmatorischen Faktorenanalyse			
Faktorreliabilität	0,92	Durchschnittlich erfasste Varianz*	0,79
*: Bei weniger als vier Indikatoren hat ein konfirmatorisches Modell keine Freiheitsgrade. Eine Berechnung weiterer Gütemaße ist daher nicht sinnvoll.			

2.2.6 Individueller Erfolg der Manager

Alle Gütemaße des Konstruktes *Individueller Erfolg der Manager* ergaben sehr gute Werte. Die Messung kann daher für die Untersuchung verwendet werden. Die in Kapitel D 3 aufgeworfene Frage, ob es sich bei dem Konstrukt zum individuellen Erfolg der Manager nicht um eine formative Messung handeln könnte, kann auf Grundlage der sehr guten Werte der konfirmatorischen Faktorenanalyse als wahrscheinlich nicht wesentlich angesehen werden. Auswirkungen der Entscheidung auf

Tabelle 39: Informationen zum Konstrukt „Individueller Erfolg der Manager“

Informationen zu den einzelnen Indikatoren des Konstruktes „Individueller Erfolg der Manager“			
Bezeichnung des Indikators	*Item to Total-Korrelation*	*Indikator-reliabilität*	*t-Wert der Faktorladung*
Mit der Umsetzung meiner Entscheidungen bin ich sehr zufrieden.	0,74	0,72	17,23
Mit der Kontrolle der Umsetzung meiner Entscheidungen bin ich sehr zufrieden.	0,67	0,53	14,82
Mit den Ergebnissen meiner Entscheidungen bin ich sehr zufrieden.	0,74	0,58	15,50
Mit der Durchsetzung meiner Entscheidungen im Unternehmen bin ich sehr zufrieden.	0,67	0,56	14,70
Mit meinen Entscheidungen bin ich sehr zufrieden.	0,65	0,44	12,73

(Fortsetzung Tabelle 39 auf S. 133)

Tabelle 39: (Fortsetzung)

Informationen zum Konstrukt „Individueller Erfolg der Manager“			
Deskriptives Gütekriterium		*Ergebnis der exploratorischen Faktorenanalyse*	
Cronbachsches Alpha (standardisiert)	0,87	Erklärte Varianz	0,66
Ergebnis der konfirmatorischen Faktorenanalyse			
χ^2-Wert (Freiheitsgrade)	2,00 (4)	χ^2-Wert/Freiheitsgrade	0,50
p-Wert	0,74	RMSEA	0,00
NFI	1,00	NNFI	1,00
SRMR	0,01	CFI	1,00
GFI	1,00	AGFI	0,99
Faktorreliabilität	0,87	Durchschnittlich erfasste Varianz	0,56

die Hypothesenprüfung, ob ein Konstrukt formativ oder reflexiv gemessen wird, sind vor allem dann zu erwarten, wenn nach der konfirmatorischen Faktorenanalyse Items eliminiert werden müssen.[425]

2.2.7 Finanzerfolg des Unternehmens

Wie den Angaben in Tabelle 40 (S. 134) zu entnehmen ist, kann die Messung des Konstruktes *Finanzerfolges des Unternehmens* in dieser Arbeit verwendet werden. Alle Gütemaße weisen sehr gute Werte auf.

2.3 Test auf Common-Method-Bias

In der Untersuchung wurden, wie in Kapitel E 1 beschrieben, die Angaben zur Ausgestaltung und Nutzung der Kennzahlen sowie die Erfolgsvariablen bei einem einzigen Informanten pro Unternehmen erhoben. Diese Vorgehensweise impliziert die Gefahr, dass die Ergebnisse der Hypothesenprüfung durch das Vorliegen eines sog. *Common-Method-Bias* verzerrt worden sind. Der Common-Method-Bias stellt dabei den Anteil an gemeinsamer Varianz zwischen Variablen dar, der aufgrund einer systematischen Antwortverzerrung auftreten kann.[426] Obwohl frühere Studien hohe Korre-

---

[425] Vgl. zu dieser Problematik ausführlich Albers/Hildebrandt (2006).

[426] Vgl. umfassend Podsakoff/Organ (1986).

Tabelle 40: Informationen zum Konstrukt „Finanzerfolg des Unternehmens"

Informationen zu den einzelnen Indikatoren des Konstruktes „Finanzerfolg des Unternehmens"			
Bezeichnung des Indikators	*Item to Total-Korrelation*	*Indikator-reliabilität*	*t-Wert der Faktorladung*
Wie schätzen Sie den Erfolg Ihres Unternehmens bezüglich der Gesamtkapitalrentabilität (Return in Investment) im Wettbewerbsvergleich ein?	0,78	0,61	16,29
Wie schätzen Sie den Erfolg Ihres Unternehmens bezüglich des Cashflows aus der operativen Tätigkeit im Wettbewerbsvergleich ein?	0,75	0,56	15,27
Wie schätzen Sie den Erfolg Ihres Unternehmens bezüglich der erzielten Umsatzrendite im Wettbewerbsvergleich ein?	0,82	0,84	20,45
Wie schätzen Sie den Erfolg Ihres Unternehmens bezüglich der Gewinnmarge der Produkte im Wettbewerbsvergleich ein?	0,76	0,69	17,77

Informationen zum Konstrukt „Finanzerfolg des Unternehmens"			
Deskriptives Gütekriterium		*Ergebnis der exploratorischen Faktorenanalyse*	
Cronbachsches Alpha (standardisiert)	0,90	Erklärte Varianz	0,77
Ergebnis der konfirmatorischen Faktorenanalyse			
χ^2-Wert (Freiheitsgrade)	0,18 (1)	χ^2-Wert/Freiheitsgrade	0,18
p-Wert	0,67	RMSEA	0,00
NFI	1,00	NNFI	1,00
SRMR	0,00	CFI	1,00
GFI	1,00	AGFI	1,00
Faktorreliabilität	0,89	Durchschnittlich erfasste Varianz	0,67

lationen zwischen subjektiven Leistungseinschätzungen und objektiven Leistungsmerkmalen nachgewiesen haben[427], ist die Verwendung subjektiver Leistungsangaben aufgrund der Common-Method-Bias-Problematik in jüngeren Veröffentlichungen der Management Accounting-Forschung kritisiert worden.[428]

[427] Vgl. Venkatraman/Ramanujam (1987); Riggo/Cole (1992); Furnham/Stringfield (1994); Bommer et al. (1995).

[428] Vgl. Ittner/Larcker/Randall (2003), S. 739.

Um dieser Kritik Rechnung zu tragen, wurde für diese Studie ein spezieller, von Psychologen empfohlener Test durchgeführt, mit dessen Hilfe die Stärke des Vorliegens eines Common-Method-Bias abschätzbar ist. Dazu wurde eine Markierungsvariable gewählt, mit deren Hilfe das Vorliegen eines Common-Method-Bias kontrolliert werden kann. Die Logik dieser Vorgehensweise besteht darin, dass davon ausgegangen wird, dass sich der Common-Method-Bias auf alle Variablen gleichmäßig auswirkt. Als Markierungsvariable wird eine Variable ausgewählt, die aufgrund theoretischer Vorüberlegungen mit mindestens einer für die Untersuchung zentralen Variablen nicht korrelieren darf. Besteht in den Daten trotzdem ein signifikanter und starker Zusammenhang zwischen den beiden Variablen, so gibt die Höhe der Korrelation einen Hinweis auf den Anteil der Varianz, der durch den Common-Method-Bias verursacht wurde.[429]

In dieser Arbeit wurden die Einschätzungen der Manager zum finanziellen Erfolg ihres Unternehmens als Markierungsvariable gewählt. Dazu wurden die Manager gebeten, auf einer Skala von 1 bis 7 anzugeben, wie erfolgreich ihr Unternehmen im Vergleich zu Wettbewerbern in den Bereichen *Return on Investment*, *Gewinnmarge*, *Cashflow aus der operativen Geschäftstätigkeit* und *Umsatzrendite* ist. Diese vier Fragen bilden, wie in Kapitel E 2.2.7 beschrieben, ein reflexives Konstrukt mit sehr guten Gütemaßen der ersten und zweiten Generation. Diese subjektive Erfolgsmessung scheint eine geeignete Markierungsvariable darzustellen, da Erfolgsvariablen eine besondere Anfälligkeit in Bezug auf die Beeinflussung durch verschiedene Quellen des Common-Method-Bias unterstellt wird.[430] Insbesondere die Arten von Common-Method-Bias, die zu einer Inflationierung der Zusammenhänge zwischen zu untersuchenden Variablen führen, sollten durch diese Vorgehensweise sichtbar gemacht werden können.[431]

Als zentrale Variable der Untersuchung, die mit dem subjektiv gemessenen Konstrukt *Finanzerfolg der Unternehmung* nur schwach korrelieren sollte, wurde das Konstrukt *Individueller Erfolg der Manager* gewählt. Wie in Kapitel C 3.1.2 diskutiert, kann nicht davon ausgegangen werden, dass eine einzelne Person den Erfolg einer größeren Organisation systematisch und stark beeinflussen kann.

---

[429] Vgl. Lindell/Brandt (2000); Lindell/Whitney (2001).

[430] Vgl. Ittner/Larcker/Randall (2003), S. 716.

[431] Vgl. Podsakoff et al. (2003), S. 893.

Anschließend wurde eine Korrelationsanalyse mit dem Konstrukt zum individuellen Erfolg der Manager durchgeführt.

Da nicht davon auszugehen ist, dass bei Unternehmen mit mehr als 100 Mitarbeitern die individuelle Leistung eines einzelnen Managers den Unternehmenserfolg maßgeblich beeinflusst, ist zu vermuten, dass kein hoher Zusammenhang zwischen den Variablen bestehen sollte. Die Tatsache, dass in der Literatur auch die gegenteilige Meinung in Bezug auf den Zusammenhang zwischen individuellem und organisationalem Erfolg zu finden ist, verleiht dem Test eine besondere Strenge.[432] Dadurch kann eine in der Literatur genannte Schwäche des Tests adressiert werden, nämlich dass nicht alle Variablen als Markierungsvariablen gleichermaßen geeignet sind. So ist es unplausibel anzunehmen, dass z.B. die Angaben eines Managers über seine Schuhgröße (bei Vorliegen eines Common-Method-Bias) diesen erkennbar machen.[433] Bei Angaben über „unproblematische" Sachverhalte, über die ein Informant exakte Angaben machen kann, ist davon auszugehen, dass im Gegensatz zu latenten (Erfolgs-)Konstrukten der Common-Method-Bias nicht vorliegt.

Der nicht auf dem 5%-Niveau signifikante und niedrige Korrelationskoefizient zwischen dem individuellen Erfolg der Manager und der Einschätzung zum finanziellen Erfolg des Unternehmens von nur 0,131 legt den Schluss nahe, das es wenig wahrscheinlich ist, dass das Vorliegen eines Common-Method-Bias die Zusammenhänge in starkem Maße inflationiert hätte. Dieses Ergebnis bestätigt Erkenntnisse, dass der Common-Method-Bias umso geringer ausfällt, je rationaler die Informanten sind.

Da für diese Arbeit Hauptgeschäftsführer befragt wurden, konnte vorab von einer geringeren Common-Method-Bias Problematik ausgegangen werden als in Untersuchungen aus Bereichen wie der Soziologie oder Psychologie.[434]

Trotz dieses positiven Ergebnisses muss darauf hingewiesen werden, dass der vorgenommene Test zur Markierung des Common-Method-Bias nicht ausreicht, um mit hinreichender Gewissheit das Vorliegen eines Common-Method-Bias ausschließen zu können. Der Test gibt vielmehr einen Hinweis darauf, dass es unwahrscheinlich ist, dass die Ergebnisse der Hypothesenprüfung ursächlich auf einen Common-

---

432 Vgl. Hambrick/Mason (1984).

433 Vgl. Podsakoff et al. (2003), 893.

434 Vgl. Podsakoff et al. (2003), S. 880.

Method-Bias zurückzuführen sind und nicht auf die unterstellten Ursache-Wirkungszusammenhänge.

Während durch ein dyadisches Design, bei dem Informationen von verschiedenen Informationsquellen erhoben und analysiert werden, für fast alle Quellen von Common-Method-Bias eine entsprechende Ergebnisverzerrung ausgeschlossen werden kann[435], können alle anderen bei Podsakoff et al. (2003) diskutierten Verfahren immer nur eine (oder mehrere) Quellen von Common-Method-Bias ausschließen. Dieser Einschränkung ist auch der hier gewählte Test ausgesetzt. So ist die Annahme, dass sich der Common-Method-Bias auf alle Variablen der Untersuchung gleich stark auswirkt, nur für einige der Quellen des Common-Method-Bias plausibel.[436] Der vorgenommene Test erscheint allerdings im Gegensatz zu anderen vorgeschlagenen Methoden besonders geeignet, da davon auszugehen ist, dass die Zusammenhänge in Erfolgsstudien eher einem Common-Method-Bias ausgesetzt sind, der zu einer Inflationierung der Ergebnisse führt als zu einer Deflationierung. Vor diesem Hintergrund erscheint der vorgenommene Test (bei allen Einschränkungen) vor dem konkreten Hintergrund dieser Studie als sehr geeignet.

Ein bislang (nach dem Wissen des Autors) in der Literatur noch unbeachtetes Verfahren zur Aufdeckung eines möglichen Common-Method-Bias kann im Einsatz von kausalen Mehrgruppenvergleichen gesehen werden. Liegt zwischen zwei Variablen in einer Untersuchung ein starker und signifikanter Zusammenhang vor, kann mittels geeigneter Auswahl einer Moderatorvariablen die Nichtrelevanz des Common-Method-Bias für die Ergebnisse der Hypothesenprüfung gezeigt werden. Dazu muss die Moderatorvariable so gewählt werden, dass aus konzeptionellen Gründen in einer Teilgruppe bei hoher bzw. niedriger Ausprägung der Moderatorvariablen kein direkter Zusammenhang zwischen den ursprünglich untersuchten Konstrukten vorliegt. Auf die Anwendungsmöglichkeit des beschriebenen Verfahrens in dieser Arbeit soll im Rahmen der Moderationsanalysen in Kapitel F 2.3.5 weiter eingegangen werden.

Da es im Gegensatz zum Unternehmenserfolg nicht möglich ist, die individuelle Leistung von Managern durch harte Kennzahlen (wie Umsatzrendite o. ä.) zu mes-

---

[435] Vgl. Podsakoff et al. (2003), S. 887; für Studien, die eine entsprechende Vorgehensweise gewählt haben vgl. z. B. Homburg/Giering (2001); Homburg/Stock (2005).

[436] Vgl. Podsakoff et al. (2003), S. 893.

sen, bestand für diese Arbeit keine andere Möglichkeit, als auf subjektive Selbsteinschätzungen zurückzugreifen. Es wird davon ausgegangen, dass die Selbsteinschätzungen von Managern dabei weniger biasanfällig sind als die Fremdeinschätzung der Leistung eines Mitarbeiters durch Vorgesetzte bzw. durch Untergebene.[437]

Fasst man alle genannten Überlegungen und den statistischen Befund des vorgenommenen Tests zusammen, erscheint es plausibel anzunehmen, dass in dieser Arbeit Fehler erster und zweiter Art bei der Hypothesenprüfung durch das Vorliegen eines Common-Method-Bias vermieden werden konnten.

3 Dependenzanalyse

3.1 Die Kausalanalyse

In dieser Arbeit werden vor allem Beziehungen zwischen nicht beobachtbaren Variablen getestet. Dazu wird auf die Kausalanalyse in LISREL zurückgegriffen, die von Jöreskog und Sörbom maßgeblich entwickelt wurde.[438]

Die Kausalanalyse in LISREL stellt ein weitentwickeltes multivariates Verfahren dar, welches sich im Vergleich zu herkömmlichen Regressionsanalysen durch mehrere Vorteile auszeichnet:

1. Auf der Messmodellebene können durch die konfirmatorische Faktorenanalyse die systematische und die unsystematische Fehlervarianz bei der Konstruktmessung berücksichtigt werden. Damit wird die Zusammenhangsanalyse genauer, da nur die Beziehungen zwischen den wahren Varianzen der endogenen und der exogenen Konstrukte untersucht werden.[439]
2. Die Kausalanalyse ermöglicht eine komplexere Abbildung der Wirklichkeit, da neben direkten Effekten auch indirekte Effekte untersucht werden können. Es besteht zudem die Möglichkeit, mehrere abhängige Variablen simultan zu unter-

---

437 Vgl. Heneman (1974).

438 Vgl. Jöreskog (1973); Jöreskog (1979); Jöreskog/Sörbom (1982); Jöreskog/Sörbom (2001).

439 Vgl. Hair et al. (1995), S. 584; Byrne (2001), S. 3 f. Diese explizite Berücksichtigung von systematischen und unsystematischen Messfehlereinflüssen ist auch einer der wesentlichen Vorteile im Vergleich zu dem sehr populären PLS-Ansatz.

suchen. Darüber hinaus stellt der kausale Mehrgruppenvergleich in LISREL im Vergleich zur moderierten Regressionsanalyse eine attraktive Alternative zur Aufdeckung moderierender Effekte dar.[440]

3. Im Gegensatz zur Regressionsanalyse bzw. dem sehr populären PLS-Ansatz eignet sich die Kausalanalyse in LISREL besonders gut zur explorativen Datenanalyse, da die Gesamtmodellbeurteilung auch auf zuvor nicht modellierte Zusammenhänge aufmerksam macht. So können verschiedene Modelle vergleichend getestet werden.[441]

Ein vollständiges Kausalmodell setzt sich in der Regel aus mehreren Messmodellen und einem Strukturmodell zusammen. Das Strukturmodell beinhaltet die angenommenen Beziehungen zwischen den Konstrukten. Die Messmodelle bilden hingegen die unbeobachtbaren Variablen mit ihren beobachtbaren Indikatoren ab. Abbildung 13 verdeutlicht die vorgenommene Unterscheidung.

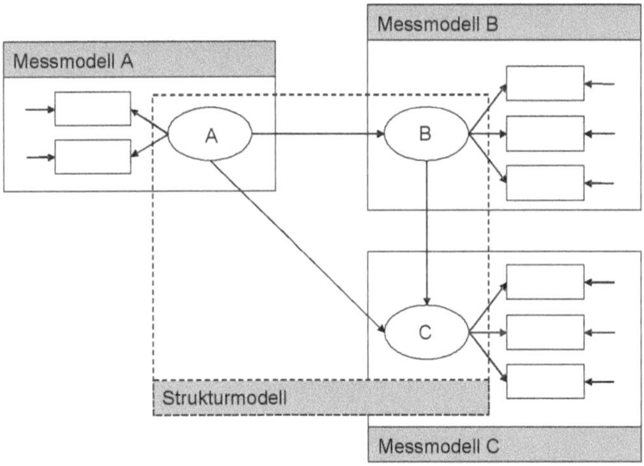

Abbildung 13: Bestandteile eines Kausalmodells im Überblick[442]

[440] Vgl. für Studien, bei denen der kausale Mehrgruppenvergleich eingesetzt wird Steenkamp/Baumgartner (1998); Pflesser (1999); Homburg/Giering (2001); Homburg/Stock (2001).

[441] Vgl. Jöreskog (1977), S. 273; Backhaus/Büschken (1998), S. 159. Zu möglichen explorativen Anwendungen des LISREL-Ansatzes vgl. z. B. Homburg (1989); Homburg/Dobratz (1991).

[442] Darstellung in Anlehnung an Nachtigall et al. (2003), S. 5.

Die Teilmodelle lassen sich als lineare Gleichungssysteme in der LISREL-Notation wie folgt formal darstellen:[443]

$$\eta = \mathrm{B}\ \eta + \Gamma\ \xi + \xi \qquad (1)$$

$$x = \Lambda_x\ \xi + \delta \qquad (2)$$

$$y = \Lambda_y\ \eta + \varepsilon \qquad (3)$$

Gleichung (1) beschreibt das Strukturmodell und drückt die hypothetischen Beziehungen zwischen den unbeobachtbaren abhängigen (dargestellt durch den Vektor η) und unabhängigen (dargestellt durch den Vektor ξ) Variablen aus. Die Koeffizientenmatrix B bildet dabei die Zusammenhänge zwischen den endogenen Variablen ab. Die Matrix Γ beschreibt die Effekte zwischen den exogenen und den endogenen Konstrukten des Strukturgleichungsmodells. Die Fehlergrößen im Strukturmodell werden durch den Vektor ζ dargestellt.

Die Gleichungen (2) und (3) sind faktoranalytische (Mess-)Modelle, die die Beziehungen zwischen den latenten Variablen und den Indikatoren ausdrücken. Der Vektor x bezeichnet die Indikatoren der exogenen Konstrukte und der Vektor y steht für die Indikatoren der endogenen Konstrukte. Die Koeffizientenmatrizen Λ_x und Λ_y können als Faktorladungsmatrizen betrachtet werden. Die Vektoren δ und ε stehen für die dazugehörenden Messfehlervariablen.

Unter geeigneten Voraussetzungen kann die Kovarianzmatrix Σ der beobachteten Indikatorvariablen x und y als Funktion der zu schätzenden acht Parametermatrizen $\mathrm{B}, \Gamma, \Lambda_x, \Lambda_y, \Phi, \Psi, \Theta_\varepsilon, \Theta_\delta$ ausgedrückt werden:

$$\Sigma = \Sigma(\mathrm{B}, \Gamma, \Lambda_y, \Lambda_x, \Phi, \Psi, \Theta_\varepsilon, \Theta_\delta)$$

Die Parametermatrizen Φ, Ψ, Θ_ε, und Θ_δ stehen für die Kovarianzmatrizen der Vektoren ξ, ζ, δ und ε. Zur Vereinfachung wird die Gesamtheit der in den acht Parametermatrizen zu schätzenden Parameter mit dem Vektor α bezeichnet, sodass die Kovarianzmatrix der beobachteten Variablen als $\Sigma = \Sigma(\alpha)$ verkürzt dargestellt werden kann.

---

[443] Vgl. für die folgenden Ausführungen Homburg/Baumgartner (1998), S. 347 ff.

Das Ziel der Parameterschätzung besteht darin, einen Vektor $\hat{\alpha}$ von Parameterschätzern so zu ermitteln, dass die durch das Modell generierte Kovarianzmatrix die empirische Kovarianzmatrix $\hat{\Sigma} = \Sigma(\hat{\alpha})$ möglichst gut reproduziert. Dies geschieht durch Lösung folgender Minimierungsaufgabe:

$$f_s(\alpha) = F(S, \Sigma(\alpha)) \rightarrow \min$$

Wie bei der konfirmatorischen Faktorenanalyse bezeichnet F eine Diskrepanzfunktion, die die Differenz der beiden symmetrischen Matrizen S und $\Sigma(\alpha)$ misst.

Eine eindeutige Schätzung der Modellparameter ist nur dann möglich, wenn das spezifizierte Modell identifiziert werden kann. Ein Modell ist identifiziert, wenn die Kovarianzmatrix der Indikatorvariablen ausreichend Informationen für eine eindeutige Schätzung der Modellparameter zur Verfügung stellt. Die Zahl der für die Schätzung zur Verfügung stehenden Gleichungen muss mindestens so groß sein wie die Zahl der zu schätzenden Parameter, um das Mehrgleichungssystem lösen zu können. Wenn p Indikatorvariablen erhoben werden, besteht die Kovarianzstruktur aus $\frac{1}{2}p(p+1)$ Gleichungen, denen t unbekannte Parameter gegenüberstehen. Zur Lösung des Gleichungssystems muss demnach gelten:

$$t \leq \frac{1}{2}p(p+1).$$

Aus der Differenz dieser Größen ergibt sich die Zahl der Freiheitsgrade des Modells, abgekürzt als d f (= degrees of freedom). Neben dieser notwendigen Bedingung existieren weitere Anzeichen für nicht-identifizierte Modelle. Hierzu zählen große Standardfehler sowie unverständliche oder entartete Schätzer (zum Beispiel negative Fehlervarianzen).

Die Beurteilung des Modells erfolgt anhand lokaler oder globaler Anpassungsmaße. Die Gütekriterien zur Beurteilung des Messmodells wurden bereits im Zusammenhang mit der Gütebeurteilung der Konstruktmessung vorgestellt und kommen größtenteils auch bei der Beurteilung des gesamten Kausalmodells zum Einsatz. Darüber hinaus existieren mit dem Bestimmtheitsmaß R^2 und dem t-Wert der standardisierten Effekte des Stukturmodells zwei weitere wichtige lokale Gütemaßen zur Beurteilung des Strukturmodells.

Das Bestimmtheitsmaß bzw. die quadrierte multiple Korrelation R^2 gibt an, welcher Anteil der Varianz eines abhängigen Konstruktes durch die unabhängigen Konstrukte erklärt werden kann. Der Wertebereich des Bestimmtsheitmaßes erstreckt sich von null bis eins. Es berechnet sich wie folgt:

$$R^2 = 1 - \frac{\Psi_{jj}}{\text{var}(\eta_j)}$$

Dabei steht $\text{var}(\eta_j)$ für die geschätzte Varianz des endogenen Konstruktes η_j und Ψ_{jj} für die geschätzte Varianz der zugehörigen Fehlervariablen ζ_j. Für die Höhe des R^2 gibt es keinen geforderten Mindestwert. Grundsätzlich besteht das Ziel, mit möglichst wenigen Variablen das R^2 möglichst vollständig erklären zu können.[444]

Die Annahme bzw. die Ablehnung der aufgestellten Hypothesen erfolgt schließlich durch den Signifikanztest der standardisierten Effekte des Strukturmodells (λ_{ij} und β_{kl}) mittels t-Test. Eine Hypothese wird meistens dann angenommen, wenn die Null-Hypothese (der Effekt existiert nicht) mindestens auf dem 5%-Niveau verworfen werden kann.

3.2 Methode zur Untersuchung moderierender Effekte

In der vorliegenden Arbeit werden neben direkten und indirekten Effekten auch moderierende Effekte hinsichtlich des Zusammenhangs zwischen der Qualität der Kennzahlen und dem individuellen Erfolg der Manager untersucht. Dazu wird der kausale Mehrgruppenvergleich in LISREL eingesetzt. Ein moderierender Effekt liegt vor, wenn die Stärke des Zusammenhangs zwischen zwei Variablen von einer dritten Variablen (der Moderatorvariablen) abhängt. Es kann von einer reinen Moderation gesprochen werden, wenn kein signifikanter Zusammenhang zwischen der Moderatorvariablen einerseits und der unabhängigen und abhängigen Variablen andererseits besteht. Bei einer reinen Moderation wirkt sich die Moderatorvariable damit nur auf die Stärke der Beziehung zwischen unabhängiger und abhängiger Variable aus. Bei einer Quasimoderation existiert hingegen einerseits ein Moderationseffekt, andererseits besteht auch ein direkter signifikanter Einfluss der Moderatorvariablen auf die abhängige Variable.[445]

---

[444] Vgl. Nelson/Todd/Wixom (2005), S. 202.

[445] Vgl. Sharma/Durand/Gur-Arie (1981), S. 292; Arnold (1982), S. 154; Arnold (1984), S. 216; Shields/Shields (1998), S. 51; Hartmann/Moers (1999), S. 294.

Eine positive (negative) Moderation liegt vor, wenn bei einer hohen Ausprägung der moderierenden Variablen der Zusammenhang zwischen unabhängiger und abhängiger Variable stärker (schwächer) ist als bei niedriger Ausprägung.

Die zuvor dargestellte Kausalanalyse wird dahingehend erweitert, dass die spezifizierte Modellstruktur jetzt für zwei oder mehrere Gruppen simultan geschätzt werden soll.

Im Anschluss daran wird die Anpassungsgüte einer Schätzung mit und ohne Identitätsrestriktion bestimmter Modellparameter durch Gütekriterien verglichen.

Die Modellspezifikation lautet:[446]

$$\eta^{(g)} = B^{(g)}\,\eta^{(g)} + \Gamma^{(g)}\,\xi^{(g)} + \zeta^{(g)},$$

$$y^{(g)} = \Lambda_y^{(g)}\,\eta^{(g)} + \varepsilon^{(g)} \quad \text{und}$$

$$x^{(g)} = \Lambda_x^{(g)}\,\xi^{(g)} + \delta^{(g)}.$$

Die erste Gleichung stellt die Strukturmodelle der latenten Variablen für alle g-Gruppen dar. Die beiden anderen Gleichungen drücken die faktorenanalytischen Modelle für alle g-Gruppen aus.

Die Besonderheiten des kausalen Mehrgruppenvergleichs bestehen einerseits in der Möglichkeit der simultanen Modellschätzung auf der Grundlage von mehreren unabhängigen Datensätzen und andererseits in der Möglichkeit der Einführung von Identitätsrestriktionen. Beispielsweise können Identitätsrestriktionen für alle β- und γ-Koeffizienten im Strukturmodell eingeführt werden. Die entsprechenden Identitätsrestriktionen lautet damit:

$$B^{(1)} = B^{(2)} = \ldots = B^{(G-1)} = B^{(G)} \quad \text{und}$$
$$\Gamma^{(1)} = \Gamma^{(2)} = \ldots = \Gamma^{(G-1)} = \Gamma^{(G)}.$$

Inhaltlich bedeuten diese Identitätsrestriktionen, dass die Koeffizienten der Strukturmodelle für alle Gruppen nur einmal geschätzt werden und somit als identisch angesehen werden. Dadurch verringert sich die Zahl der zu schätzenden Koeffizienten des Strukturmodells um den Faktor G. Alle anderen Modellparameter sind dagegen von

---

[446] Für die folgende formale Beschreibung des kausalen Mehrgruppenvergleiches vgl. Stock (2003), S. 138f.

der dargestellten Restriktion nicht betroffen und werden unabhängig voneinander geschätzt. Die beispielhaft dargestellten Identitätsrestriktionen sind prinzipiell für alle zu schätzenden Modellparameter denkbar. Die Identitätsrestriktionen werden auf Grundlage von theoretischen Überlegungen vorgenommen.

Unter geeigneten Voraussetzungen ist es möglich, die Kovarianzmatrix $\Sigma^{(g)}$ der beobachteten Variablen $y^{(g)}$ und $x^{(g)}$ durch die Parametermatrizen $B^{(g)}$, $\Gamma^{(g)}$, $\Lambda_x^{(g)}$, $\Lambda_y^{(g)}$, $\phi^{(g)}$, $\Psi^{(g)}$, $\Theta_\varepsilon^{(g)}$ und $\Theta_\delta^{(g)}$ auszudrücken, d. h. $\Sigma^{(g)} = \Sigma^{(g)}(B^{(g)}, \Gamma^{(g)}, \Lambda_y^{(g)}, \Lambda_x^{(g)}, \phi^{(g)}, \Psi^{(g)}, \Theta_\varepsilon^{(g)}$ $\Theta_\delta^{(g)})$.

Die Gesamtheit der zu schätzenden Parameter innerhalb der Parametermatrizen wird im Folgenden mit α bezeichnet, sodass die oben aufgeführte Gleichung vereinfacht durch

$$\Sigma^{(g)} = \Sigma^{(g)}(\alpha^{(g)})$$

dargestellt werden kann.

Die anschließende Parameterschätzung hat zum Ziel, einen Vektor $\hat{\alpha}$ von Parameterschätzern so zu ermitteln, dass die vom Modell generierten Kovarianzmatrizen $\Sigma^{(g)} = \Sigma^{(g)}(\hat{\alpha}^{(g)})$ den empirisch ermittelten Kovarianzmatrizen $S^{(g)}$ möglichst ähnlich werden. Dies geschieht durch Lösung des Minimierungsproblems

$$f_s(\alpha) = \sum_{g=1}^{G} \left(\frac{N_g}{N} \right) F^{(g)}(S^{(g)}, \Sigma^{(g)}(\alpha^{(g)})) \rightarrow \min,$$

wobei N_g den Stichprobenumfang der g-ten Gruppe und N den Gesamtstichprobenumfang ($N = N_1 + N_2 + \ldots + N_G$) darstellen.

Die Untersuchung moderierender Effekte im Rahmen des kausalen Mehrgruppenvergleichs in LISREL sollte auf Basis ungefähr gleich großer Teildatensätze erfolgen. Die Teildatensätze werden üblicherweise durch Mediansplit bezüglich der Moderatorvariablen gebildet. Die beiden Teildatensätze unterscheiden sich somit durch eine hohe (Gruppe 1) beziehungsweise einer niedrige (Gruppe 2) Ausprägung im Hinblick auf die moderierenden Variablen. Untersucht werden soll, ob die Stärke und Richtung der direkten und indirekten Effekte in den beiden Teilgruppen unterschiedlich ist. Große Unterschiede bei der unabhängigen Schätzung des interessierenden Effektes in beiden Gruppen deuten auf einen moderierenden Effekt hin. Die Verbesserung (bzw. Verschlechterung) der Modellanpassung wird beim kausalen Mehrgruppenvergleich in LISREL durch die Signifikanz der Differenz des χ^2-Wertes gemessen.

Die Richtung der Moderation ergibt sich aus der Differenz der standardisierten Effekte in den beiden Teildatensätzen.

Wie in Kapitel C 3 beschrieben, wird durch die Moderationsanalysen der Zusammenhang zwischen der Qualität der Kennzahlen und dem individuellen Erfolg der Manager in dieser Arbeit genauer untersucht. Aufgrund der auch absolut hohen Rücklaufquote kann in dieser Arbeit der Datensatz anhand der Moderatorvariablen in drei Teile aufgeteilt werden. Für die Moderationsanalysen werden dann jeweils die Teildatensätze mit hoher bzw. niedriger Ausprägung der Moderatorvariablen verwendet. Bei dieser Vorgehensweise werden die Moderatorvariablen damit nicht einfach dichotomisiert. Durch die Aufspaltung in drei Teildatensätze kann die tatsächliche Unterschiedlichkeit zwischen den Teildatensätzen erhöht werden.[447]

[447] Zum Problem der Dichotomisierung von Variablen vgl. MacGallum et al. (2002).

F Ergebnisse der empirischen Studie

1. Deskriptive Bestandsaufnahme

1.1 Verbreitung von Kennzahlensystemen

Wie in Kapitel B 1.1.2 beschrieben, stellen Kennzahlensysteme eine Anzahl von Kennzahlen in einem sachlogischen oder mathematischen Zusammenhang dar. Da davon auszugehen ist, dass Kennzahlensysteme einen wichtigen Beitrag zur gesamten Informationsversorgung mit quantitativen Informationen leisten, wurden die Geschäftsführer nach dem Einsatz eines oder mehrerer der bekanntesten Kennzahlenkonzepte gefragt.[448] Neben den beiden im deutschen Sprachraum verbreiteten traditionellen Kennzahlensystemen, dem ROI- und dem ZVEI-System, wurde nach der Verbreitung der Balanced Scorecard und eigenen Entwicklungen gefragt. Da der Großteil der Unternehmen nicht börsennotiert ist, war eine hohe Verbreitung von wertorientierten Kennzahlensystemen nicht zu erwarten. Wie Abbildung 14 zeigt, stellen eigene Konzepte mit einem Anteil von fast 80% die wichtigste Gruppe von Kennzahlensystemen dar. Die Balanced Scorecard wird aktuell nur von 25% der Unternehmen verwendet. Berücksichtigt man die Implementierungsvorhaben, werden in Zukunft ca. 40% der Unternehmen über ein solches Konzept verfügen. Das ZVEI-Kennzahlensystem wird (unter Berücksichtigung der Implementierungsvorhaben) in Zukunft ebenfalls von 40% der Unternehmen eingesetzt werden. Wegen der spezifischen Benchmarkfunktion, die der ZVEI e.V. seinen Mitgliedsfirmen jährlich bietet, ist davon auszugehen, dass das ZVEI-Kennzahlensystem außerhalb der Elektroindustrie deutlich weniger Verwendung findet. Bei den 7,4% sonstiger Kennzahlensysteme handelte es sich vor allem um wertorientierte Kennzahlensysteme.

---

[448] Für die deskriptiven Auswertungen der Verbreitung von Kennzahlensystemen, Arten von Kennzahlen und des Einsatzes von neueren Kostenrechnungssystemen war die Rücklaufquote auf Grund von Missing Values nur zwischen 28% und 30,1%. Die für diese Untersuchungen verfügbare Datenbasis ist damit geringfügig kleiner als die Datenbasis, die für die Analyse der Hypothesen der Forschungsfragen 2 und 3 zur Verfügung stand.

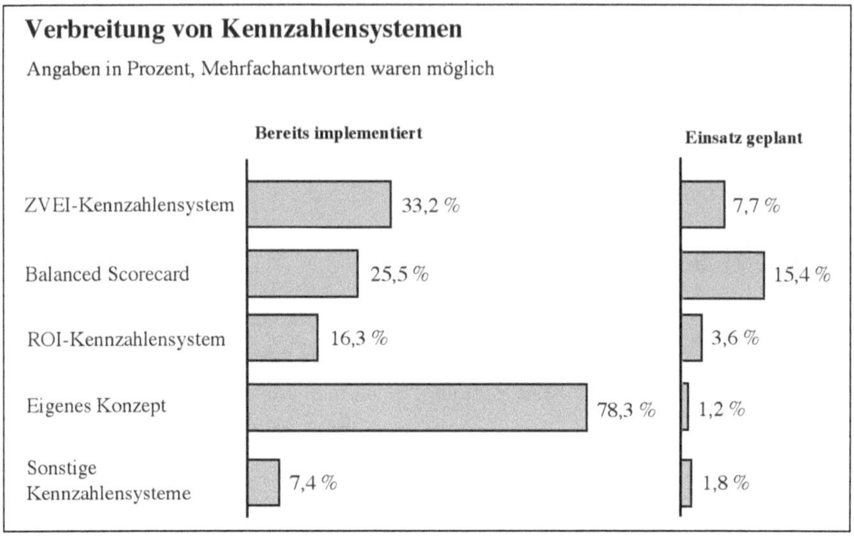

Abbildung 14: Verbreitung von Kennzahlensystemen

Die im Vergleich zu früheren Studien niedrigen Implementierungsvorhaben weiterer Kennzahlensysteme sind durch den sehr hohen Verbreitungsgrad solcher Steuerungssysteme zu erklären. Die Erhebung von Gleich und Grüning hatte diesbezüglich noch ergeben, dass ca. ein Drittel der Großunternehmen über kein Kennzahlensystem verfügt.[449] In der Studie von Sandt hatten noch 50% der befragten Unternehmen (darunter auch viele kleine und mittelständische Unternehmen) angegeben, über kein Kennzahlensystem zu verfügen.[450] Im Vergleich dazu ist der Anteil von 5% von Unternehmen, die über kein Kennzahlensystem verfügen, in dieser Studie als sehr gering zu bewerten. Es ist damit festzuhalten, dass in den letzten Jahren eine deutliche Zunahme in Bezug auf die Verbreitung von Kennzahlensystemen stattgefunden hat.[451]

---

449 Vgl. Gleich (2001), S. 351 f.; Günther/Grüning (2002), S. 6 f.

450 Vgl. Sandt (2004), S. 120 f.

451 Dass die Angaben der Manager durch das Vorliegen eines Method-Bias verzerrt worden sind, erscheint vor dem Hintergrund des in Kapitel E 2.3 durchgeführten Tests bezüglich des Vorliegens eines Common-Method-Bias wenig wahrscheinlich. Für das evtl. Vorliegen eines Common-Method-Bias vgl. auch die Ergebnisse der in Kapitel F 2.3.5 durchgeführten Moderationsanalyse höherer Ordnung.

Kritisch anzumerken bleibt, dass eine genauere Bestimmung der Verbreitung von Kennzahlensystem-Typen nicht möglich ist. Unklar bleibt, wie die häufig angegebenen „eigenen Konzepte“ und BSCs tatsächlich ausgestaltet sind. Zukünftige Studien sollten daher genauer ermitteln, ob es sich bei den angegebenen Kennzahlensystemen nur um eine Ansammlung von Kennzahlen oder um verknüpfte Kennzahlensysteme handelt, die zur Strategieimplementierung eingesetzt werden.[452]

Eine häufige Kombination eingesetzter Kennzahlensysteme stellt die Verwendung des ZVEI-Kennzahlensystems und der BSC bzw. eines eigenen Konzeptes dar. Dabei werden die BSC bzw. das eingesetzte eigene Konzept zur umfassenden Unternehmenssteuerung verwendet. Um in diesem Zusammenhang die Bedeutung des ZVEI-Kennzahlensystems für die Unternehmen des ZVEI besser analysieren zu können, wurden die Befragten detailliert nach der konkreten Verwendung dieses Systems gefragt.

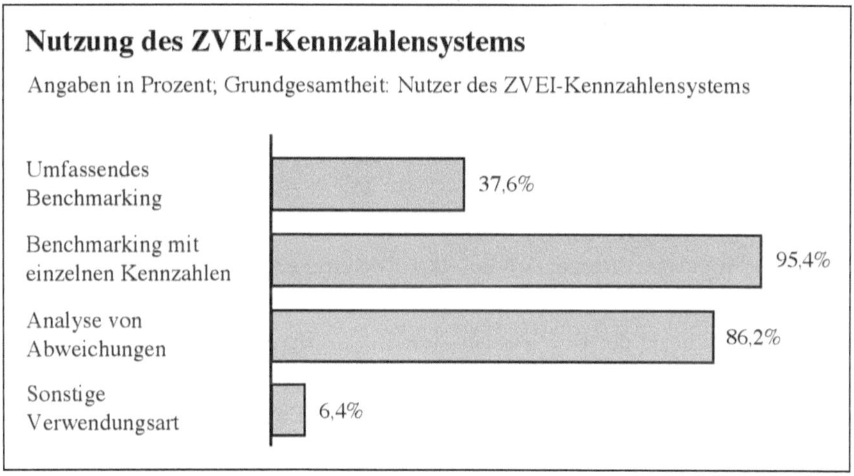

Abbildung 15: Nutzung des ZVEI-Kennzahlensystems

Wie Abbildung 15 zeigt, werden vor allem einzelne Durchschnittswerte von Kennzahlen zu Benchmarkingzwecken verwendet. Bei (negativen) Abweichungen vom Branchendurchschnitt erfolgt bei den meisten Unternehmen eine Ursachenanalyse (86,2%).

---

[452] Für eine mögliche Typologisierung von Kennzahlensystemen vgl. Speckbacher/Bischof/Pfeiffer (2003).

Nur ca. ein Drittel der Nutzer benchmarken sich regelmäßig mit dem Großteil aller zur Verfügung stehenden Vergleichskennzahlen. Bei den sonstigen Verwendungsarten finden sich einige Unternehmen (6,4%), die einzelne Kennzahlen des ZVEI-Kennzahlensystems in ihr eigenes, unternehmensspezifisches Kennzahlensystem integriert haben. Damit wird das ZVEI-Kennzahlensystem nicht mehr als umfassendes Steuerungs- und Analyseinstrument eingesetzt.[453] Verwendet werden nur noch die vom Verband jährlich erhobenen Vergleichskennzahlen des ZVEI-Kennzahlensystems, die den Unternehmen wichtige Benchmarkinginformationen liefern.

Eine weitere Kombination eingesetzter Kennzahlensysteme war die Verwendung des ROI-Kennzahlensystems und der BSC, eigener und sonstiger Konzepte. Da die komplementäre Verwendung des ROI-Kennzahlensystems nicht weiter abgefragt wurde, kann an dieser Stelle nur vermutet werden, dass auch dem ROI-Kennzahlensystem nur eine Ergänzungsfunktion in der Informationsversorgung mit Kennzahlen zukommt und es nicht mehr zur ganzheitlichen Unternehmenssteuerung eingesetzt wird.

Des Weiteren wurden die Manager gebeten, den Nutzen der eingesetzten Kennzahlensysteme für ihr Unternehmen zu bewerten. Wie Abbildung 16 zeigt, erzielten die Balanced Scorecard, eigene und sonstige Kennzahlensysteme ähnlich hohe Nutzenbewertungen. Etwas niedriger fiel die Nutzenbewertung für das ZVEI- und das ROI-Kennzahlensystem aus. Ein Signifikanztest ergab keine auf dem 5%-Niveau signifikanten Unterschiede der Bewertungen des Nutzens der BSC, der eigenen und der sonstigen Konzepte. Ebenfalls nicht-signifikant war der Nutzenunterschied zwischen den Bewertungen des BSC- und des ROI-Konzeptes. Das Ergebnis, dass der Balanced Scorecard kein höherer Nutzen zugesprochen wird als den meisten anderen Kennzahlensystemen bestätigt den kritischen empirischen Befund von Ittner/Larcker/Randall (2003), die keinen positiven Einfluss der Verwendung von neuen Kennzahlensystemen wie der BSC auf den Unternehmenserfolg nachweisen konnten.[454]

Kritisch anzumerken bleibt an dieser Stelle, dass (wie erwähnt) zukünftige Studien genauer die Ausgestaltung der Kennzahlensysteme untersuchen sollten.

---

[453] Vgl. hierzu die Erläuterungen zum ZVEI-Kennzahlensystem in Kapitel B 1.2.2.

[454] Vgl. Ittner/Larcker/Randall (2003), S. 735 ff.

Dadurch könnte analysiert werden, ob Manager unterschiedlich weitentwickelten BSCs auch jeweils einen höheren Nutzen für ihr Unternehmen bescheinigen.

Signifikant waren hingegen die Bewertungsunterschiede zwischen allen anderen Kennzahlensystemen und dem ZVEI-Kennzahlensystem. Ein möglicher Grund könnte in der oben beschriebenen Art der unterschiedlichen Nutzung der Kennzahlensysteme liegen. Während die BSC, die eigenen und die sonstigen Konzepte zur Unternehmenssteuerung eingesetzt werden, wird von den in Kapitel B 1.2.2 beschriebenen verschiedenen Nutzungsmöglichkeiten des ZVEI-Kennzahlensystems nur noch die Benchmarkfunktion mithilfe der jährlichen Vergleichskennzahlen von den Unternehmen in Anspruch genommen.

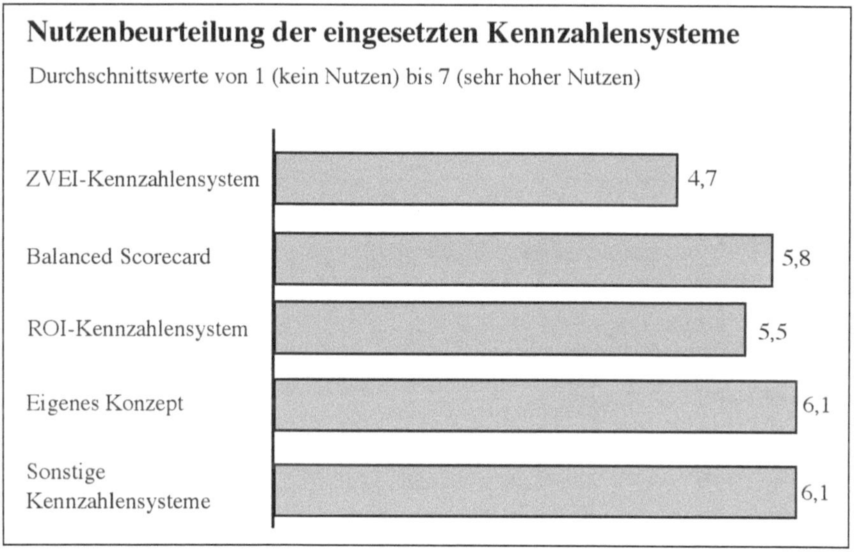

Abbildung 16: Nutzenbeurteilung der eingesetzten Kennzahlensysteme

1.2 Verbreitung von neueren Kostenrechnungsverfahren

Neben der Verbreitung von spezifischen Kennzahlensystemen wurde in dieser Arbeit auch der Einsatz weiterer kennzahlenbasierter Instrumente zur Unternehmenssteuerung abgefragt. Im Mittelpunkt standen dabei neuere Verfahren der Kostenrechnung. Da diese Fragestellung nicht Schwerpunkt der vorliegenden Arbeit ist, konnten aus Platzgründen auf dem Fragebogen nicht alle in der Literatur diskutierten Verfahren abgefragt werden. Da es sich bei allen genannten Verfahren um kennzahlenbasierte Instrumente der Steuerung handelt, soll ihr Verbreitungsgrad berücksichtigt werden. Darüber hinaus belegen empirische Studien, dass der Einsatz von neueren Kostenrechnungsverfahren die Bereitstellung von zukunftsgerichteten, nicht-finanziellen Kennzahlen notwendig macht und die Implementierung dieser Systeme in vielen Unternehmen der Ausgangspunkt war, der Messung weicher Einflussfaktoren des Unternehmenserfolges eine höhere Aufmerksamkeit zu schenken.[455] Die abgefragten modernen Kostenrechnungssysteme stellen die in der Literatur am häufigsten genannten Verfahren dar.

Wie Abbildung 17 zeigt, stellt das Target Costing mit einem aktuellen Verbreitungsgrad von 52,9% das wichtigste der neueren Kostenrechnungssysteme in der deutschen Elektroindustrie dar. Mit einem Verbreitungsgrad von 46,8% und 38,1% folgen die Kundenerfolgs-/Absatzsegmentrechnung und die Prozesskostenrechnung. Die beiden anderen Kostenrechnungssysteme (Produktlebenszyklus- und Kundenlebenszyklusrechnung) waren unter den Unternehmen der Elektroindustrie wenig verbreitet.

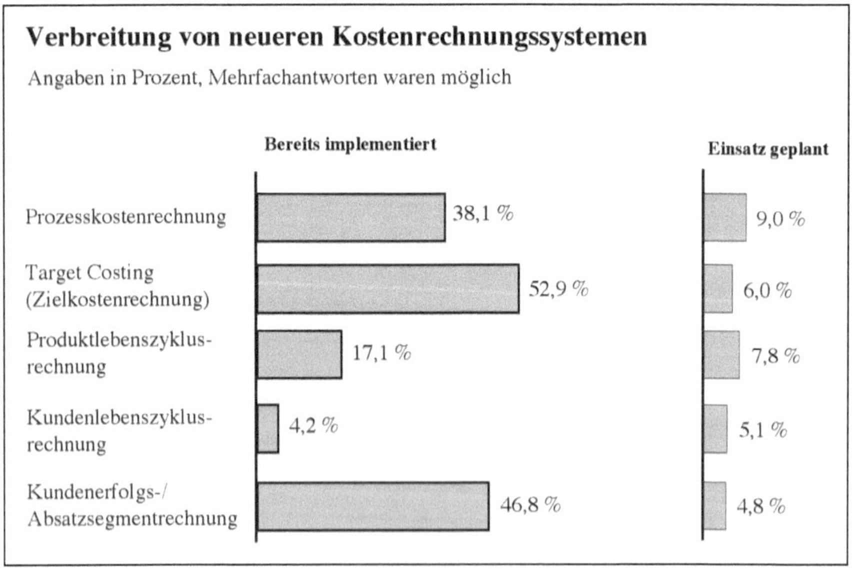

Abbildung 17: Verbreitung von neueren Kostenrechnungssystemen

---

455 Vgl. z.B. Abernethy/Lillis (1995); Perera/Harrison/Poole (1997); Sim/Killough (1998); Baines/Langfield-Smith (2003).

Neben der Verbreitung der modernen Kostenrechnungssysteme wurde auch die Nutzenbewertung dieser Systeme erfragt. Wie Abbildung 18 zeigt, wurde allen Verfahren ein sehr hoher Nutzen bescheinigt. Die Nutzenbewertungen weisen über die Stichprobe hinweg sehr geringe Schwankungen auf. Es kann daher gefolgert werden, dass unter den Antwortenden hohe Übereinstimmung bezüglich des Nutzens dieser Systeme besteht. Der etwas geringere Wert des für das Unternehmen festgestellten Nutzens der Produktlebenszyklusrechnung ist nur schwer erklärbar. Kritisch anzumerken ist wiederum, dass zukünftige Untersuchungen die Art der konkreten Ausgestaltung der neueren Kostenrechnungssysteme genauer abfragen könnten.

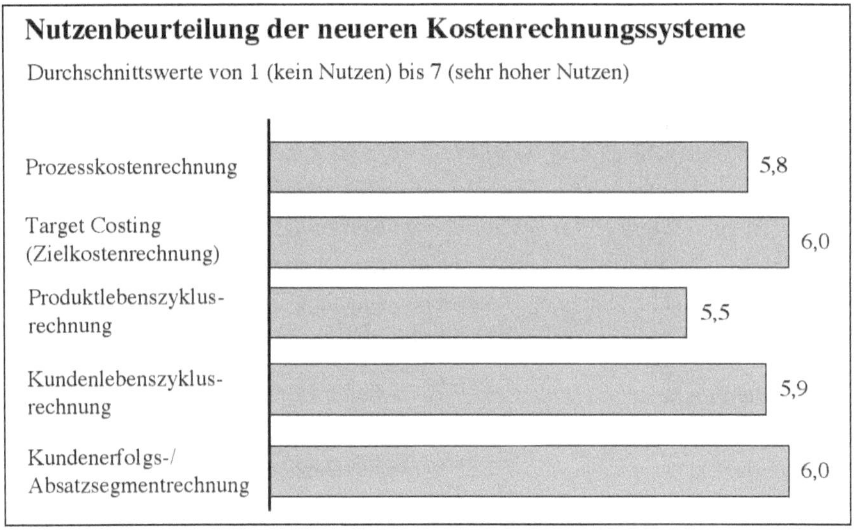

Abbildung 18: Nutzenbeurteilung der neueren Kostenrechnungssysteme

Ebenfalls erhoben wurde die Verbreitung und Nutzenbewertung des Total Quality Managements, von dem ebenfalls wichtige Impulse für die Verbreitung von nichtfinanziellen Kennzahlen ausgehen.[456] Da Total Quality Management kein Kostenrechnungssystem ist, wurde es in den beiden obigen Darstellungen nicht berücksichtigt. Insgesamt gaben 48% der Befragten an, dass ihr Unternehmen über ein Total Quality Management-System verfügt (weitere 3% planen die Einführung in der Zukunft). Die Nutzenbewertung ist wie bei den neueren Kostenrechnungssystemen mit 5,8 ebenfalls sehr hoch ausgefallen.

---

[456] Vgl. z.B. Gleich (2001), S. 21.

1.3 Gestaltungsmerkmale und Nutzungsintensität von Kennzahlen

1.3.1 Verfügbarkeit spezifischer Kennzahlen

Wie in Kapitel C 2.1 erklärt, kann eine gute Informationsversorgung mit Kennzahlen u. a. durch eine ausgewogene Mischung von finanziellen und nicht-finanziellen Kennzahlen charakterisiert werden.

Im Rahmen dieser Arbeit wurden die Geschäftsführer daher gebeten, auf einer Skala von eins bis sieben anzugeben, inwieweit ihnen individuell finanzielle und nicht-finanzielle Kennzahlen aus den verschiedenen Bereichen des Unternehmens und seines Umfeldes in hohem Maße zur Verfügung stehen. Um ein genaueres Bild über die Verfügbarkeit von Kennzahlen aus verschiedenen Kategorien zu erhalten, wurde im Vergleich zu früheren Erhebungen detaillierter gefragt. Die in früheren Arbeiten abgefragte Kennzahlenkategorie *Markt- und Kundenkennzahlen*[457] wurde dazu in vier Kennzahlenkategorien aufgeteilt (*Marktkennzahlen*, *direkte Kundenzufriedenheitsmessung*, *indirekte Kundenzufriedenheitsmessung*, *sonstige kundenbezogene Kennzahlen*). Da die Messung der Kundenzufriedenheit eine zentrale Bedeutung für eine ausgewogene Mischung aus finanziellen und nicht-finanziellen Kennzahlen hat, erlaubt diese Vorgehensweise genauere deskriptive Aussagen.

Des Weiteren wurden zusätzlich zu den von Sandt (2004) abgefragten Kategorien von Kennzahlen (*Finanz- und Innovationskennzahlen*) die *direkte Mitarbeiterzufriedenheit*, *Prozesskennzahlen* und *lieferantenbezogene Kennzahlen* abgefragt. Letztere Kennzahlenkategorie wurde weiterhin in drei Unterkategorien aufgeteilt (*Kennzahlen zur Lieferqualität*, *Lieferzuverlässigkeit* und *sonstige lieferantenbezogene Kennzahlen*).

Für eine bessere Übersichtlichkeit werden bei den nachfolgenden Darstellungen die Kennzahlenkategorien unterschieden, je nachdem, ob die Kennzahlen über unternehmensinterne oder unternehmensexterne Sachverhalte Auskunft geben.

Die Mittelwerte und die Verteilung der Antworten werden in separaten Darstellungen gezeigt. Wie die Abbildungen 19 bis 22 zeigen, stehen vor allem Finanzkennzahlen, Mitarbeiterkennzahlen und (etwas weniger häufig) sonstige kundenbezogene Kenn-

---

[457] Vgl. z. B. Sandt (2004), S. 113 f.

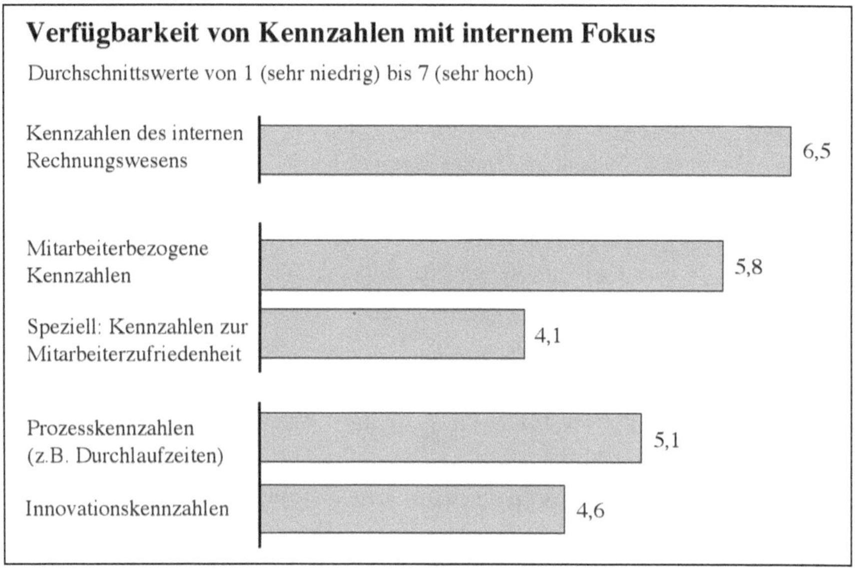

Abbildung 19: Kennzahlen mit internem Fokus (1/2) – Mittelwerte

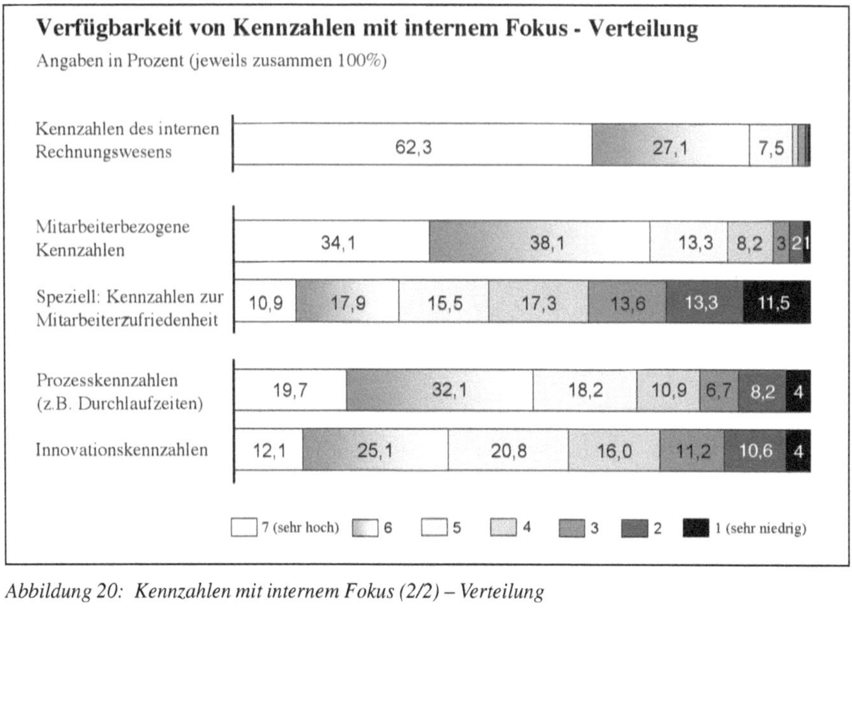

Abbildung 20: Kennzahlen mit internem Fokus (2/2) – Verteilung

zahlen regelmäßig in hohem Maße zur Verfügung. Bei diesen drei Kennzahlenkategorien handelt es sich um sog. *harte* Messobjekte. Die „weichen“ Messobjekte, wie Kundenzufriedenheits- oder Mitarbeiterzufriedenheitsmessung, stehen im Vergleich dazu deutlich seltener zur Verfügung. Auch andere *harte* Messobjekte wie lieferantenbezogene Kennzahlen, stehen weniger häufig zur Verfügung. Vergleicht man die angegebenen Mittelwerte mit den Mittelwerten der Erhebung von Sandt, dann zeigt sich, dass die Informationsversorgung mit Kennzahlen in den letzten Jahren „breiter“ geworden zu sein scheint. Während die angegebenen Mittelwerte der Verfügbarkeit von Innovations-, Mitarbeiter-, Prozess- und Markt-/Kundenkennzahlen bei Sandt nur zwischen 3,5 und 4,8 lagen, liegen die Mittelwerte dieser Untersuchung fünf Jahre später in den vergleichbaren Kategorien zum Teil deutlich höher (zwischen 4,1 und 5,8).[458] Neben der festgestellten höheren Verbreitung von Kenn-

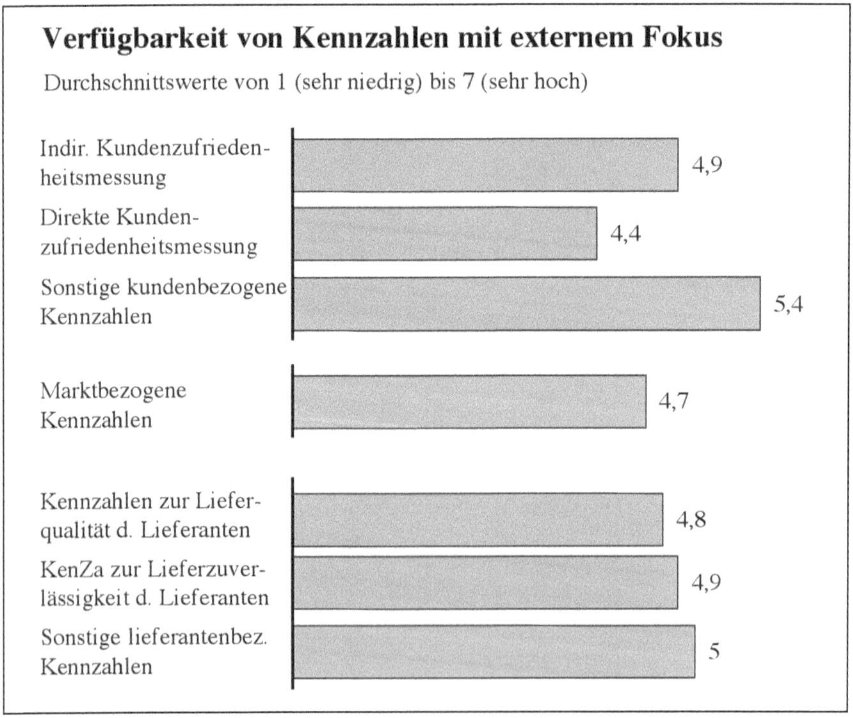

Abbildung 21: Kennzahlen mit externem Fokus (1/2) – Mittelwerte

[458] Vgl. Sandt (2004), S. 114.

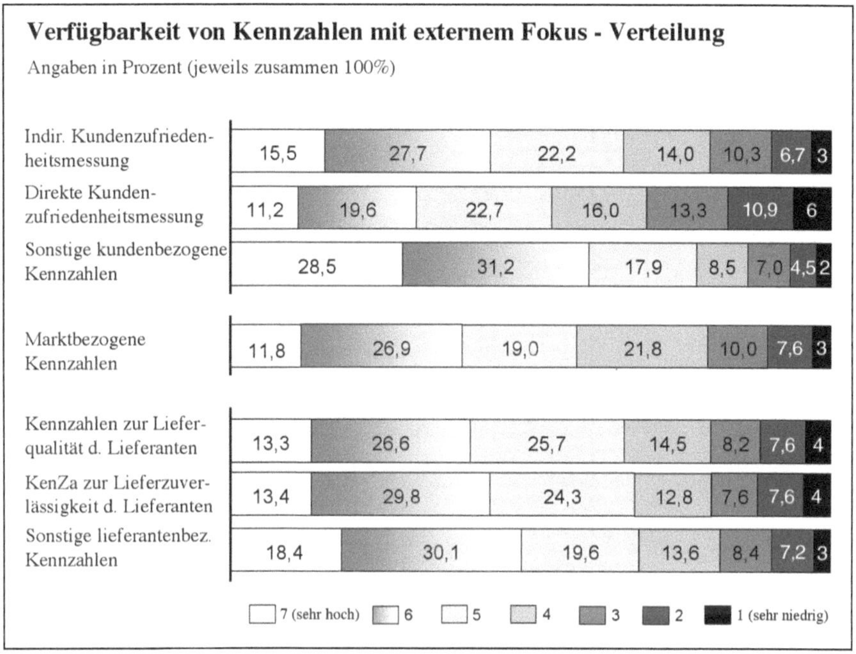

Abbildung 22: Kennzahlen mit externem Fokus (2/2) – Verteilung

zahlensystemen scheint damit auch die Verfügbarkeit von Kennzahlen, die über die „weichen" Erfolgstreiber der Unternehmung Auskunft geben, deutlich zugenommen zu haben. Einschränkend muss beachtet werden, dass die beiden Stichproben nicht ohne weiteres verglichen werden können, da die Grundgesamtheiten der befragten Manager sehr unterschiedlich sind. Auch die Frage, ob die Informationsversorgung mit Kennzahlen „breit" genug ist, kann auf der Grundlage der bisher diskutierten deskriptiven Ergebnisse noch nicht beurteilt werden.

1.3.2 Gestaltungsmerkmale von Kennzahlen

Abbildung 23 (s. S. 158) gibt Aufschluss über die erreichten Mittelwerte der einzelnen Merkmale von Kennzahlen. Den deskriptiven Ergebnissen zufolge erreicht die Aktualität der Kennzahlen den höchsten Durchschnittswert. Mit Ausnahme des Wertes bezüglich des Vorliegens von Information Overload liegen die Mittelwerte der übrigen Merkmale relativ nahe beieinander.

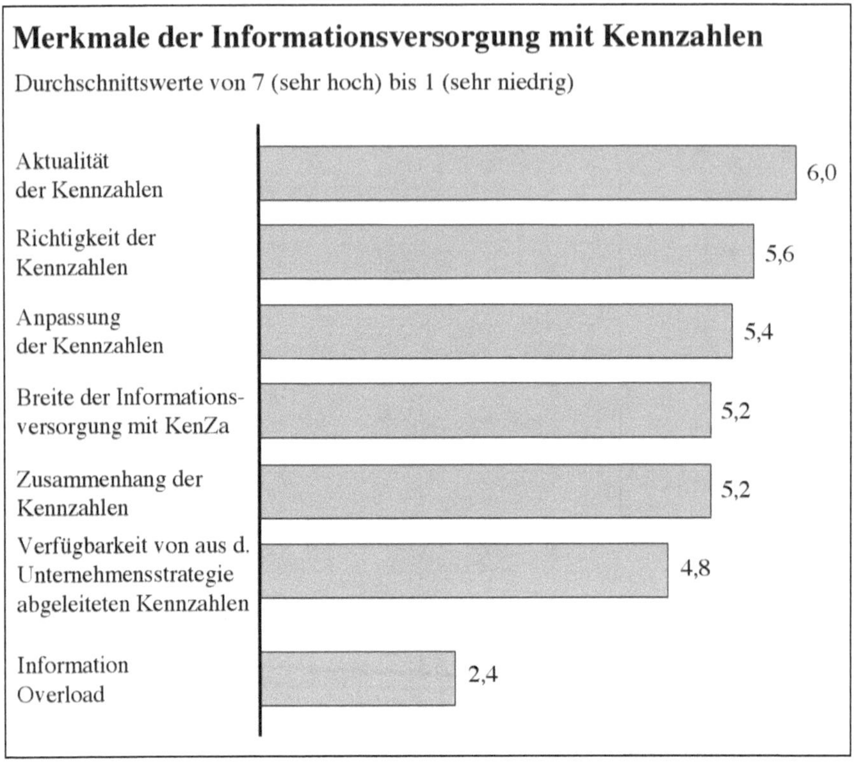

Abbildung 23: Merkmale von Kennzahlen – Mittelwerte

Die absolut erreichten Mittelwerte können an dieser Stelle noch nicht weitergehend interpretiert werden, weil erst die im Folgenden beschriebene Kausalanalyse darüber Aufschluss geben kann, inwiefern Schwankungen der Variablen einen Erklärungsbeitrag in Bezug auf die zu analysierenden abhängigen Erfolgsvariablen haben.

Eine Ausnahme bildet der Mittelwert des Konstruktes „Information Overload". Mit einem Durchschnittswert von 2,36 geben die Hauptgeschäftsführer an, dass sie nicht zu viele Kennzahlen erhalten. Nur 14 der 336 befragten Geschäftsführer (4,2%) gaben an, dass sie wegen der zu großen Anzahl von gelieferten Kennzahlen Schwierigkeiten haben, die relevanten Informationen zur Kenntnis zu nehmen (Werte von größer als 5). Das viel diskutierte Problem des „Information Overloads" ist damit in der Praxis empirisch nicht nachweisbar.

Um Hinweise zu erhalten, ob Handlungsbedarf in Bezug auf eine Verbesserung der Informationsversorgung mit Kennzahlen besteht, wurden die Angaben der Manager weitergehend untersucht. Dazu wurde ermittelt, wie viel Prozent der Manager mit der Informationsversorgung mit Kennzahlen nicht vollständig zufrieden sind.[459]

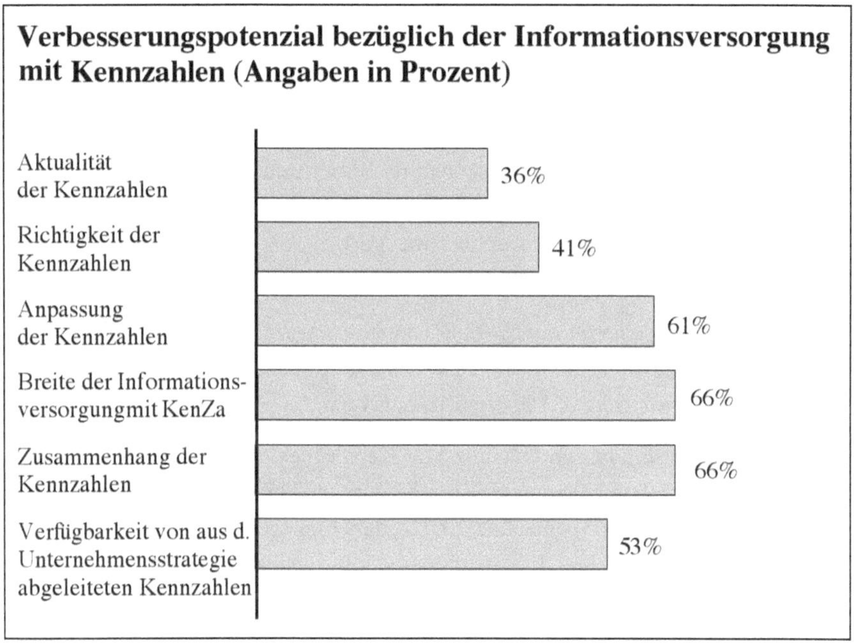

Abbildung 24: Verbesserungspotenzial bezüglich der Informationsversorgung mit Kennzahlen

Wie Abbildung 24 zeigt, besteht bezüglich aller abgefragten Merkmale der Informationsversorgung mit Kennzahlen Handlungsbedarf in der unternehmerischen Praxis. Dabei gaben nur ein gutes Drittel der befragten Manager an, dass die ihnen zur Verfügung stehenden Kennzahlen nicht aktuell genug seien. Besonders unzufrieden zeigten sich die Manager mit der Anpassungshäufigkeit, der Breite und dem Zusammenhang der Kennzahlen (jeweils fast zwei Drittel).

---

459 Der Gruppe der nicht vollständig zufriedenen Manager wurden dabei alle Antworten, die im Durchschnitt Werte von kleiner 6 aufwiesen zugeteilt.

Wie relevant die Verbesserung der Informationsversorgung mit Kennzahlen für den individuellen Erfolg der Manager jeweils ist, kann erst durch die Ergebnisse der Kausalanalyse beurteilt werden.

1.3.3 Nutzungsintensität der Kennzahlen

Abbildung 24 gibt Auskunft über die erreichten Mittelwerte bezüglich der Intensität der Nutzung der Kennzahlen durch die Geschäftsführer. Die Nutzungsarten *mittelbare Nutzung* und *Nutzung zu Kontrollzwecken* erreichen dabei hohe Mittelwerte von 5,9 bzw. 5,8, ohne dass die erreichten Mittelwerte sich signifikant voneinander unterscheiden. Die *Nutzung zur Durchsetzung* von Entscheidungen und die *Nutzung für Entscheidungszwecke* erreichen hingegen nur Mittelwerte von 5,2 und 5,0. Dabei ist die *Nutzung zu Entscheidungszwecken* zwar gering, aber signifikant höher als die *Nutzung zu Durchsetzungszwecken* (5%-Signifikanzniveau).

Die Mittelwerte der *mittelbaren Nutzung* und der *Nutzung zur Kontrolle* sind jeweils signifikant höher als die Mittelwerten der *Nutzung zu Entscheidungszwecken* und der *Nutzung zur Durchsetzung* (0,1%-Signifikanzniveau).

Die vergleichsweise niedrige Nutzung von Kennzahlen zu Entscheidungszwecken im Vergleich zur hohen Nutzung zu Kontrollzwecken belegt dabei den deskriptiven Befund von Steiners (2005) und unterstreicht, dass Manager bei Entscheidungen eher ihrer Intuition folgen, während sie quantitative Informationen sehr intensiv zur Kontrolle getroffener Entscheidungen verwenden.[460]

Ebenfalls bestätigt werden kann die niedrigere Nutzung von Kennzahlen zur Durchsetzung. Erhebliche Unterschiede im Vergleich zur Arbeit von Steiners können hingegen in Bezug auf die mittelbare Nutzung der Kennzahlen festgestellt werden. Während diese Nutzungsart bei den von Steiners (2005) untersuchten Controllinginformationen weniger intensiv feststellbar war, ist die mittelbare Nutzung von Kennzahlen in dieser Arbeit die intensivste. Eine mögliche Erklärung für die unterschiedlichen Ergebnisse könnte sein, dass Controllinginformationen immer noch sehr stark finanziell geprägt sind, während Kennzahlen alle quantitativen Informationen, besonders die nicht-finanziellen, umfassen. Möglicherweise sind gerade nicht-finanzielle Informationen, die über die zukünftigen Leistungspotenziale eines Unternehmens Auskunft geben, für die mittelbare Nutzung besonders relevant.

---

[460] Vgl. Steiners (2005), S. 182.

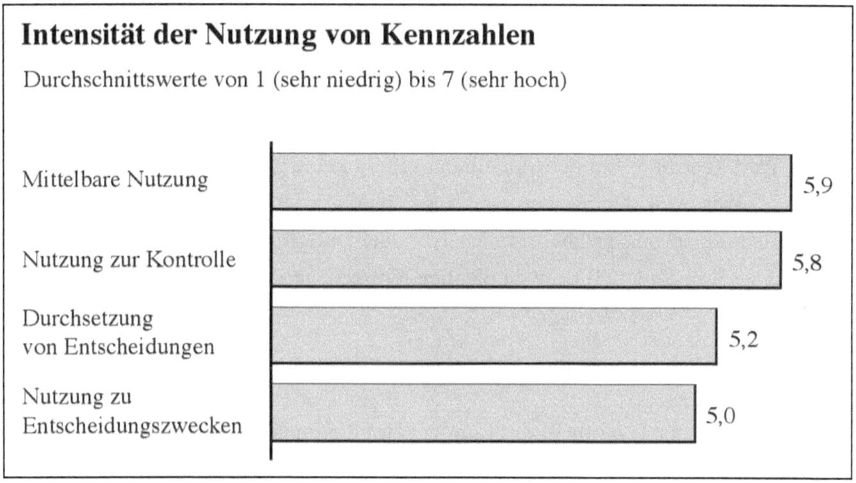

Abbildung 25: Intensität der Nutzung von Kennzahlen – Mittelwerte

2. Ergebnisse der Hypothesenprüfung

2.1 Modellgüte

Bevor die Ergebnisse der Hypothesenüberprüfung im Einzelnen diskutiert werden, soll zunächst eine Gütebeurteilung des überprüften Kausalmodells erfolgen. Die erreichten Gütewerte sind in Tabelle 41 zusammengefasst.[461]

Tabelle 41: Gütebeurteilung des Forschungsmodells

Erreichte Gütemaße			
		Gut	**Akzeptabel**
χ^2/df	1,74	✓	
RMSEA	0,05	✓	
NNFI	0,99	✓	
SRMR	0,05	✓	
CFI	0,99	✓	
GFI	0,91		✓
AGFI	0,88		✓

[461] Die erreichten Gütewerte wurden auf zwei Stellen hinter dem Komma gerundet.

Es wird deutlich, dass fast alle Gütekriterien den Anspruch an eine gute (χ^2/df, RMSEA, NNFI, SRMR, CFI) oder akzeptable Modellanpassung (GFI, AGFI) erfüllen. Nur der p-Wert (nicht in obiger Tabelle aufgeführt) erreicht nicht den geforderten Mindestwert von 0,01. Bei großen Stichproben (wie in dieser Arbeit) wird dem p-Wert allerdings bei der Modellbeurteilung keine große Beachtung geschenkt, da der χ^2-Wert von der Stichprobengröße abhängig ist. Stattdessen wird auf den Quotienten aus χ^2 und Freiheitsgraden zur Gütebeurteilung zurückgegriffen.[462] Das vorliegende Kausalmodell kann damit angenommen werden.

2.2 Direkte und indirekte Effekte

Die Ergebnisse der Hypothesenprüfung der direkten und indirekten Effekte sind in Abbildung 26 und Tabelle 42 (s. S. 163) zusammengefasst. Demnach können die Hypothesen H1a–H1d bestätigt werden. Hypothese 1e, die den Zusammenhang zwischen aus der Unternehmensstrategie abgeleiteten Kennzahlen und der Qualität der Kennzahlen untersucht, muss hingegen abgelehnt werden ($\gamma = 0{,}06$; 10%-Signifikanzniveau).

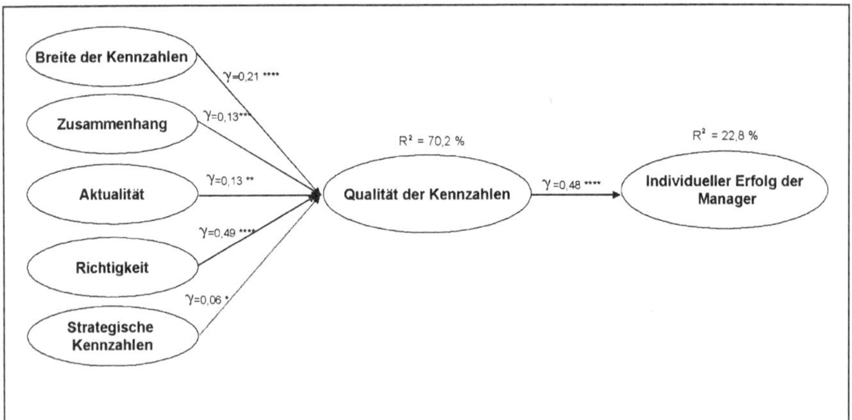

Abbildung 26: Ergebnisse der direkten und indirekten Effekte

[462] Vgl. Schermelleh-Engel/Moosbrugger/Müller (2003), S. 32 f.

Die untersuchten Gestaltungsvariablen von Kennzahlen erklären insgesamt 70,2% der Qualität der Kennzahlen (R^2 = 70,2%).

Den stärksten Einfluss auf die Qualität der Kennzahlen hat die Richtigkeit der Kennzahlen (γ = 0,49; 0,1%-Signifikanzniveau), gefolgt von der Breite der Kennzahlen (γ = 0,21; 0,1%-Signifikanzniveau). Signifikant, in ihrem Einfluss auf die Qualität der Kennzahlen aber weniger wichtig, sind der Zusammenhang zwischen den Kennzahlen (γ = 0,13; 1,0%-Signifikanzniveau) und die Aktualität der Kennzahlen (γ = 0,13; 5,0%-Signifikanzniveau). Die Hypothese H2, in der angenommen wurde, dass die Qualität der Kennzahlen einen positiven Einfluss auf den individuellen Erfolg der Manager hat, konnte ebenfalls klar bestätigt werden (γ = 0,48; 0,1%-Signifikanzniveau). Aufgrund des relativ hohen R^2 von 22,8% kann damit ausgesagt werden, dass der individuelle Erfolg von Managern stark von der Qualität der zur Verfügung stehenden Kennzahlen abhängt.[463] Bei der Operationalisierung des Kon-

Tabelle 42: Ergebnisse der Hypothesen zu direkten und indirekten Effekten

Hypothesen		angenommen/ abgelehnt	Signifikanz-niveau
H1a	Die Breite der Informationsversorgung mit Kennzahlen beeinflusst die Qualität der Kennzahlen positiv.	angenommen	0,1%
H1b	Der Zusammenhang zwischen den Kennzahlen beeinflusst die Qualität der Kennzahlen positiv.	angenommen	1,0%
H1c	Die Aktualität der Kennzahlen beeinflusst die Qualität der Kennzahlen positiv.	angenommen	5,0%
H1d	Die Richtigkeit der Kennzahlen beeinflusst die Qualität der Kennzahlen positiv.	angenommen	0,1%
H1e	Die Verfügbarkeit von aus der Unternehmensstrategie abgeleiteten Kennzahlen beeinflusst die Qualität der Kennzahlen positiv.	abgelehnt	10,0%
H2	Die Qualität von Kennzahlen beeinflusst den individuellen Erfolg der Manager positiv.	angenommen	0,1%

[463] Zu beachten ist dabei, dass es nicht Ziel dieser Arbeit ist, den individuellen Erfolg der Manager vollständig zu erklären, sondern nur zu überprüfen, ob die Qualität der Kennzahlen eine von mehreren wichtigen Einflussgrößen ist.

struktes *individueller Erfolg der Manager* war darauf hingewiesen worden, dass in diesem Falle grundsätzlich auch eine formative Messung denkbar gewesen wäre. Eine Überprüfung der Hypothese 2 bei Behandlung des Konstruktes *individueller Erfolg der Manager* als formative Messung mit einmal 3 und einmal 5 Indikatoren belegte die Stabilität der Hypothesenprüfung. Durch die Nichtberücksichtigung von Messfehlern bei formativen Messungen war lediglich die Höhe der erklärten Varianz der abhängigen Variable unwesentlich niedriger.

2.3 Moderierende Effekte

2.3.1 Moderierende Effekte der Nutzungsarten

In Hypothese 3a war angenommen worden, dass der Zusammenhang zwischen der Qualität der Kennzahlen und dem individuellen Erfolg der Manager stärker ist, wenn die Kontrollintensität hoch ist. Die Ergebnisse der Moderationsanalyse bestätigen diese Hypothese klar ($\gamma_{niedrig} = 0{,}33$; $t = 3{,}43$; $\gamma_{hoch} = 0{,}63$; $t = 6{,}15$; $\Delta\chi^2 = 5{,}72$; $p < 0{,}05$).

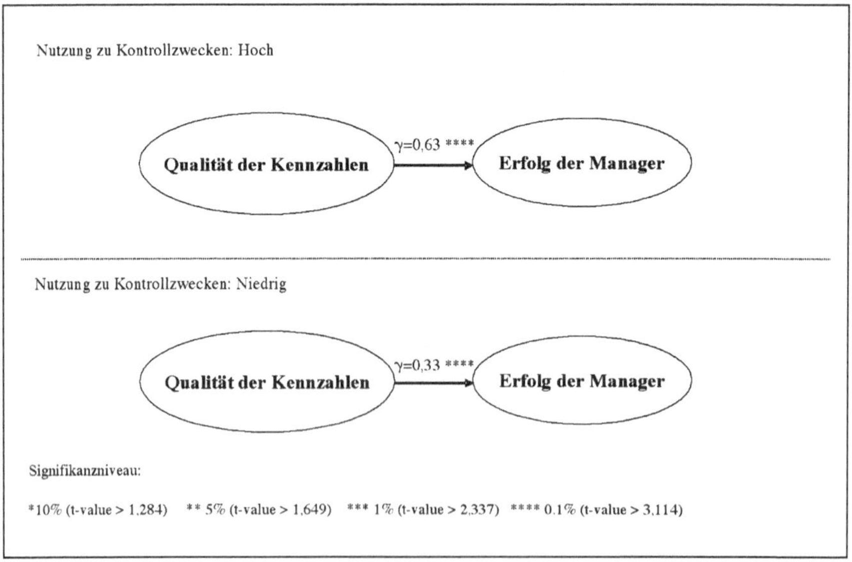

Abbildung 27: Modell bei hoher/niedriger Intensität der Nutzung zu Kontrollzwecken

Die Ergebnisse der Moderationsanalysen bestätigen ebenfalls die Hypothesen H3b und H3c, die angenommen haben, dass die *Nutzung von Kennzahlen zu Entscheidungszwecken* sowie die *mittelbare Nutzung* der Kennzahlen den Zusammenhang

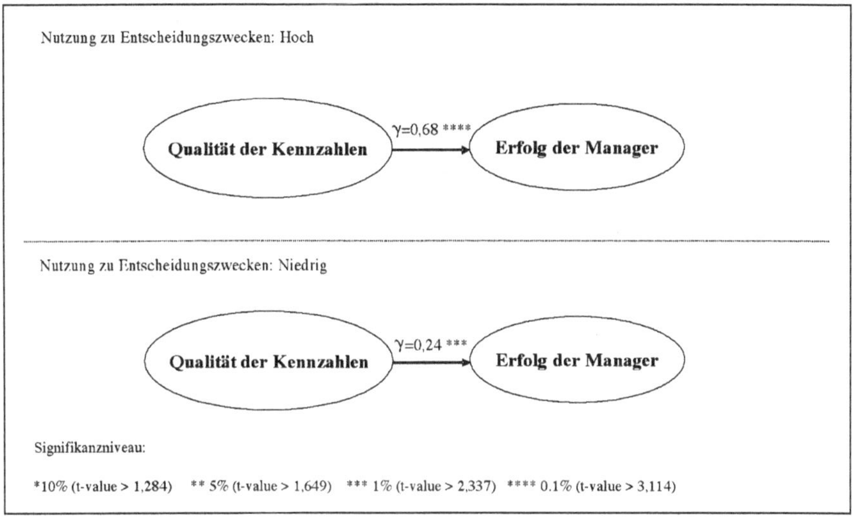

Abbildung 28: Modell bei hoher/niedriger Intensität der Nutzung zu Entscheidungszwecken

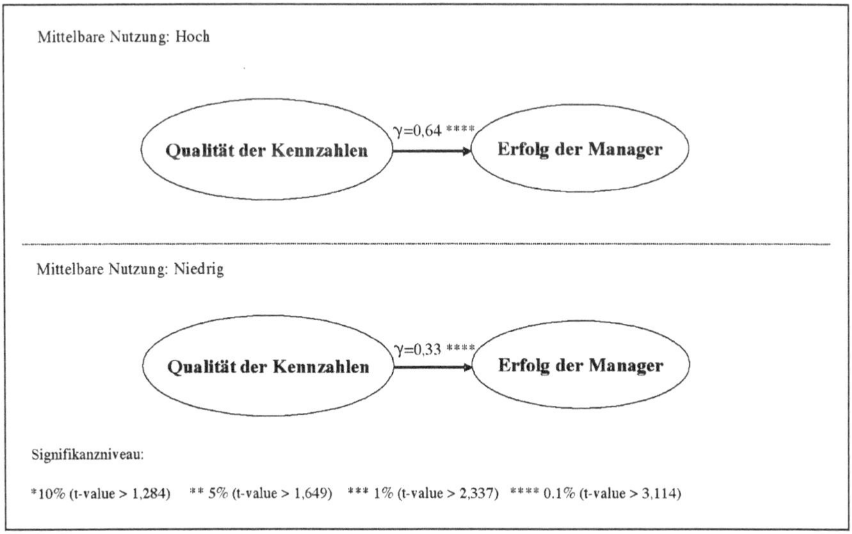

Abbildung 29: Modell bei hoher/niedriger Intensität der mittelbaren Nutzung

zwischen der Qualität der quantitativen Informationen und dem individuellen Erfolg der Manager moderiert. Beide Moderationseffekte sind auf dem 1%-Niveau signifikant ($\Delta\chi^2 = 9{,}05$; $\Delta\chi^2 = 8{,}53$; $p < 0{,}01$) und ebenfalls positiv ($\gamma_{niedrig} = 0{,}24$; $t = 2{,}59$; $\gamma_{hoch} = 0{,}68$; $t = 6{,}61$; $\gamma_{niedrig} = 0{,}33$, $t = 3{,}45$; $\gamma_{hoch} = 0{,}64$; $t = 6{,}42$).

Die Hypothese H3d, in der postuliert wurde, dass die Nutzung zur Durchsetzung von Entscheidungen die Stärke des Zusammenhangs zwischen der Qualität der Kennzahlen und dem individuellen Erfolg der Manager positiv moderiert, kann nicht angenommen werden, obwohl die Pfadkoeffizienten in beiden untersuchten Teildatensätzen unterschiedlich hoch sind ($\gamma_{niedrig} = 0{,}34$; $t = 3{,}43$; $\gamma_{hoch} = 0{,}56$; $t = 6{,}1$). Anzumerken ist auch, dass der Moderationseffekt auf dem 10%-Niveau signifikant ist ($\Delta\chi^2 = 3{,}4$; $p < 0{,}1$) und damit nur knapp abgelehnt werden muss.

Die Untersuchung eines möglichen direkten Zusammenhangs zwischen der Nutzung zur Durchsetzung und dem individuellen Erfolg ergibt hingegen einen signifikanten direkten Effekt. Fasst man die knappe Ablehnung der Moderation und den gefundenen direkten Effekt zusammen, scheint es sich bei der Nutzungsart *Durchsetzung* um eine Quasimoderation zu handeln. Bei einer reinen Moderation besteht kein signifikanter Zusammenhang zwischen der Moderatorvariable einerseits und der abhängi-

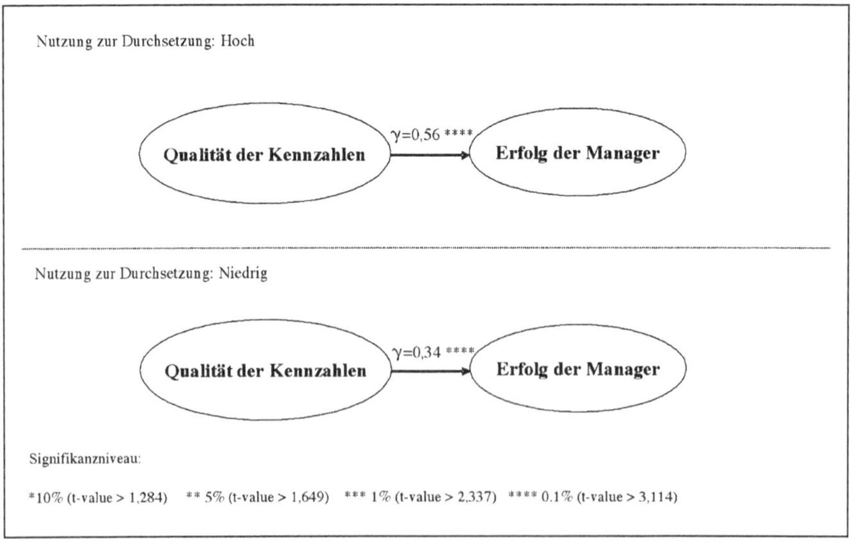

Abbildung 30: Modell bei hoher/niedriger Intensität der Nutzung zur Durchsetzung

gen Variable andererseits. Bei einer Quasimoderation hingegen liegt einerseits ein Moderationseffekt vor, andererseits besteht auch ein direkter signifikanter Einfluss der Moderatorvariable auf die abhängige Variable.[464]

2.3.2 Moderierender Effekt des Nutzer-Know-Hows

Hypothese 4 postulierte, dass der Zusammenhang zwischen der Qualität der Kennzahlen und dem individuellen Erfolg der Manager stärker ist, wenn die Nutzer der Kennzahlen ihre quantitativen Informationen besser verstehen. Diese Hypothese kann durch die Daten klar bestätigt werden ($\gamma_{niedrig} = 0{,}14$; $t = 1{,}52$; $\gamma_{hoch} = 0{,}71$; $t = 7{,}0$; $\Delta\chi^2 = 15{,}38$; $p < 0{,}001$). Von allen untersuchten Moderationen ist die Modellverbesserung bei der Variable Nutzer-Know-How am größten. In der Gruppe mit niedriger Ausprägung der Variable besteht sogar nur ein auf dem 10%-Niveau signifikanter Zusammenhang zwischen der Qualität der Kennzahlen und dem individuellen Erfolg der Manager.

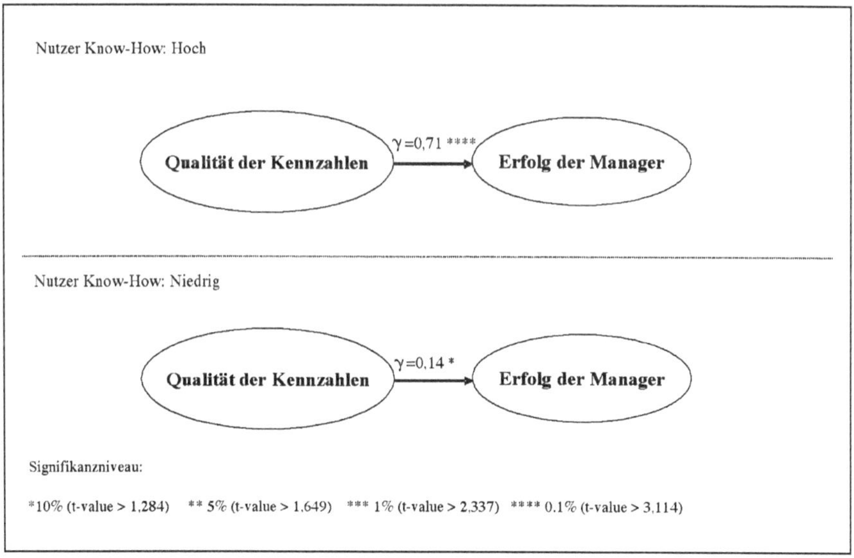

Abbildung 31: Modell bei hohem/niedrigem Nutzer-Know-How

[464] Vgl. Sharma/Durand/Gur-Arie (1981), S. 292; Arnold (1982), S. 154; Arnold (1984), S. 216; Shields/Shields (1998), S. 51; Hartmann/Moers (1999), S. 294.

2.3.3 Moderierende Effekte der exogenen Unternehmensumwelt

Die Hypothese 5 hat angenommen, dass bei Managern, deren Unternehmen einer hohen produktbezogenen Wettbewerbsintensität ausgesetzt sind, der Zusammenhang zwischen der Qualität der Kennzahlen und dem individuellen Erfolg der Manager stärker ist als bei Unternehmen, die einer niedrigen produktbezogenen Wettbewerbsintensität ausgesetzt sind. Diese Hypothese kann durch den Mehrgruppenvergleich bestätigt werden ($\gamma_{niedrig} = 0{,}34$; $t = 3{,}53$; $\gamma_{hoch} = 0{,}61$; $t = 6{,}11$; $\Delta\chi^2 = 4{,}5$; $p < 0{,}05$).

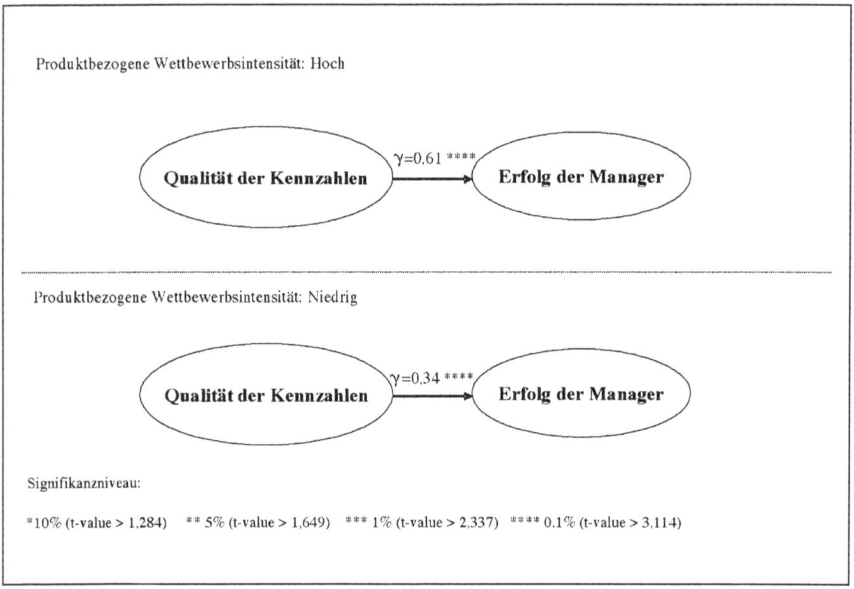

Abbildung 32: Modell bei hoher/niedriger produktbezogener Wettbewerbsintensität

Die Analyse der in Kapitel C 3.3 genannten beiden weiteren Dimensionen des PEU-Konstrukts ergibt, dass weder die Technologiedynamik noch der Preiswettbewerb einen moderierenden Einfluss auf die Stärke des Zusammenhangs zwischen der Qualität der Kennzahlen und dem individuellen Erfolg der Manager haben ($\gamma_{niedrig} = 0{,}44$; $t = 4{,}32$; $\gamma_{hoch} = 0{,}42$; $t = 4{,}20$; $\Delta\chi^2 = 0{,}00$; $\gamma_{niedrig} = 0{,}38$; $t = 3{,}87$; $\gamma_{hoch} = 0{,}55$; $t = 5{,}43$; $\Delta\chi^2 = 1{,}08$).

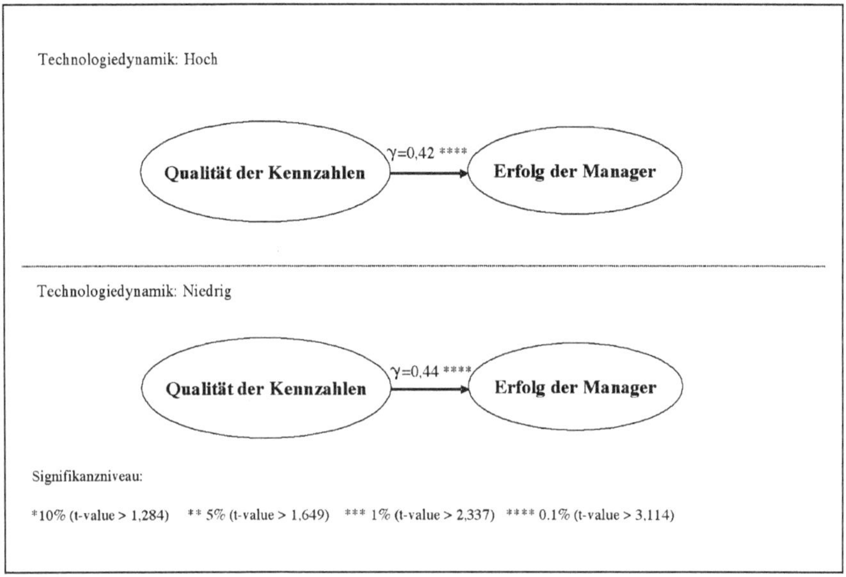

Abbildung 33: Modell bei hoher/niedriger Technologiedynamik

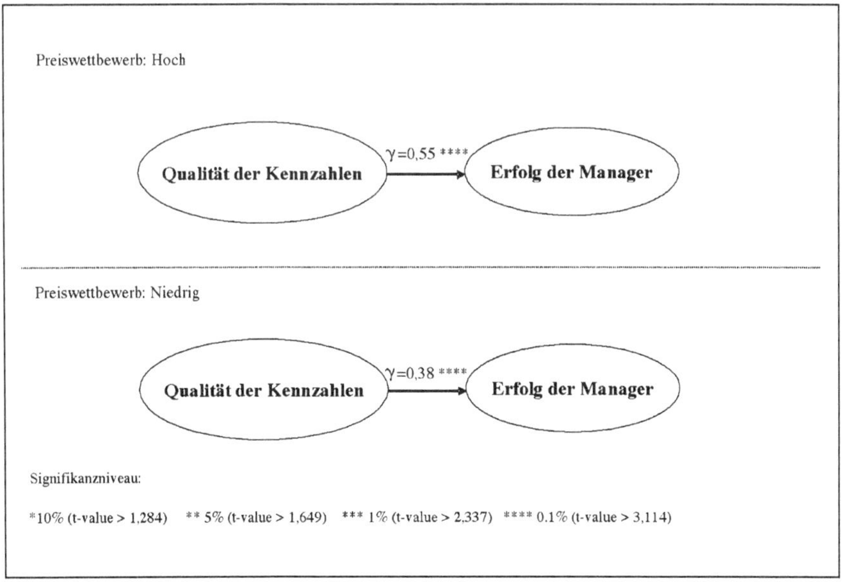

Abbildung 34: Modell bei hohem/niedrigem Preiswettbewerb

2.3.4 Moderierender Effekt der Unternehmensgröße

Als Letztes sollte explorativ untersucht werden, ob die Größe eines Unternehmens den Zusammenhang zwischen der Qualität der Kennzahlen und dem individuellen Erfolg der Manager moderiert.

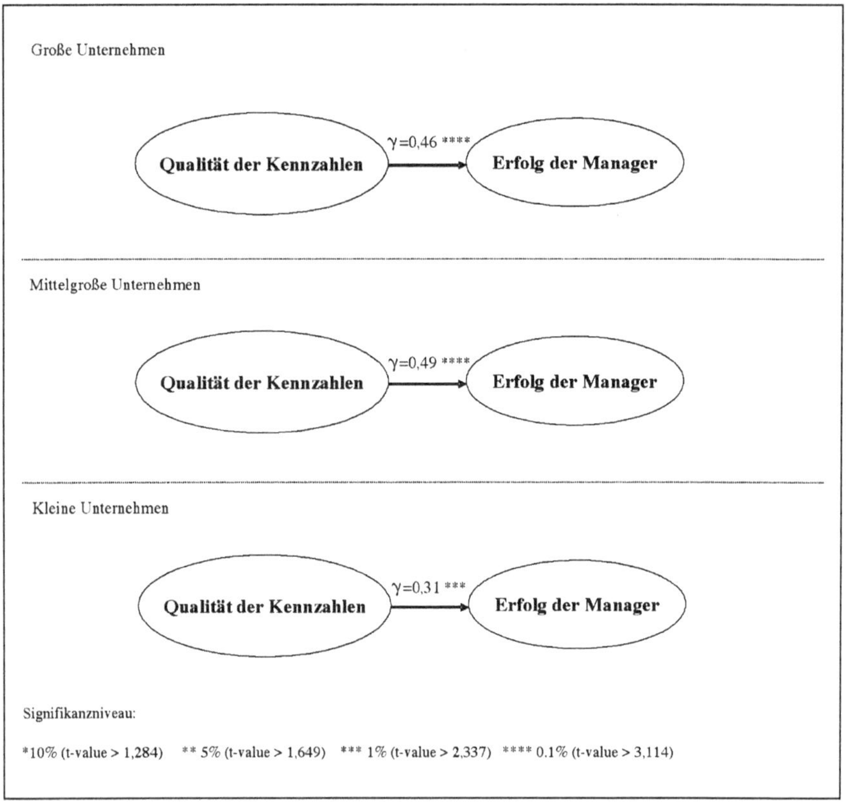

Abbildung 35: Modell bei großer, mittlerer und kleiner Unternehmensgröße

Diese explorative Analyse ergab kein eindeutiges Ergebnis. Der Zusammenhang zwischen den beiden untersuchten Variablen ist zwar bei kleinen Unternehmen mit weniger als 50 Mitarbeitern schwächer als bei mittelgroßen und großen Unternehmen, die Veränderung des Chi-Wertes ist aber nicht signifikant ($\gamma_{klein} = 0{,}31$; t = 2,07; $\gamma_{mittelgroß} = 0{,}49$; t = 5,34; $\gamma_{groß} = 0{,}46$; t = 5,34; $\Delta\chi^2 = 1{,}67$; n. s.).

Tabelle 43: Ergebnisse der konfirmatorischen Moderatorenanalysen

	Moderator-Variable NIEDRIG	Moderator-Variable HOCH	Angenommener Effekt	Differenz des Chi-Quadrat-Wertes ($\Delta df = 1$)	Angenommen/ abgelehnt
Nutzung zu Kontroll-zwecken	$\gamma = 0{,}33$ (t-value = 3,43)	$\gamma = 0{,}63$ (t-value = 6,15)	+	$\Delta\chi^2 = 5{,}72$	Angenommen (5% Signi-fikanzniveau)
Nutzung zu Entscheidungs-zwecken	$\gamma = 0.24$ (t-value = 2,59)	$\gamma = 0.68$ (t-value = 6,61)	+	$\Delta\chi^2 = 9{,}05$	Angenommen (1% Signi-fikanzniveau)
Mittelbare Nutzung	$\gamma = 0.33$ (t-value = 3,45)	$\gamma = 0.64$ (t-value = 6,42)	+	$\Delta\chi^2 = 8{,}53$	Angenommen (1% Signi-fikanzniveau)
Durchsetzung	$\gamma = 0{,}34$ (t-value = 3,43)	$\gamma = 0{,}56$ (t-value = 5,42)	+	$\Delta\chi^2 = 3{,}4$	Kein Moderations-effekt (10% Sig-nifikanzniveau)
Nutzer-Know-How	$\gamma = 0{,}14$ (t-value = 1,52)	$\gamma = 0{,}71$ (t-value = 7,00)	+	$\Delta\chi^2 = 15{,}38$	Angenommen (0,1% Signi-fikanzniveau)
Produktbezogene Wettbewerbs-intensität	$\gamma = 0{,}34$ (t-value = 3,53)	$\gamma = 0{,}61$ (t-value = 6,11)	+	$\Delta\chi^2 = 4{,}50$	Angenommen (5% Signi-fikanzniveau)

Tabelle 44: Ergebnisse der explorativen Moderatorenanalysen

	Moderator-Variable NIEDRIG	Moderator-Variable HOCH	Differenz des Chi-Quadrat-Wertes ($\Delta df = 1$)	Angenommen/ abgelehnt
Größe	$\gamma_{klein} = 0{,}31$ (t-value = 2,07)	$\gamma_{mittel} = 0{,}49$ (t-value = 5,34) $\gamma_{groß} = 0{,}46$ (t = 5,34)	$\Delta\chi^2 = 1{,}67$	Kein Moderations-effekt
Technologie-dynamik	$\gamma = 0{,}44$ (t-value = 4,32)	$\gamma = 0{,}42$ (t-value = 4,20)	$\Delta\chi^2 = 0{,}00$	Kein Moderations-effekt
Preiswettbewerb	$\gamma = 0{,}38$ (t-value = 3,87)	$\gamma = 0{,}55$ (t-value = 5,43)	$\Delta\chi^2 = 1{,}08$	Kein Moderations-effekt

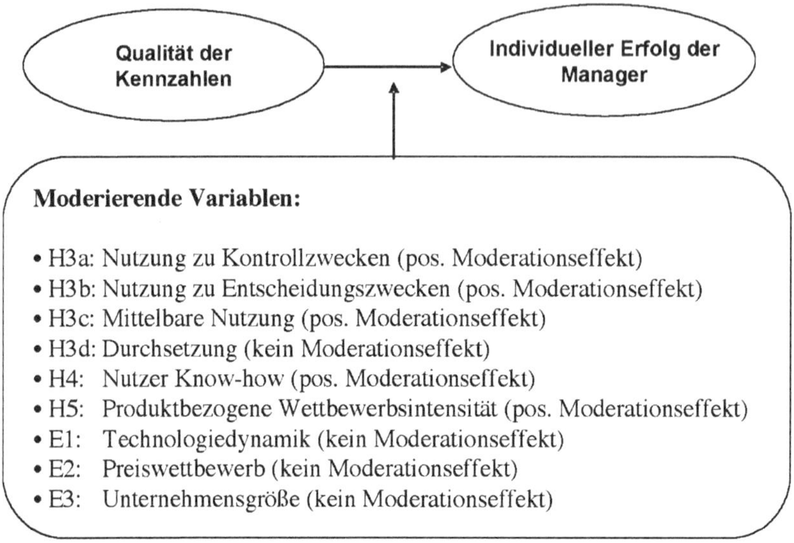

Abbildung 36: Ergebnisse der Moderatorenanalyse – graphische Darstellung

2.3.5 Moderierende Effekte höherer Ordnung

Um die Ergebnisse der Hypothesenprüfung zu untermauern, wurden Moderationsanalysen höherer Ordnung durchgeführt. Dazu wurde der Datensatz in vier Teildatensätze anhand von zwei Variablen aufgeteilt (hoch-hoch; hoch-niedrig; niedrig-hoch; niedrig-niedrig). Danach wurde untersucht, ob der Zusammenhang zwischen der Qualität der Kennzahlen und dem individuellen Erfolg der Manager noch stärker ist, wenn jeweils zwei der oben untersuchten Moderatorvariablen eine hohe Ausprägung haben.

Aus Gründen der Vereinfachung wurden die drei Nutzungsarten, die den Zusammenhang zwischen der Qualität der Kennzahlen und dem individuellen Erfolg der Manager moderieren, zu einer Variablen *Nutzung* hochaggregiert.

Ergebnis 1: *Nutzungsintensität und Nutzer-Know-How*

Die Analyse der Moderation höherer Ordnung der Variablen *Nutzungsintensität* und *Nutzer-Know-How* ergab, dass in der Gruppe mit jeweils hoher Variablenausprägung der Zusammenhang zwischen der Qualität der Kennzahlen und dem individuellen

Erfolg der Manager am stärksten war. Die Moderation höherer Ordnung konnte aufgrund der signifikanten Verbesserung des Chi-Wertes in dieser Gruppe bestätigt werden.[465]

Ergebnis 2: *Nutzungsintensität und produktbezogene Wettbewerbsintensität*

In der zweiten vorgenommenen Moderationsanalyse höherer Ordnung wurden die Variablen *Nutzungsintensität* und *produktbezogene Wettbewerbsintensität* bezüglich ihres gemeinsamen moderierenden Effektes untersucht. Auch in diesem Fall ergab sich ein Moderationseffekt höherer Ordnung.[466]

Ergebnis 3: *Nutzer-Know-How und produktbezogene Wettbewerbsintensität*

In der dritten vorgenommenen Moderationsanalyse höherer Ordnung wurde schließlich der gemeinsame Moderationseffekt höherer Ordnung zwischen den Variablen *Nutzer-Know-How* und *produktbezogene Wettbewerbsintensität* untersucht. Auch in diesem Falle konnte eine Moderation höherer Ordnung nachgewiesen werden.

In Kapitel E 2.3 wurde erläutert, wie mittels des Einsatzes des kausalen Mehrgruppenvergleichs auf die Nicht-Relevanz des Common-Method-Bias für die Ergebnisse der Hypothesenprüfung geschlossen werden kann. Neben dem in Kapitel E 2.3 durchgeführten Test stellt der im Prinzip nicht-existente ($\gamma = 0{,}03$) und nicht-signifikante (t-Wert = 0,31) Zusammenhang zwischen der Qualität von Kennzahlen und dem individuellen Erfolg der Manager in dem Teildatensatz, bei dem die Variablenausprägungen der Nutzungsintensität und des Nutzer-Know-Hows über die Kennzahlen niedrig sind, einen weiteren überzeugenden Beleg für die Nicht-Relevanz der Common-Method-Bias-Problematik für die Ergebnisse dieser Arbeit dar. Auch in der Teilgruppe mit niedriger Variablenausprägung der Konstrukte *Nutzer-Know-How* und *produktbezogene Wettbewerbsintensität* liegt kein signifikanter Zusammenhang ($\gamma = 0{,}05$; t-Wert = –0,41) zwischen den für diese Arbeit zentralen Variablen *Qualität von Kennzahlen* und *individueller Erfolg von Managern* vor. Bei einer starken Ausprägung des Common-Method-Bias in den Daten hätten auch in diesen Teilgruppen jeweils signifikante Zusammenhänge zwischen den beiden Konstrukten sein müssen.

---

[465] Moderationseffekte höherer Ordnung ergaben sich auch jeweils bei Kombination der drei beschriebenen Einzelnutzungsarten und dem Nutzer-Know-How über die Kennzahlen.

[466] Moderationseffekte höherer Ordnung ergaben sich auch jeweils bei Kombination der drei beschriebenen Einzelnutzungsarten und der produktbezogenen Wettbewerbsintensität.

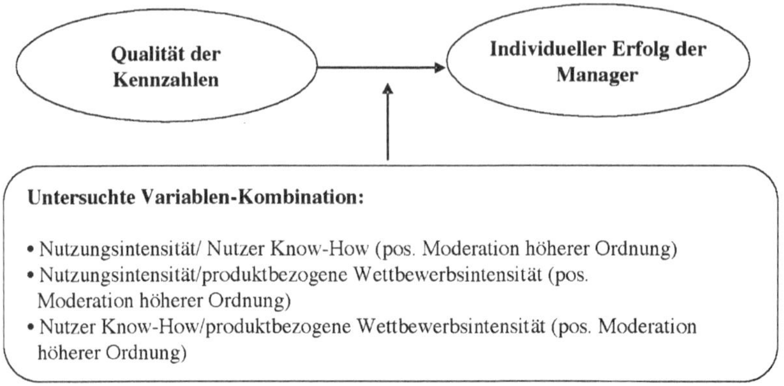

Abbildung 37: Ergebnisse der Moderationsanalysen höherer Ordnung – graphische Darstellung

3. Diskussion der Ergebnisse

3.1 Direkte und indirekte Effekte

Die Analyse der direkten und indirekten Effekte ergab, dass vier Gestaltungsmerkmale von Kennzahlen (*Breite der Kennzahlen, Zusammenhang der Kennzahlen, Aktualität* und *Richtigkeit*) die wichtigen Einflussfaktoren der (Gesamt-)Qualität der Kennzahlen sind. Die in Kapitel C 1 genannten Kriterien, die es ermöglichen, die Güte der Auswahl der extrahierten Gestaltungsmerkmale zu beurteilen, stellen die Grundlage der folgenden Diskussion dar.

Das erste Kriterium bezog sich auf die Vollständigkeit der extrahierten Gestaltungsmerkmale. Die sehr hohe Erklärungskraft (R^2 = 70,2%) der ausgewählten Variablen legt den Schluss nahe, dass dieses Kriterium als erfüllt angesehen werden kann. Die Höhe des erreichten R^2 für das facettenreiche Konstrukt *Qualität der Kennzahlen* ist dabei mit der Höhe des Erklärungsgehaltes untersuchter facettenreicher Konstrukte vergleichbar, die in empirischen Arbeiten aus dem Bereich des Marketing erzielt wurden.[467] Trotzdem kann nicht ausgeschlossen werden, dass es vielleicht noch ein weiteres Gestaltungsmerkmal gibt, welches ein höheres R^2 ermöglicht hätte.

---

[467] So kann z. B. Homburg mit den extrahierten Faktoren die Kundennähe von Industriegüterunternehmen ebenfalls zu 70% erklären. Vgl. Homburg (2000), S. 125.

Das zweite Beurteilungskriterium bezog sich auf eine möglichst knappe Auswahl der Gestaltungsmerkmale von Kennzahlen. Mit nur vier Gestaltungsmerkmalen kann dieses Kriterium als klar erfüllt angesehen werden.

Gemäß dem dritten Beurteilungskriterium sollte die empirische Analyse erkenntnissteigernd in Bezug auf die facettenreiche Natur des kontextualen Qualitätsverständnisses von Kennzahlen in der nutzerspezifischen Situation von Top-Managern der Elektroindustrie sein. Auch dieses Kriterium kann als erfüllt angesehen werden. Die in dieser Analyse gewonnenen Erkenntnisse bestehen darin, dass die Richtigkeit der Kennzahlen und danach mit einigem Abstand die Breite der Kennzahlen die aus Nutzersicht von Geschäftsführern wichtigsten Gestaltungsmerkmale darstellen. Der wichtige Einfluss der Aktualität und des Zusammenhangs der Kennzahlen konnte ebenfalls nachgewiesen werden. Im Gegensatz zu den Erwartungen, die von einem Großteil der veröffentlichten Literatur geweckt werden, konnte kein signifikanter Effekt der Verfügbarkeit von aus der Unternehmensstrategie abgeleiteten Kennzahlen auf die Qualität der Kennzahlen und den individuellen Erfolg der Manager nachgewiesen werden.[468] Bei der Interpretation dieses Ergebnisses muss aber berücksichtigt werden, dass die in dieser Arbeit vorgenommene Messung der Verfügbarkeit von aus der Unternehmensstrategie abgeleiteten Kennzahlen nur aus einer Frage besteht.[469] Dieser empirische Befund bestätigt aber die Ergebnisse von Ittner/Larcker/Randall (2003), wonach der Einsatz von Konzepten zur Stategieimplementierung keinen Einfluss auf den Unternehmenserfolg hat.[470] Der positive Befund von Chenhall (2005), wonach strategische Instrumente der Unternehmensführung das organisationale Lernen positiv beeinflussen, lassen sich leicht durch die in Kapitel B 2.1.1.7 erläuterten methodischen Mängel der Untersuchung erklären.[471] Dieser kritische Befund zu fehlenden Erfolgswirkungen der Verfügbarkeit von aus der Unternehmensstrategie abgeleiteten Kennzahlen sollte im Sinne des in Kapitel B 3.1 erläuterten Verständnisses von empirischer Wissenschaft in zukünftigen Studien mehrfach überprüft werden.

---

468 Vgl. z. B. PWC (2001).

469 Für die Problematik der Annahme der Fehlerfreiheit von Messungen mit nur einem Indikator vgl. Homburg/Klarmann (2003), S. 76.

470 Vgl. Ittner/Larcker/Randall (2003).

471 Vgl. Chenhall (2005); ferner Kapitel B 2.1.1.7 für die Kritik an der Studie.

Gemäß dem vierten Beurteilungskriterium müssen die Merkmale der Kennzahlen auch von den Lieferanten der Kennzahlen gestaltbar sein, um bei negativer Abweichung vom Durchschnitt verbessert werden zu können. Dieses Kriterium trifft auf alle untersuchten Merkmale zu. Die zu den relevanten Konstrukten gestellten Fragen können damit der Praxis als Leitfaden zur unternehmensindividuellen Schwachstellenanalyse bezüglich der Informationsversorgung mit Kennzahlen herangezogen werden.

3.2 Moderierende Effekte der Nutzungsarten

Durch die Ergebnisse des Mehrgruppenvergleiches bezüglich der Nutzungsarten konnten drei der vier aufgestellten Hypothesen bestätigt werden. Die Nutzung zu Kontroll- und Entscheidungszwecken sowie die mittelbare Nutzung moderieren demnach die Stärke des Zusammenhangs zwischen der Qualität der Kennzahlen und dem individuellen Erfolg der Manager. Die mangelnde Ergebniskonvergenz der in Kapitel B 2.2 dargestellten Studien lässt sich durch die in der Hypothesenherleitung diskutierten Gründe erklären. Berücksichtigt man, wie in dieser Arbeit geschehen, die Qualität der genutzten Kennzahlen bei der Erfolgsanalyse, können positive Wirkungen der Nutzung von Kennzahlen nachgewiesen werden, da die intensive Nutzung bei den drei dargestellten Nutzungsarten den positiven Zusammenhang zwischen der Informationsqualität und dem individuellen Erfolg der Manager moderiert. Analysiert man den Erfolgszusammenhang zwischen der Nutzung und dem Erfolg direkt, ergeben sich hingegen die aus den anderen Studien bekannten widersprüchlichen Ergebnisse. Inhaltlich bedeutet das, dass Kennzahlen zu Entscheidungs- und Kontrollzwecken sowie zur mittelbaren Nutzung nur verwendet werden sollten, wenn die Qualität der Kennzahlen ein bestimmtes Niveau aufweist. Wenn die Qualität der Kennzahlen hoch ist, führt eine intensivere Nutzung bei den drei genannten Nutzungsarten zu einem höheren individuellen Erfolg der Manager. Ist die Qualität der Kennzahlen hingegen niedrig, führt eine intensivere Nutzung zu einer stärkeren Erfolgsminderung als bei einer weniger intensiven Nutzung.

Auf Grundlage dieser Ergebnisse können im Vergleich zu früheren Studien deutlich differenziertere Aussagen über die Erfolgswirkungen der Nutzung von Kennzahlen getroffen werden. Der Befund bestätigt damit in der jüngeren Literatur geäußerte Vermutungen, dass die Nutzung von Kennzahlen den Erfolg nicht direkt, sondern als moderierende Variable beeinflusst, und die Qualität der genutzten Kennzahlen eine große Rolle spielt.[472] Von allen Nutzungsarten war der positive Moderationseffekt der Nutzung zu Entscheidungszwecken am stärksten. Bestehende Zweifel an der Erfolgswirksamkeit der Nutzung von Kennzahlen zu Entscheidungszwecken können ausgeräumt werden, da wie gezeigt, eine intensive Nutzung von quantitativen Informationen für Entscheidungen erfolgssteigernd wirkt, wenn die Qualität der Kennzahlen hoch ist.[473]

Ein weniger eindeutiges Bild ergibt sich bezüglich der Erfolgswirkung der Nutzungsart Durchsetzung. Die Analyse der Nutzungsart Durchsetzung hatte keinen signifikanten Moderationseffekt ergeben. Allerdings ist anzumerken, dass das 5%-Signifikanzniveau nur knapp nicht erreicht wurde. Es ist daher möglich, dass in einer Replikationsstudie und einem anderen Datensatz ein Moderationseffekt gezeigt werden könnte. Darüber hinaus hatte eine weitergehende Analyse ergeben, dass ein direkter Zusammenhang zwischen der Nutzungsart Durchsetzung und dem individuellen Erfolg der Manager besteht und somit wahrscheinlich von einer Quasimoderation ausgegangen werden muss.[474] Inhaltlich kann damit geschlussfolgert werden, dass die Nutzung von Kennzahlen zur Durchsetzung von Entscheidungen bzw. zur Durchsetzung des Willens eines Managers auch unabhängig von der Qualität der Kennzahlen positiv den individuellen Erfolg beeinflusst. Es scheint so zu sein, dass die Begründung des eigenen Standpunktes mithilfe einer quantitativen Information den vom Manager gebildeten Willen gegenüber einer anderen Person als rationaler erscheinen lässt, auch wenn die Qualität der quantitativen Information weniger gut ist.[475]

3.3 Moderierender Effekt des Nutzer-Know-Hows

Die Analyse der Moderatorvariablen *Nutzer-Know-How* ergab, dass diese Variable den stärksten Einfluss auf den Zusammenhang zwischen der Qualität der Kennzahlen und dem individuellen Erfolg der Manager hat ($\Delta\chi^2$ = 15,38; 0,1%-Signifikanz-

---

[472] Vgl. Abernethy/Brownell (1999); Bisbe/Otley (2004).

[473] Vgl. Weber (2004), S. 273.

[474] Vgl. zur Erklärung des Unterschiedes einer Moderation und einer Quasimoderation die Ausführungen in Kapitel F 2.3.2.

[475] Vgl. Schäffer/Steiners (2004), S. 386 ff.

niveau). In der Gruppe der Manager, die im Vergleich zu ihren Kollegen niedrigere Werte bezüglich des Verständnisses der Kennzahlen angegeben haben, bestand nicht einmal mehr ein signifikanter Zusammenhang zwischen der Qualität der Kennzahlen und dem individuellen Erfolg.

Solange Kennzahlen den Managern nicht hinreichend z.B. von Controllern erklärt werden, kann eine Verbesserung der Qualität der Kennzahlen den individuellen Erfolg der Manager nicht positiv beeinflussen. Die Tatsache, dass hochqualitative Kennzahlen bei Verständnisschwierigkeiten nicht in Erfolg umgesetzt werden kann, ist zwar intuitiv plausibel, überraschend hingegen ist das festgestellte Ausmaß des Problems. Für die unternehmerische Praxis bedeutet dieser Befund, dass die Lieferanten der Kennzahlen mehr für die Verständlichkeit der Kennzahlen tun müssen.

3.4 Moderierende Effekte der exogenen Unternehmensumwelt

Die aufgestellte Hypothese zum moderierenden Einfluss der produktbezogenen Wettbewerbsintensität auf den Zusammenhang zwischen der Qualität der Kennzahlen und dem individuellen Erfolg der Manager konnte bestätigt werden. Im Gegensatz dazu stellen die beiden explorativ untersuchten Kontextfaktoren, *Technologiedynamik* und *Preiswettbewerb*, keine Moderationsvariablen dar.

Die Ergebnisse belegen die Bedeutung der von Edwards (2001) vorgeschlagenen Behandlung multidimensionaler Konstrukte, da von den drei untersuchten Dimensionen nur die produktbezogene Wettbewerbsintensität einen Einfluss auf die Beziehung zwischen der Qualität der Kennzahlen und dem individuellen Erfolg der Manager hatte. Bei einer gemischten Messung verschiedener Merkmale der externen Umwelt, wie im oft verwendeten PEU-Konstrukt in früheren Arbeiten geschehen, wäre aller Wahrscheinlichkeit nach kein Moderationseffekt nachzuweisen gewesen.

Inhaltlich bedeutet dieses Ergebnis, dass für Unternehmen, deren Produkte aus Sicht der Kunden substituierbar sind, die Bedeutung der Qualität der Kennzahlen für den individuellen Erfolg der Manager noch relevanter ist.

Für das Nicht-Vorliegen eines Moderationseffektes bezüglich des Kontextfaktors *Intensität des Preiswettbewerbes* muss eine Einschränkung bezüglich der inhaltlichen Interpretation des Ergebnisses gemacht werden. Insgesamt haben 81,5% der befragten Manager auf die Frage, ob der Preiswettbewerb intensiv sei, Werte von 7 oder 6 (vollständige Zustimmung zu der Aussage, dass ihr Unternehmen dieser Form des Wettbewerbes ausgesetzt ist) zugestimmt. Die nicht erfolgte Identifikation des Preiswettbewerbes für den Zusammenhang der Qualität der Kennzahlen und dem individuellen Erfolg der Manager könnte auf die Homogenität der Unternehmen der Elektroindustrie bezüglich des Kontextfaktors Preiswettbewerb zurückzuführen sein. Streng genommen kann damit keine inhaltliche Aussage getroffen werden, ob der Kontextfaktor *Preiswettbewerb* eine relevante Moderationsvariable darstellt. Berücksichtigt man aber die Tatsache, dass der Zusammenhang zwischen den Gruppen mit hohem und niedrigem Preiswettbewerb unterschiedlich stark ist und das 5%-Signifikanzniveau nur knapp nicht erreicht wurde, so ist es als sehr wahrscheinlich anzusehen, dass auch die Intensität des Preiswettbewerbes für den Zusammenhang zwischen der Qualität der Kennzahlen und dem individuellen Erfolg als Moderationsvariable relevant ist.

Die Frage, ob die Intensität des Preiswettbewerbes ein relevanter Kontextfaktor für den in dieser Arbeit untersuchten Zusammenhang ist, sollte daher in einer anderen Branche, in der eine größere Heterogenität bezüglich der Intensität des Preiswettbewerbes herrscht, nochmals untersucht werden.

3.5 Moderierender Effekt der Unternehmensgröße

Die Untersuchung der Unternehmensgröße als moderierende Variable ergab, dass es sich bei ihrem Einfluss auf die Stärke des Zusammenhangs zwischen der Qualität von Kennzahlen und individuellem Erfolg wahrscheinlich um einen Schwelleneffekt handelt. Nur bei kleinen Unternehmen, die weniger als 50 Mitarbeiter haben, ist der Zusammenhang zwischen den beiden Variablen schwächer als bei größeren Unternehmen. Allerdings ist anzumerken, dass die Verbesserung des Chi-Quadrat-Wertes nicht auf dem 5%-Niveau signifikant war und der Moderationseffekt damit nicht nachgewiesen werden konnte. Da in der Gruppe von kleinen Unternehmen nur 47 Fälle waren, könnte die nicht-signifikante Verbesserung des Chi-Quadrat-Wertes auch durch die niedrige Fallzahl in dieser Gruppe begründet sein, so dass auch in diesem Fall erst eine weitere Untersuchung Klarheit bringen kann.

G Schlussbetrachtung

1. Zusammenfassung der Ergebnisse

Ausgangspunkt der Untersuchung war die in der Literatur geführte Diskussion über die Bedeutung von Kennzahlen und Kennzahlensystemen und ihre Nutzung für den Erfolg von Managern bzw. Unternehmen. Die Literaturanalyse ergab, dass das empirisch gesicherte Wissen zu Erfolgswirkungen verschiedener Merkmale von Kennzahlen begrenzt ist. Eine detaillierte Analyse des Standes der Forschung zu möglichen Erfolgswirkungen der Nutzung von Kennzahlen ergab darüber hinaus ein äußerst widersprüchliches Bild. Somit konnten der Praxis bislang keine eindeutigen Ratschläge gegeben werden, ob es zu empfehlen ist, Kennzahlen intensiv zu verschiedenen Zwecken zu nutzen. Als Erklärungsansatz für die mangelnde Ergebniskonvergenz konnte vor allem die fehlende Berücksichtigung der Qualität der genutzten Kennzahlen in den Forschungsdesigns bisheriger Studien identifiziert werden.

Vor diesem Hintergrund bestand das Ziel der Arbeit darin, neben einer Bestandsaufnahme der Verbreitung und Nutzung von Kennzahlen und Kennzahlensystemen, empirisch die Auswirkungen einer Vielzahl von Merkmalen von Kennzahlen auf den individuellen Erfolg von Managern zu untersuchen und die mangelnde Ergebniskonvergenz der bisherigen Studien zu möglichen Erfolgswirkungen der Nutzung von Kennzahlen zu beheben.

Aus dieser Zielsetzung der Arbeit ergaben sich die drei übergeordneten Forschungsfragen:

1. Wie hoch ist der Verbreitungsgrad von neueren und traditionellen Kennzahlen sowie von Kennzahlensystemen bei Unternehmen der Elektroindustrie?

2. Welche Gestaltungsmerkmale von Kennzahlen erklären die Qualität der Kennzahlen und damit indirekt den individuellen Erfolg von Managern?

3. Wird der Zusammenhang zwischen der Qualität der Kennzahlen und dem individuellen Erfolg der Manager durch verschiedene Nutzungsarten sowie durch kontext- und individuumsspezifische Faktoren moderiert?

Zur Beantwortung der Forschungsfragen wurde aus der bestehenden Literatur ein Modell hergeleitet, im Anschluss operationalisiert und empirisch überprüft.

Die Angaben von insgesamt 336 Geschäftsführern von Mitgliedsfirmen des ZVEI e.V. stellten die Datengrundlage der empirischen Analyse dar.

Zur Untersuchung der aufgestellten Hypothesen wurde auf die Kausalanalyse in LISREL zurückgegriffen.

Nachfolgend werden die Ergebnisse der empirischen Analyse im Hinblick auf die gestellten Forschungsfragen zusammengefasst.

Forschungsfrage 1: *Wie hoch ist der Verbreitungsgrad von neueren und traditionellen Kennzahlen sowie von Kennzahlensystemen bei Unternehmen der Elektroindustrie?*

Im deskriptiven Teil der Arbeit hat sich herausgestellt, dass die Verbreitung von Kennzahlensystemen in den letzten Jahren erheblich gestiegen ist. Die höchste Verbreitung haben dabei unternehmensspezifische, eigene Konzepte. Die gesonderte Auswertung zur Bedeutung des ZVEI-Kennzahlensystems für Unternehmen der Elektrobranche ergab, dass das ZVEI-Kennzahlensystem nicht mehr als umfassendes Steuerungs- und Planungsinstrument eingesetzt wird. Über ein Drittel der Unternehmen der Elektrobranche verwenden aber die vom ZVEI e.V. jährlich erhobenen Durchschnittswerte der Kennzahlen des ZVEI-Kennzahlensystems zu Benchmarkingzwecken. Dieser Funktion des ZVEI-Kennzahlensystems wird von den befragten Managern ein hoher Nutzen bescheinigt.

Eine Analyse der Verfügbarkeit spezifischer Kennzahlen ergab zudem, dass vor allem *harte* Finanz- und Kundenkennzahlen dominieren. Die geringste Verfügbarkeit von Kennzahlen besteht bezüglich *weicher* Kennzahlen, die aus einer direkten Kunden- und Mitarbeiterbefragung gewonnen werden.

Eine deskriptive Analyse der Mittelwerte der abgefragten Gestaltungsmerkmale von Kennzahlen zeigte, dass (im Gegensatz zu den Vermutungen eines Großteils der [Praktiker-]Literatur) das viel diskutierte Phänomen des Information Overload unter Top-Managern der Elektroindustrie nicht existiert.

Forschungsfrage 2: *Welche Gestaltungsmerkmale von Kennzahlen erklären die Qualität der Kennzahlen und damit indirekt den individuellen Erfolg von Managern?*

Die empirische Analyse ergab, dass die vier Gestaltungsmerkmale *Breite*, *Zusammenhang*, *Aktualität* und *Richtigkeit der Kennzahlen* die (Gesamt-)Qualität der Kennzahlen zu 70% erklären können. Die (Gesamt-)Qualität der Kennzahlen beeinflusst wiederum signifikant und stark den individuellen Erfolg der Manager. Im Gegensatz zu den Vermutungen eines großen Teils der veröffentlichten Meinung ergab die statistische Analyse, dass die Verfügbarkeit von aus der Unternehmensstrategie abgeleiteten Kennzahlen nicht statistisch (auf dem 5%-Niveau) signifikant die (Gesamt-)Qualität der Kennzahlen und damit nicht indirekt den Erfolg der Manager beeinflusst.

Forschungsfrage 3: *Wird der Zusammenhang zwischen der Qualität der Kennzahlen und dem individuellen Erfolg der Manager durch verschiedene Nutzungsarten sowie durch kontext- und individuumsspezifische Faktoren moderiert?*

Durch die Analyse der Moderatorvariablen konnten existierende Widersprüchlichkeiten früherer empirischer Arbeiten bezüglich möglicher Erfolgswirkungen der Nutzung von Kennzahlen geklärt werden. Die Nutzung zu Kontroll- und Entscheidungszwecken sowie die mittelbare Nutzung von Kennzahlen moderieren demnach den Zusammenhang zwischen der Qualität der Kennzahlen und dem individuellen Erfolg der Manager positiv und wirken nicht, wie in früheren Studien untersucht, direkt auf den Erfolg. Die Abhängigkeit der Erfolgswirkung der drei genannten Nutzungsarten von der Qualität der genutzten Kennzahlen konnte damit verdeutlicht werden.

Ein nicht eindeutiges Bild lieferte hingegen die Untersuchung der Nutzung zur Durchsetzung, da die Moderation das 5%-Signifikanzniveau knapp nicht erreicht hat (trotz eines stärkeren Zusammenhangs in der Gruppe der Manager, bei denen diese Nutzungsart stärker ausgeprägt ist). Da die Modellverbesserung das 5%-Signifikanzniveau nur knapp verfehlte, ist es wahrscheinlich, dass in einer Replikationsstudie der moderierende Effekt nachgewiesen werden könnte. Eine weitere Analyse des Datensatzes ergab, dass die Nutzung zur Durchsetzung den individuellen Erfolg der Manager direkt positiv beeinflusst. Diese Befunde legten das Vorliegen einer Quasimoderation nahe. Es konnte damit geschlussfolgert werden, dass die Nutzung von Kennzahlen zur Durchsetzung von getroffenen Entscheidungen sowohl abhängig wie auch unabhängig von der Qualität der Kennzahlen den individuellen Erfolg der Manager positiv beeinflusst.

Die stärkste Moderation ergab das Wissen der Nutzer über die Bedeutung der zur Verfügung stehenden Kennzahlen. Bei ca. einem Drittel der befragten Geschäftsführer führten Probleme bei dem Verständnis der Kennzahlen dazu, dass auch qualitativ sehr gute Kennzahlen nicht in Erfolg transformiert werden können.

Bei der Analyse verschiedener Merkmale der externen Unternehmensumwelt stellte sich heraus, dass nur die produktbezogene Wettbewerbsintensität einen positiven Einfluss auf die Stärke des Zusammenhangs zwischen der Qualität der Kennzahlen und dem individuellen Erfolg der Manager hat. Für die anderen untersuchten Dimensionen des *Perceived Environmental Uncertainty*-Konstruktes (Preiswettbewerb und Technologiedynamik) konnte keine Moderation nachgewiesen werden. Einschränkend wurde festgestellt, dass die mangelnde Heterogenität der Unternehmen in Bezug auf die Intensität des Preiswettbewerbes wahrscheinlich für die Nichtsignifikanz der Moderation verantwortlich ist.

Keine eindeutigen Ergebnisse ergab auch die Untersuchung der Unternehmensgröße als Moderatorvariable.

2. Kritische Bewertung und weiterer Forschungsbedarf

Mit der vorliegenden Arbeit liegt, nach Wissen des Autors, zum ersten Mal ein Modell vor, mit dem Gestaltungsmerkmale von Kennzahlen, die erreichte Qualität und der resultierende Erfolg der Manager in Abhängigkeit von konkreter Nutzung und von Kontextfaktoren umfassend analysiert werden kann.

Dabei ist es gelungen, die wechselseitigen Abhängigkeiten zwischen der Qualität der Kennzahlen, verschiedenen Nutzungsarten, relevanten Kontextfaktoren und dem individuellen Erfolg der Manager aufzuzeigen.

Einen zentralen Ansatz für die Klärung der Zusammenhänge stellte die Berücksichtigung der methodischen Ratschläge von Homburg/Klarmann (2003) und die Rezeption aktueller Methodikdiskussionen dar, wie sie in Nachbardisziplinen der Controllingforschung geführt werden.[476] Insbesondere wurde dem Hinweis Rechnung getragen, dass die empirische Controllingforschung nicht nur direkten Zusammenhängen, sondern vermehrt indirekten, moderierenden und nicht-linearen Zusammenhängen eine höhere Aufmerksamkeit schenken sollte, um die Komplexität der Wirklichkeit genauer abbilden zu können.[477]

Insgesamt konnten vier zentrale inhaltliche Beiträge zur bisherigen Forschung der Themenfelder *Performance Measurement* und *Nutzung von Kennzahlen* geleistet werden:

1. In der Performance Measurement-Forschung konnte bisher nur die Erfolgswirksamkeit einer breiten Informationsversorgung mit Kennzahlen empirisch und wissenschaftlich überzeugend nachgewiesen werden. In dieser Arbeit wurde darüber hinaus auch die Bedeutung und der unterschiedlich starke Einfluss weiterer Merkmale der Informationsversorgung mit Kennzahlen auf den individuellen Erfolg von Managern gezeigt, da sie die wichtigen Einflussfaktoren der (Gesamt-) Qualität der Kennzahlen sind, die den Erfolg von Managern stark beeinflusst.
2. Durch die Untersuchung der Nutzungsarten als moderierende und nicht direkt wirkende Variablen konnte die bislang fehlende Ergebniskonvergenz früherer Studien zur Nutzung von Kennzahlen geklärt werden und damit in Abhängigkeit von der Qualität der Informationen eindeutigere und differenziertere Aussagen über die Erfolgswirksamkeit verschiedener Arten der Nutzung von Kennzahlen gewonnen werden.
3. In dieser Arbeit wurde zum ersten Mal der Einfluss des Wissens der Nutzer über die Bedeutung der Kennzahlen auf die Stärke des Zusammenhangs zwischen der Qualität der Kennzahlen und dem individuellen Erfolg von Managern untersucht. Durch diese Moderation konnte damit auf ein bislang von der Wissenschaft wie auch der Praxis unzureichend beachtetes Problem aufmerksam gemacht werden.

---

[476] Vgl. Homburg/Klarmann (2003). Insbesondere wurde relevanten Methodikdiskussionen der Marketing- und Organisationsforschung sowie der Psychologie Rechnung getragen. Vgl. Edwards/Bagozzi (2000); Edwards (2001); Jarvis/Mackenzie/Podsakoff (2003); Podsakoff et al. (2003); Schermelleh-Engel/Moosbrugger/Müller (2003).

[477] Vgl. Homburg/Klarmann (2003), S. 80ff.

4. Mit der Zerlegung eines der in der Management Accounting-Forschung am meisten untersuchten multidimensionalen Konstruktes, der *Perceived Environmental Uncertainty*, wurde ein erster Schritt in der empirischen Controllingforschung gemacht, den methodischen Forderungen bezüglich der Behandlung solcher multidimensionaler Konstrukte gerecht zu werden.[478] Die Zerlegung dieses multidimensionalen Konstruktes ergab, dass nur die produktbezogene Wettbewerbsintensität einen moderierenden Einfluss auf den Zusammenhang zwischen der Qualität der Kennzahlen und dem individuellen Erfolg der Manager hat. Zukünftigen Arbeiten, die sich mit der Erforschung der Kausalitätswirkungen von multidimensionalen Konstrukten beschäftigen, ist die separate Untersuchung der verschiedenen Dimensionen zu empfehlen, da dadurch genauere Aussagen über die unternehmerische Wirklichkeit getroffen werden können.

Darüber hinaus sind drei weitere methodische Stärken der Arbeit zu erwähnen:

1. Mit dieser Arbeit liegt, nach Wissen des Autors, die erste Arbeit der empirischen Controllingforschung vor, in der die Problematik des Common-Method-Bias umfassend behandelt wird. Neben der Verwendung eines von Podsakoff et al. (2003) diskutierten Tests zur Überprüfung der Stärke des Common-Method-Bias[479] konnte durch die Moderationsanalysen höherer Ordnung ein in der Fachliteratur bislang nicht diskutiertes, aber sehr effektives Verfahren zur Aufdeckung eines möglichen Common-Method-Bias in den Daten vorgestellt werden.

2. Die Rücklaufquote von über 30% unter Hauptgeschäftsführern liegt deutlich über den in deutschen Arbeiten üblichen Rücklaufquoten von 3–10%.[480]

3. Im Vergleich zu einem Großteil bisher veröffentlichter Studien der empirischen Controllingforschung ist die Messqualität der Konstrukte als durchweg sehr gut zu beurteilen. Diese Arbeit konnte dabei auf den Vorarbeiten von Steiners (2005), Sandt (2004) und Karlshaus (2000) aufbauen.[481]

---

[478] Vgl. Edwards (2001).

[479] Vgl. Podsakoff et al. (2003).

[480] Vgl. zur Relevanz Van der Stede/Young/Chen (2005).

[481] Vgl. Karlshaus (2000); Sandt (2004); Steiners (2005).

Wie bei jeder anderen Arbeit dieser Art stellen die Limitationen, denen diese Arbeit unterliegt, Ansatzpunkte für weitere Forschung dar:

1. In methodischer Hinsicht könnten Längsschnittstudien den Nachteil von Querschnittsstudien beheben und damit dem Umstand Rechnung tragen, dass bezüglich der kausalen Wirkungen zwischen zwei Variablen häufig eine Zeitverzögerung vorliegt.

2. Bei allen Arbeiten, die mit Regressions- oder Strukturgleichungsmodellen arbeiten, muss einschränkend auf die Annahme einseitiger Ursache-Wirkungszusammenhänge hingewiesen werden. Mögliche wechselseitige Beeinflussungen der Variablen könnten mittels Experimenten klarer untersucht werden.

3. Zukünftige Arbeiten sollten versuchen, die ermittelten Zusammenhänge auch in anderen Sektoren der Industrie nachzuweisen. Dies ist insbesondere für die Frage von Bedeutung, ob die Intensität des Preiswettbewerbes eine Moderatorvariable für den Zusammenhang zwischen der Qualität der Kennzahlen und dem individuellen Erfolg der Manager ist.

4. Die vertiefte Untersuchung des Zusammenhangs zwischen der Nutzung zur Durchsetzung und dem Erfolg verdient weitere Forschungsanstrengungen, da die moderierende Wirkung dieser Nutzungsart mit dem Datensatz dieser Arbeit nicht eindeutig belegt werden konnte. Konzeptionell sollte die inhaltliche Bedeutung der interaktiven Nutzung geklärt werden. Im Anschluss an die Konzeptionalisierung könnte dann eine Operationalisierung dieser in der Literatur viel diskutierten Nutzungsart vorgenommen und eine Erfolgsanalyse durchgeführt werden.

5. Weitere Forschungsbedarf besteht auch in Bezug auf die Frage, inwiefern eine strategische Ausrichtung von Performance Measurement-Systeme Erfolgsvariablen positiv beeinflusst oder ob der kritische Nicht-Befund dieser Arbeit durch weitere Studien erhärtet werden kann.[482] Eine weitere Untersuchung dieser Fragestellung ist auch deshalb notwendig, da die in dieser Arbeit gewählte Messung der strategischen Ausrichtung der Kennzahlen nur über eine Frage erfolgte.

---

[482] Zur Bedeutung der wiederholten Falsifikation von Nicht-Befunden vgl. Hauschildt (2003), S. 20 f.

3. Implikationen für die Praxis

Für die Praxis ergeben sich bereits aus der deskriptiven Bestandsaufnahme Implikationen, da auf Grundlage der Ergebnisse Schlussfolgerungen für Industrieverbände gezogen werden können. Die jährliche Erhebung von Vergleichskennzahlen stellt, wie in Kapitel F 1.1 erläutert, eine wichtige Dienstleistung des ZVEI e.V. dar. Es wird den Mitgliedsfirmen dadurch ermöglicht, sich in Bezug auf wichtige Leistungsdaten mit Unternehmen der gleichen Branche zu benchmarken. Industrieverbänden kann damit geraten werden, möglichst viele Kennzahlen qualitativ gut zu messen und zu Benchmarkingzwecken zur Verfügung zu stellen. Als Vorbild können dabei die Vergleichskennzahlen des ZVEI e.V. und des VDMA dienen, die in Bezug auf ihre hohe Qualität in der Literatur positiv erwähnt werden.[483]

Durch die Ergebnisse der empirischen Untersuchung können der Unternehmenspraxis darüber hinaus wichtige Empfehlungen gegeben werden:

1. Eine der zentralen Aussagen dieser Arbeit ist, dass eine hohe Qualität der Kennzahlen signifikant und stark mit dem individuellen Erfolg der Manager zusammenhängt. Da nur ca. 30% der befragten Top-Manager angegeben haben, dass ihre Informationsversorgung mit Kennzahlen qualitativ sehr gut ist, stellt für ca. 70% der Unternehmen die Erhöhung der Qualität der Kennzahlen ein sinnvolles Ziel dar.

2. Die für die Erklärung der Qualität der Kennzahlen gefundenen Einflussfaktoren können der Unternehmenspraxis als Ansatz zur Verbesserung der eigenen Kennzahlen dienen. Die Verbesserung der Kennzahlen sollte entlang der folgenden Stellhebel erfolgen:

   - Richtigkeit der Kennzahlen (fehlerfreie Berechnung)
   - Breite der Kennzahlen (ausreichende Informationsversorgung mit finanziellen und nicht-finanziellen Kennahlen)
   - Aktualität der Kennzahlen
   - Zusammenhang zwischen den Kennzahlen

[483] Vgl. Neumann/Thumbs (1999), S. 2020; Banki/Trischler (2004), S. 48 ff.; Leyendecker (2004), S. 56; Schomaker/Weber (2004), S. 44.

3. Die in Kapitel D 2 validierten Fragen bezüglich dieser genannten Merkmale der Kennzahlen sind direkt als Checkliste zur Ermittlung des Status Quo verwendbar. Mit diesem Fragenkatalog können in Unternehmen direkt und schnell bei den Nutzern der Kennzahlen die relevanten Verbesserungspotenziale identifiziert werden. Von den vier genannten Merkmalen sollte der Fokus vor allem auf der Richtigkeit der Kennzahlen sowie auf einer breiten Informationsversorgung mit finanziellen und nicht-finanziellen Kennzahlen liegen, da diese beiden Merkmale die Haupteinflussfaktoren für die Qualität der Kennzahlen sind. Hervorzuheben ist allerdings auch, dass (im Gegensatz zu einem Großteil der veröffentlichten Praktikerliteratur) Kennzahlen, die aus der Strategie abgeleitet worden sind, keinen statistisch eindeutigen Einfluss auf die Qualität der Kennzahlen und den individuellen Erfolg der Manager haben.

4. In Bezug auf eine intensive Nutzung der Kennzahlen zu Entscheidungs-, Kontroll- und Durchsetzungszwecken sowie in Bezug auf die mittelbare Nutzung fallen die Handlungsempfehlungen differenzierter aus. Ist die Qualität der Kennzahlen sehr hoch, dann ist ihre Verwendung zu den genannten Zwecken ratsam. Ist die Qualität der Kennzahlen hingegen defizitär, kann ihre intensive Nutzung (vor allem die intensive Nutzung zu Entscheidungszwecken) sogar zu negativen Ergebnissen führen.

5. Etwa ein Drittel der befragten Manager hat angegeben, die zur Verfügung stehenden Kennzahlen nicht vollständig zu verstehen.[484] Die Konsequenz war, dass eine gute Informationsversorgung mit Kennzahlen nicht (wie bei den anderen Managern) positiv für die eigene Leistung genutzt werden konnte. Es erscheint damit bedeutsam, dass die Lieferanten der quantitativen Informationen die intuitiv weniger verständlichen Kennzahlen besser erklären. Grundsätzlich sollten deswegen einfache Kennzahlen komplizierten Kennzahlen vorgezogen werden.

6. Um zu ermitteln, inwieweit Verbesserungspotenzial bezüglich der Verständlichkeit der Kennzahlen besteht, kann auf die Fragen des Konstruktes *Nutzer-Know-How* zurückgegriffen werden. Geben die Befragten an, dass sie den jeweiligen Fragen nicht vollständig zustimmen können, sollten die Ursachen für die mangelnde Verständlichkeit der Kennzahlen individuell ergründet werden.

---

[484] Vgl. hierzu die Ausführungen in Kapitel F 2.3.2 und F 3.1.3.

7. Für Manager, deren Unternehmen einem hohen produktbezogenen Wettbewerb ausgesetzt sind, ist die Qualität der Kennzahlen, die angemessene Nutzung und das Wissen über die Bedeutung der Kennzahlen noch entscheidender für ihren individuellen Erfolg als in einem weniger intensiven produktbezogenen Wettbewerbsumfeld.

Literaturverzeichnis

Aaker, D. A./Day, G. S. (1983): Marketing Research, New York 1983.

Abernethy, M. A./Brownell, P. (1999): The Role of Budgets in Organizations Facing Strategic Change: An Exploratory Study, in: Accounting, Organizations and Society, 24, S. 189–204.

Abernethy, M. A./Chua, W. F./Luckett, P. F./Selto, F. H. (1999): Research in Managerial Accounting: Learning from Others' Experiences, in: Accounting and Finance, 39, S. 1–27.

Abernethy, M. A./Lillis, A. M. (1995): The Impact of Manufacturing Flexibility on Management Control System Design, in: Accounting, Organizations and Society, 20, S. 241–258.

Abernethy, M. A./Stoelwinder, J. U. (1991): Budget Use, Task Uncertainty, System Goal Orientation and Subunit Performance: A Test of the Fit Hypothesis in Not-for-Profit Hospitals, in: Accounting, Organizations and Society, 16, S. 105–120.

Albers, S./Hildebrandt, L. (2006): Methodische Probleme der Erfolgsfaktorenforschung – Messfehler, formative versus reflektive Indikatoren und die Wahl des Strukturgleichungs-Modells, in: zfbf, 58, S. 2–33.

Aldrich, H. (1972): Technology and Organizational Structure: A Reexamination of the Findings of the Aston Group, in: Administrative Science Quarterly, 17, S. 26–43.

Anderson, J./Gerbing, D./Hunter, J. (1987): On the Assessment of Unidimensional Measurement: Internal and External Consistency and Overall Consistency Criteria, in: Journal of Marketing Research, 24, S. 432–437.

Anderson, P. (1983): Marketing, Scientific Progress, and Scientific Method, in: Journal of Marketing, 47, S. 18–31.

Ansari, S./Euske, K. J. (1987): Rational, Rationalizing, and Reifying Uses of Accounting Data in Organizations, in: Accounting, Organizations and Society, 12, S. 549–570.

Argyris, C. (1952): The Impact of Budgets on People, New York 1952.

Armstrong, J. S./Overton, T. S. (1977): Estimating Nonresponse Bias in Mail Surveys, in: Journal of Marketing Research, 14, S. 396–402.

Arnold, H. J. (1982): Moderator Variables: A Clarification of Conceptual, Analytic, and Psychometric Issues, in: Organizational Behavior and Human Performance, 29, S. 143–174.

Arnold, H. J. (1984): Testing Moderator Variables Hypotheses: A Reply to Stone and Hollenbeck, in: Organizational Behavior and Human Performance, 34, S. 214–224.

Atkinson, A. A./Balakrishnan, R./Booth, P./Cote, J. M./Groot, T./Malmi, T./Roberts, H./Uliana, E./Wu, A. (1997): New Directions in Management Accounting Research, in: Journal of Management Accounting Research, 9, S. 79–108.

Aust, R. (1999): Kostenrechnung als unternehmensinterne Dienstleistung, Wiesbaden 1999.

Bach, S./Bilgeri, A./Brettel, M./Grothe, M./Langer, C./Schäffer, U./Weber, J. (2002): Grundmodell einer dynamischen Theorie ökonomischer Akteure, European Business School Working Papers on Management Accounting & Control, No.1, 2002.

Backhaus, K./Büschken, J. (1998): Einsatz der Kausalanalyse in der empirischen Forschung zum Investitionsgütermarketing, in: Hildebrandt, L. und Homburg, C. (Hrsg.): Die Kausalanalyse, Stuttgart 1998, S. 149–168.

Backhaus, K./Erichson, B./Plinke, W./Weiber, R. (2003): Multivariate Analysemethoden, Berlin 2003.

Baetge, J./Niemeyer, K./Kümmel, J. (2002): Darstellung der Discounted-Cash-Flow-Verfahren (DCF-Verfahren), in: Peemöller, V. (Hrsg.): Praxishandbuch der Unternehmensbewertung, Herne/Berlin 2002, S. 264–360.

Bagozzi, R. P. (1979): The Role of Measurement in Theory Construction and Hypothesis Testing: Toward a Holistic Model in: Ferrel, O./Brown, S. und Lamb, C. (Hrsg.): Conceptual and Theoretical Developments in Marketing, Chicago 1979, S. 15–32.

Bagozzi, R. P. (1982): An Examination of the Validity of Two Models of Attitude, in: Fornell, C. (Hrsg.): A Second Generation of Multivariate Analysis, Band 2, New York 1982, S. 145–184.

Bagozzi, R. P. (1994): Measurement in Marketing Research: Basic Principles of Questionnaire Design, in: Bagozzi, R. P. (Hrsg.): Principles of Marketing Research, Cambridge, MA 1994, S. 1–49.

Bagozzi, R. P./Baumgartner, H. (1994): The Evaluation of Structural Equation Models and Hypothesis Testing, in: Bagozzi, R. P. (Hrsg.): Principles of Marketing Research, Cambridge, MA 1994, S. 386–422.

Bagozzi, R. P./Phillips, L. W. (1982): Representing and Testing Organizational Theories: A Holistic Construal, in: Administrative Science Quarterly, 27, S. 459–489.

Bagozzi, R. P./Yi, Y./Phillips, L. W. (1991): Assessing Construct Validity in Organizational Research, in: Administrative Science Quarterly, 36, S. 421–458.

Baines, A./Langfield-Smith, K. (2003): Antecedents to Management Accounting Change: A Structural Equation Approach, in: Accounting, Organizations and Society, 28, S. 675–698.

Balderjahn, I. (1998): Die Kreuzvalidierung von Kausalmodellen, in: Hildebrandt, L. und Homburg, C. (Hrsg.): Die Kausalanalyse, Stuttgart 1998, S. 371–397.

Ballwieser, W. (1998): Unternehmensbewertung mit Discounted Cash Flow-Verfahren, in: Die Wirtschaftsprüfung, 51, S. 81–92.

Banki, K./Trischler, J. (2004): VDMA Kennzahlen helfen beim Benchmarking, in: VDMA Nachrichten, S. 48–50.

Bauer, M. (2002): Controllership in Deutschland, Wiesbaden 2002.

Baumgartner, H./Homburg, C. (1996): Applications of Structural Equation Modeling in Marketing and Consumer Research: A Review, in: International Journal of Research in Marketing, 13, S. 139–161.

Bearden, W. O./Sharma, S./Teel, J. E. (1982): Sample Size Effects on Chi Square and Other Statistics Used in Evaluating Causal Models, in: Journal of Marketing Research, 19, S. 425–430.

Bentler, P. M. (1990): Comparative Fit Indexes in Structural Models, in: Psychological Bulletin, 107, S. 238–246.

Bentler, P. M./Bonett, D. G. (1980): Significance Tests and Goodness of Fit in the Analysis of Covariance Structures, in: Psychological Bulletin, 88, S. 588–606.

Berekoven, L./Eckert, W./Ellenrieder, P. (1999): Marktforschung, Methodische Grundlagen und Anwendungen, Stuttgart 1999.

Bescos, P.-L./Cauvin, E. (2004): Performance Measurement in French Companies, in: Epstein, M. J. und Manzoni, J.-F. (Hrsg.): Performance Measurement and Management Control, Amsterdam u. a. 2004, S. 185–202.

Birnberg, J. G. (1993): Current Trends in Behavioral Accounting Research in the United States, in: Die Betriebswirtschaft, 53, S. 5–25.

Birnberg, J. G./Shields, J. F. (1989): Three Decades of Behavioral Accounting Research: A Search for Order, in: Behavioral Research in Accounting, 1, S. 23–74.

Bisbe, J./Otley, D. (2004): The Effects of the Interactive Use of Management Control Systems on Product Innovation, in: Accounting, Organizations and Society, 29, S. 709–737.

Bleicher, F. (1990): Effiziente Forschung und Entwicklung: Personelle, organisatorische und führungstechnische Instrumente, Wiesbaden 1990.

Bohrnstedt, G. (1970): Reliability and Validity Assessment in Attitude Measurement, in: Summers, G. (Hrsg.): Attitude Measurement, London 1970, S. 80–99.

Bollen, K. (1989): Structural Equations with Latent Variables, New York 1989.

Bommer, W./Johnson, J./Rich, G./Podsakoff, P./Mackenzie, S. (1995): On the Interchangeability of Objective and Subjective Measures of Employee Performance: A Meta Analysis, in: Personnel Psychology, 48, S. 587–605.

Boomsma, A. (1982): The Robustness of Lisrel against Small Samples Sizes in Factor Analysis Models, in: Jöreskog, K. G. und Wold, H. (Hrsg.): Systems under Indirect Observations, Part 1, Amsterdam u. a. 1982, S. 149–173.

Boomsma, A./Hoogland, J. J. (2001): The Robustness of Lisrel Modeling Revisited, in: Cudeck, S./Du Toit, S. und Sörbom, D. (Hrsg.): Structural Equation Models: Present and Future, Chicago 2001, S. 139–168.

Borkowski, S. C./Welsh, M. J./Zhang, Q. M. (2001): An Analysis of Statistical Power in Behavioral Accounting Research, in: Behavioral Research in Accounting, 13, S. 63–84.

Bouchard, T. J. J. (1976): Field Research Methods: Interviewing, Questionnaires, Participants Observation, Unobtrusive Measures, in: Dunnette, M. D. (Hrsg.): Handbook of Industrial and Organizational Psychology, Chicago 1976, S. 363–413.

Bourque, L. B./Fielder, E. P. (1995): How to Conduct Self-Administered and Mail Surveys, Thousands Oaks, CA: Sage 1995.

Bramsemann, U./Heineke, C./Kunz, J. (2004): Verhaltensorientiertes Controlling – Konturierung und Entwicklungsstand einer Forschungsperspektive, in: DBW, 64, S. 550–570.

Brownell, P./Dunk, A. S. (1991): Task Uncertainty and Its Interaction with Budgetary Participation and Budget Emphasis: Some Methodological Issues and Empirical Investigation, in: Accounting, Organizations and Society, 16, S. 693–703.

Brunner, J. (1999): Value-Based Performance Management, Wiesbaden 1999.

Brunner, J./Becker, D./Wolfisberg, S. (2001): Value Scorecard – Ansatz zur wertorientierten Konzernsteuerung, in: Klingebiel, N. (Hrsg.): Performance Measurement & Balanced Scorecard, München 2001, S. 91–109.

Bruns Jr., W. J./McKinnon, S. M. (1993): Information Managers: A Field Study, in: Journal of Management Accounting Research, 5, S. 84–108.

Bruns Jr., W. J./Waterhouse, J. H. (1975): Budgetary Control and Organizational Structure, in: Journal of Accounting Research, 13, S. 177–203.

Bruns, W. J./DeCoster, D. T. H. (1969): Accounting and Its Behavioral Implications, New York 1969.

Bühl, A./Zöfel, P. (2002): SPSS 11 – Einführung in die moderne Datenanalyse unter Windows, 8. Aufl., München 2002.

Bullinger, H.-J. (1990): IAO-Studie, F&E – Heute, industrielle Forschung und Entwicklung in der Bundesrepublik Deutschland, München 1990.

Burchell, S./Clubb, C./Hopwood, A. G./Hughes, J./Nahapiet, J. (1980): The Roles of Accounting in Organizations and Society, in: Accounting, Organizations and Society, 5, S. 5–27.

Burns, T./Stalker, G. M. (1961): The Management of Innovation, London 1961.

Byrne, B. M. (2001): Structural Equation Modeling with AMOS: Basic Concepts, Applications, and Programming, New York 2001.

Campbell, D. T./Fiske, D. (1959): Convergent and Discriminant Validation by the Multitrait-Multimethod Matrix, in: Psychological Bulletin, 56, S. 81–105.

Campell, J. P. (1976): Psychometric Theory, in: Dunnette, M. D. (Hrsg.): Handbook of Industrial and Organizational Psychology, Chicago 1976, S. 185–222.

Carmines, E./Zeller, R. (1979): Reliability and Validity Assessment, Newbury Park 1979.

Chenhall, R. H. (2003): Management Control Systems Design within Its Organizational Context: Findings from Contingency – Based Research and Directions for the Future, in: Accounting, Organizations and Society, 28, S. 127–168.

Chenhall, R. H. (2005): Integrative Strategic Performance Measurement Systems, Strategic Alignment of Manufacturing, Learning and Strategic Outcomes: An Exploratory Study, in: Accounting, Organizations and Society, 30, S. 395–422.

Chenhall, R. H./Langfield-Smith, K. (1998): Adoption and Benefits of Management Accounting Practices: An Australian Study, in: Management Accounting Research, 9, S. 1–19.

Chenhall, R. H./Morris, D. (1986): The Impact of Structure, Environment and Interdependencies of the Perceived Usefulness of Management Accounting Systems, in: The Accounting Review, 61, S. 16–35.

Cherrington, D. J./Cherrington, J. O. (1973): Appropriate Reinforcement Contingencies in the Budgeting Process, in: Journal of Accounting Research, 11, S. 225–253.

Chervany, N. L./Dickson, G. W. (1974): An Experimental Evaluation of Information Overload in a Production Environment, in: Management Science, 20, S. 1335–1344.

Chewning, E. G./Harrell, A. M. (1990): The Effect of Information Load on Decision Makers' Cue Utilization Levels and Decision Quality in a Financial Distress Decision Task, in: Accounting, Organizations and Society, 15, S. 527–542.

Chia, Y. M. (1995): Decentralization, Management Accounting Systems, (MAS) Information Characteristics and Their Interaction Effects on Managerial Performance: A Singapore Study, in: Journal of Business Finance & Accounting, 22, S. 811–830.

Child, J. (1970): More Myths of Management Organizations, in: The Journal of Management Studies, 7, S. 376–390.

Child, J. (1972): Organisation Structure, Environment and Performance – the Role of Strategic Choice, in: Sociology, 6, S. 1–22.

Child, J. (1973): Strategies of Control and Organizational Behavior, in: Administrative Science Quarterly, 18, S. 1–17.

Chong, V. K. (1996): Management Accounting Systems, Task Uncertainty and Managerial Performance: A Research Note, in: Accounting, Organizations and Society, 21(5), S. 415–421.

Chong, V. K./Chong, K. M. (1997): Strategic Choices, Environmental Uncertainty and SBU Performance: A Note on the Intervening Role of Management Accounting Systems, in: Accounting and Business Research, 27(4), S. 268–276.

Chou, C.-P./Bentler, P. M. (1995): Estimation and Tests in Structural Equation Modeling, in: Hoyle, R. H. (Hrsg.): Structural Equation Modeling: Concepts, Issues, and Applications, Thousands Oaks, CA: Sage 1995, S. 37–55.

Churchill, G. A. (1979): A Paradigm for Developing Better Measures of Marketing Constructs, in: Journal of Marketing Research, 16, S. 64–73.

Churchill, G. A. (1991): Marketing Research – Methodological Foundations, 5. Aufl., Fort Worth 1991.

Cimento, A. P./Kluge, J./Stein, L. (1993): Excellence in Electronics, in: McKinsey Quarterly, S. 20–23.

Coenenberg, A. G./Salfeld, R. (2003): Wertorientierte Unternehmensführung: Vom Strategieentwurf zur Implementierung, Stuttgart 2003.

Cook, T. D./Campbell, D. T. (1976): The Design and Conduct of Quasi – Experiments and True Experiments in Field Settings, in: Dunnette, M. D. (Hrsg.): Handbook of Industrial and Organisational Psychology, Chicago 1976, S. 223–326.

Copeland, T./Koller, T./Murrin, J. (1996): Valuation, 2. Aufl., New York 1996.

Cortina, J. (1993): What Is Coefficient Alpha? An Examination of Theory and Applications, in: Journal of Applied Psychology, 78, S. 98–104.

Covaleski, M. A./Dirsmith, M. W./Samuel, S. (1996): Managerial Accounting Research: The Contributions of Organizational and Sociological Theories, in: Journal of Management Accounting Research, 8, S. 1–35.

Covaleski, M. A./Evans, J. H./Luft, J. L./Shields, M. D. (2003): Budgeting Research: Three Theoretical Perspectives and Criteria for Selective Integration, in: Journal of Management Accounting Research, 15, S. 3–49.

Cronbach, L. (1951): Coefficient Alpha and the Internal Structure of Tests, in: Psychometrika, 16, S. 297–334.

Cronbach, L./Gleser, G./Nanda, H./Rajaratnam, N. (1972): The Dependability of Behavioral Measurements: Theory for Generalizeability of Scores and Profiles, New York 1972.

Cronbach, L./Meel, P. (1955): Construct Validity in Psychological Tests, in: Psychological Bulletin, 52, S. 281–302.

Curran, P. J./West, S. G./Finch, J. F. (1996): The Robustness of Test Statistics to Nonnormality and Specification Error in Confirmatory Factor Analysis, in: Psychological Methods, 1, S. 16–29.

Davila, T. (2000): An Empirical Study on the Drivers of Management Control Systems' Design in New Product Development, in: Accounting, Organizations and Society, 25, S. 383–409.

Davis, S./Albright, T. (2004): An Investigation of the Effect of Balanced Scorecard Implementation on Financial Performance, in: Management Accounting Research, 15, S. 135–153.

Dent, J. F. (1996): Global Competition: Challenges for Management Accounting and Control, in: Management Accounting Research, 7, S. 247–269.

Deshpandé, R./Zaltman, G. (1982): Factors Affecting the Use of Market Research Information: A Path Analysis, in: Journal of Marketing Research, 19, S. 14–31.

Devine, C. T. (1960): Research Methodology and Accounting Theory Formulation, in: The Accounting Review, 35, S. 387–399.

Diamantopoulos, A./Souchon, A. L. (1998): Information Utilisation by Exporting Firms: Conceptualisation, Measurement, and Impact on Export Performance, in: Urban, S. und Nanopoulos, C. (Hrsg.): Information and Management: Utilization of Technology – Structural and Cultural Impact, Wiesbaden 1998, S. 111–140.

Diehl, J. M./Staufenbiel, T. (2002): Statistik mit SPSS, Eschborn 2002.

Dillman, D. A. (2000): Mail and Internet Surveys, 2. Aufl., New York 2000.

Donaldson, L. (2001): The Contingency Theory of Organizations, Thousands Oaks, CA: Sage 2001.

Duncan, R. B. (1972): Characteristics of Organizational Environments and Perceived Environmental Uncertainty, in: Administrative Science Quarterly, 17, S. 313–327.

Dunk, A. S. (1990): Budgetary Participation, Agreement on Evaluation Criteria and Managerial Performance, in: Accounting, Organizations and Society, 15, S. 171–180.

Dunk, A. S. (2003): Moderated Regression, Constructs and Measurement in Management Accounting: A Reflection in: Accounting, Organizations and Society, 28, S. 793–802.

Dunk, A. S. (2004): Product Life Cycle Cost Analysis: The Impact of Customer Profiling, Competitive Advantage, and Quality of IS Information, in: Management Accounting Research, 15, S. 401–414.

Eccles, R. G. (1991): The Performance Measurement Manifesto, in: Harvard Business Review, 1, S. 131–137.

Edwards, J. R. (2001): Multidimensional Constructs in Organizational Behavior Research: An Integrative Analytical Framework, in: Organizational Research Methods, 4(2), S. 144–192.

Edwards, J. R./Bagozzi, R. P. (2000): On the Nature and Direction of Relationships between Constructs and Measures, in: Psychological Methods, 5, S. 155–174.

Eidel, U. (2000): Moderne Verfahren der Unternehmensbewertung und Performance Messung: Kombinierte Analysemethoden auf Basis von US-GAAP-, IAS- und HGB-Abschlüssen, 2. Aufl., Herne/Berlin 2000.

Emrich, C. (2004): LISREL interaktiv: Einführung in die interaktive Modellierung komplexer Strukturgleichungsmodelle, Wiesbaden 2004.

Europäische Kommission (2003): Empfehlung der Kommission vom 6. Mai 2003 betreffend die Definition der Kleinstunternehmen sowie kleiner und mittlerer Unternehmen (bekannt gegeben unter Aktenzeichen K(2003) 1422), in: Amtsblatt der Europäischen Union, L124, S. 36–41.

Ewert, R./Wagenhofer, A. (2000): Rechnungslegung und Kennzahlen für das wertorientierte Management, in: Wagenhofer, A. und Hrebicek, G. (Hrsg.): Wertorientiertes Management, Stuttgart 2000, S. 3–64.

Ezzamel, M. (1990): The Impact of Environmental Uncertainty, Managerial Autonomy and Size on Budget Characteristics, in: Management Accounting Research, 1, S. 181–197.

Fama, E. F./French, K. R. (1998): Market Efficiency, Long-Term Returns, and Behavioral Finance, in: Journal of Financial Economics, 49, S. 283–306.

Farrell, M. A. (2000): Developing a Market-Oriented Learning Organisation, in: Australian Journal of Management, 25, S. 201–223.

Fassott, G. (2006): Operationalisierung latenter Variablen in Strukturgleichungsmodellen: Eine Standortbestimmung, in: Zfbf, 58, S. 67–88.

Faul, K. (2004): Wertorientiertes Controlling: Ein Ansatz zur Unternehmens- und Verhaltenssteuerung, Hamburg 2004.

Finkelstein, S./Hambrick, D. C. (1996): Strategic Leadership: Top Executives and Their Effects on Organizations, Minneapolis/St. Paul 1996.

Fisher, J. G. (1995): Contingency-Based Research on Management Control Systems: Categorization by Levels of Complexity, in: Journal of Management Accounting Literature, 33, S. 24–53.

Fisher, J. G. (1998): Contingency Theory, Management Control Systems and Firm Outcomes: Past Results and Future Directions, in: Behavioral Research in Accounting, 10, S. 47–64.

Fix, D. (1991): Das Ziel heißt Halbieren, Speedmanagement: Wie Unternehmen ihr Innovationspotential Verbessern, in: Wirtschaftswoche vom 19.4.1991, S. 52–53.

Fornell, C./Larcker, D. F. (1981): Evaluating Structural Equation Models with Unobservable Variables and Measurement Error, in: Journal of Marketing Research, 18, S. 39–50.

Förster, F./Fritz, W./Silberer, G./Raffée, H. (1984): Der LISREL-Ansatz der Kausalanalyse und seine Bedeutung für die Marketing-Forschung, in: Zeitschrift für Betriebswirtschaft, 54, S. 346–367.

Friedmann, M. (1970): The Social Responsibility of the Business is to Increase Its Profits, in: The New York Times Magazine vom 13. September, S. 122–126.

Friedrichs, J. (1981): Methoden empirischer Sozialforschung, Opladen 1981.

Fritz, W. (2004): Erfolgsfaktorenforschung – Ein Misserfolg? Kritische Anmerkungen zum Beitrag von Alexander Nicolai und Alfred Kieser „Trotz eklatanter Erfolgslosigkeit: Die Erfolgsfaktorenforschung weiter auf Erfolgskurs“, in: Die Betriebswirtschaft, 64, S. 623–625.

Frucot, V. G./Shearon, W. T. (1991): Budgetary Participation, Locus of Control, and Mexican Managerial Performance and Job Satisfaction, in: The Accounting Review, 66, S. 80–99.

Furnham, A./Stringfield, P. (1994): Congruence of Self and Subordinate Ratings of Managerial Practices as a Correlate of Superior Evaluation, in: Journal of Occupational & Organizational Psychology, 67, S. 57–67.

Gaiser, B./Greiner, O. (2003): Strategiegerechte Planung mit Hilfe der Balanced Scorecard, in: Horváth, P. und Gleich, R. (Hrsg.): Neugestaltung der Unternehmensplanung, Stuttgart 2003, S. 269–295.

Galbraith, C. (1973): Designing Complex Organizations, Reading 1973.

Galbraith, C./Schendel, D. (1983): An Empirical Analysis of Strategy Types, in: Strategic Management Journal, 4, S. 153–173.

Gehrke, I./Horváth, P. (2002): Implementation of Performance Measurement: A Comparative Study of French and German Organizations, in: Epstein, M. J. und Manzoni, J.-F. (Hrsg.): Performance Measurement and Management Control: A Compendium of Research, Amsterdam u. a. 2002, S. 159–180.

Gerbing, D. W./Anderson, J. C. (1988): An Updated Paradigm for Scale Development Incorporating Unidimensionality and Its Assessment, in: Journal of Marketing Research, 25, S. 186–192.

Gerdin, J. (2005a): The Impact of Departmental Interdependencies and Management Accounting System Use on Subunit Performance, in: European Accounting Review, 14, S. 297–327.

Gerdin, J. (2005b): The Impact of Departmental Interdependencies and Management Accounting System Use on Subunit Performance: A Second Look, in: European Accounting Review, 14, S. 335–340.

Gerdin, J./Greve, J. (2004): Forms of Contingency Fit in Management Accounting Research – a Critical Review, in: Accounting, Organizations and Society, 29, S. 303–326.

Ginsberg, A./Venkatraman, N. (1985): Contingency Perspectives of Organizational Strategy: A Critical Review of the Empirical Research, in: Academy of Management Review, 10, S. 421–434.

Gladen, W. (2005): Performance Measurement, Wiesbaden 2005.

Gleich, R. (1997): Stichwort Performance Measurement, in: DBW, 57, S. 115–117.

Gleich, R. (2001): Das System des Performance Measurement, Stuttgart 2001.

Gleich, R. (2002): Performance Measurement. Grundlagen, Konzepte und empirische Erkenntnisse, in: Controlling, 14, S. 447–454.

Gleich, R./Burkert, M. (2004): Performance Measurement als umfassender Steuerungsansatz, in: VDMA Nachrichten, S. 40–41.

Glick, W. H./Huber, G. P./Miller, C. C./Doty, D. H./Sutcliffe, K. M. (1990): Studying Changes in Organizational Design and Effectiveness: Retrospective Event Histories and Periodic Assessments, in: Organization Science: A Journal of the Institute of Management Sciences, 1, S. 293–312.

Golembiewski, R. T. (1964): Accountancy as a Function of Organization Theory, in: The Accounting Review, 39, S. 333–341.

Gordon, L. A./Narayanan, V. K. (1984): Management Accounting Systems, Perceived Environmental Uncertainty and Organization Structure: An Empirical Investigation, in: Accounting, Organizations and Society, 9, S. 33–47.

Götz, O./Liehr-Gobbers, K. (2004): Analyse von Strukturgleichungsmodellen mit Hilfe der Partial-Least-Squares (PLS)-Methode, in: DBW, 6, S. 714–738.

Govindarajan, V. (1984): Appropriateness of Accounting Data in Performance Evaluation: An Empirical Examination of Environmental Uncertainty as an Intervening Variable, in: Accounting, Organizations and Society, 9(2), S. 125–135.

Govindarajan, V./Gupta, A. K. (1985): Linking Control Systems to Business Unit Strategy: Impact on Performance, in: Accounting, Organizations and Society, 10, S. 51–66.

Green, P. (1978): Mathematical Tools for Applied Multivariate Analysis, San Diego 1978.

Grüning, M. (2002): Performance-Measurement-Systeme: Messung und Steuerung von Unternehmensleistung, Wiesbaden 2002.

Gul, F. A. (1991): The Effects of Management Accounting Systems and Environmental Uncertainty on Small Business Managers' Performance, in: Accounting and Business Research, 22, S. 57–61.

Gul, F. A./Chia, Y. M. (1994): The Effects of Management Accounting Systems, Perceived Environmental Uncertainty and Decentralization on Managerial Performance: A Test of Three Way Interaction, in: Accounting, Organizations and Society, 19, S. 413–426.

Günther, T. (1997): Unternehmenswertorientiertes Controlling, München 1997.

Günther, T./Grüning, M. (2002): Performance Measurement-Systeme im praktischen Einsatz, in: Controlling, 14, S. 5–13.

Günther, T./Landrock, B./Muche, T. (2000): Gewinn- vs. unternehmenswertorientierte Performancemaße. Eine empirische Untersuchung auf Basis der Korrelation von Kapitalmarktrenditen, in: Controlling, 12, S. 69–75.

Gutenberg, E. (1929): Die Unternehmung als Gegenstand betrieblicher Theorie, Berlin et al. 1929.

Gutenberg, E. (1983): Grundlagen der Betriebswirtschaftslehre – Erster Band: Die Produktion, 24. Aufl., Berlin et al. 1983.

Habermas, J. (1988): Theorie des kommunikativen Handelns, Band 1: Handlungsrationalität und gesellschaftliche Rationalisierung, Frankfurt 1988.

Hachmeister, D. (1997): Shareholder Value: Sammelrezension, in: Die Betriebswirtschaft, 57, S. 823–839.

Hachmeister, D. (2003): Gestaltung von Wertbeitragskennzahlen in der Theorie der Unternehmensrechnung, in: Zfbf, 55, S. 97–119.

Hair, J. F. J./Anderson, R. E./Tatham, R. L./Black, W. C. (1995): Multivariate Data Analysis with Readings, 4. Aufl., Upper Saddle River, NJ 1995.

Hambrick, D. C./Geletkanycz, M. A./Frederickson, J. W. (1993): Top Executive Commitment to the Status Quo: Some Tests of Its Determinants, in: Strategic Management Journal, 14, S. 401–416.

Hambrick, D. C./Lei, D. (1985): Toward an Empirical Prioritization of Contingency Variables for Business Strategy, in: Academy of Management Journal, 28, S. 763–788.

Hambrick, D. C./Mason, P. (1984): Upper Echelons: The Organization as a Reflection of Its Top Managers, in: Academy of Management Review, 9, S. 193–206.

Hartmann, F. G. H. (2005): The Impact of Departmental Interdependencies and Management Accounting System Use on Subunit Performance: A Comment, in: European Accounting Review, 14, S. 329–334.

Hartmann, F. G. H./Moers, F. (1999): Testing Contingency Hypotheses in Budgetary Research: An Evaluation of the Use of Moderated Regression Analysis, in: Accounting, Organizations and Society, 24, S. 291–315.

Hartmann, F. G. H./Moers, F. (2003): Testing Contingency Hypotheses in Budgetary Research Using Moderated Regression Analysis: A Second Look, in: Accounting, Organizations and Society, 28, S. 185–191.

Hartung, J./Elpelt, B. (1992): Multivariate Statistik, Lehr- und Handbuch der angewandten Statistik, 4. Aufl., München, Wien 1992.

Hauschildt, J. (2003): Zum Stellenwert der empirischen betriebswirtschaftlichen Forschung, in: Schwaiger, M. und Harhoff, D. (Hrsg.): Empirie und Betriebswirtschaft, Stuttgart 2003, S. 3–24.

Hayes, D. C. (1977): The Contingency Theory of Managerial Accounting, in: The Accounting Review, 52, S. 22–39.

Heide, T. (2001): Informationsökonomische und verhaltenswissenschaftliche Ansätze als Beitrag zu einer theoretischen Fundierung des Controlling: Eine vergleichende Analyse anhand ausgewählter Beispiele, Frankfurt a.M. 2001.

Heigl, A. (1989): Controlling – Interne Revision, 2. Aufl., Stuttgart, New York 1989.

Heinen, E. (1991): Industriebetriebslehre: Entscheidungen im Industriebetrieb, 9. Aufl., Wiesbaden 1991.

Heneman, H. C. (1974): Comparison of Self and Superior Ratings of Managerial Performance, in: Journal of Applied Psychology, 59, S. 638–642.

Henri, J. F. (2006a): Management Control Systems and Strategy: A Resource-Based Perspective, in: Accounting, Organizations and Society, 31, S. 529–558.

Henri, J. F. (2006b): Organizational Culture and Performance Measurement Systems, in: Accounting, Organizations and Society, 31, S. 77–103.

Herrmann, A./Homburg, C. (2000): Marktforschung: Methoden, Anwendungen, Praxisbeispiele, 2. Aufl., Wiesbaden 2000.

Hildebrandt, L. (1998): Kausalanalytische Validierung in der Marketingforschung, in: Hildebrandt, L. und Homburg, C. (Hrsg.): Die Kausalanalyse, Stuttgart 1998, S. 85–110.

Hirsch, B. (2005): Behavioral Controlling, Habilitationsschrift, WHU-Otto Beisheim School of Management 2005.

Hirst, M./Baxter, J. A. (1993): A Capital Budgeting Case Study: An Analysis of a Choice Process and Roles of Information, in: Behavioral Research in Accounting, 5, S. 187–210.

Hoffjan, A. (1998): Entwicklung einer verhaltensorientierten Controlling-Konzeption für die Arbeitsverwaltung, 2. Aufl., Wiesbaden 1998.

Hofstede, G. H. (1967): The Game of Budget Control, Asset 1967.

Hofstedt, T. R. (1975): A State of the Art Analysis of Behavioral Accounting Research, in: Journal of Contemporary Business, 10, S. 27–49.

Holzer, H. P./Lück, W. (1978): Verhaltenswissenschaft und Rechnungswesen. Entwicklungstendenzen des Behavioral Accounting in den USA, in: DBW, 38, S. 509–523.

Homburg, C. (1989): Exploratorische Ansätze der Kausalanalyse als Instrument der Marketingplanung, Frankfurt a. M. 1989.

Homburg, C. (2000): Kundennähe von Industriegüterunternehmen, 3. Aufl., Wiesbaden 2000.

Homburg, C./Baumgartner, H. (1995): Die Kausalanalyse als Instrument der Marketingforschung – Eine Bestandsaufnahme, in: Zeitschrift für Betriebswirtschaft, 65, S. 1091–1108.

Homburg, C./Baumgartner, H. (1998): Beurteilung von Kausalmodellen: Bestandsaufnahme und Anwendungsempfehlungen, in: Hildebrandt, L. und Homburg, C. (Hrsg.): Die Kausalanalyse: Instrument der betriebswirtschaftlichen Forschung, Stuttgart 1998, S. 343–369.

Homburg, C./Dobratz, A. (1991): Iterative Modellselektion in der Kausalanalyse, in: Zfbf, 43, S. 213–237.

Homburg, C./Dobratz, A. (1992): Covariance Structure Analysis via Specification Searches, in: Statistical Papers, 33, S. 5–24.

Homburg, C./Giering, A. (1998): Konzeptualisierung und Operationalisierung komplexer Konstrukte – Ein Leitfaden für die Marketingforschung, in: Hildebrandt, L. und Homburg, C. (Hrsg.): Die Kausalanalyse, Stuttgart 1998, S. 111–146.

Homburg, C./Giering, A. (2001): Personal Characteristics as Moderators of the Relationship between Customer Satisfaction and Loyality – an Empirical Analysis, in: Psychology & Marketing, 18, S. 43–66.

Homburg, C./Klarmann, M. (2003): Empirische Controllingforschung – Anmerkungen aus der Perspektive des Marketing. Band 9 der Schriften des Center for Controlling & Management (CCM), in: Weber, J. und Hirsch, B. (Hrsg.): Zur Zukunft der Controllingforschung – Empirie, Schnittstellen und Umsetzung in der Lehre, Wiesbaden 2003, S. 65–88.

Homburg, C./Krohmer, H. (2004): Die Fliegenpatsche als Instrument des wissenschaftlichen Dialogs. Stellungnahme zum Beitrag von Alexander Nicolai und Alfred Kieser „Trotz eklatanter Erfolgslosigkeit: Die Erfolgsfaktorenforschung weiter auf Erfolgskurs", in: Die Betriebswirtschaft, 64, S. 626–631.

Homburg, C./Rudolph, B. (1998): Die Kausalanalyse als Instrument zur Messung der Kundenzufriedenheit im Industriegütermarketing, in: Hildebrandt, L. und Homburg, C. (Hrsg.): Die Kausalanalyse, Stuttgart 1998, S. 237–264.

Homburg, C./Stock, R. M. (2001): Der Zusammenhang zwischen Mitarbeiter- und Kundenzufriedenheit, in: Zeitschrift für Betriebswirtschaft, 71, S. 789–806.

Homburg, C./Stock, R. M. (2005): Exploring the Conditions under which Salesperson Work Satisfaction Can Lead to Customer Satisfaction, in: Marketing and Psychology, 22, S. 393–420.

Hopwood, A. G. (1972): An Empirical Study of the Role of Accounting Data in Performance Evaluation, in: Journal of Accounting Research, 10, S. 156–182.

Hopwood, A. G. (1973): An Accounting System and Managerial Behavior, London 1973.

Hopwood, A. G. (1974): Accounting and Human Behaviour, London 1974.

Hoque, J./James, W. (2000): Linking Balanced Scorecard Measures to Size and Market Factors: Impact on Organizational Performance, in: Journal of Management Accounting Research, 12, S. 1–17.

Horváth, P. (2002): Rezension durch Peter Horváth, in: Controlling, 14, S. 367–368.

Horváth, P. (2006): Controlling, 10. Aufl., München 2006.

Horváth, P./Arnaout, A./Gleich, R./Seidenschwarz, W./Stoi, R. (1999): Neue Instrumente der Unternehmenssteuerung in der deutschen Unternehmenspraxis: Bericht über die Stuttgarter Studie, in: Egger, A./Grün, O. und Moser, R. (Hrsg.): Managementinstrumente und -Konzepte, Entstehung, Verbreitung und Bedeutung für die Betriebswirtschaftslehre, Stuttgart 1999, S. 289–328.

Hostettler, S./Stern, H. J. (2004): Das Value Cockpit: Sieben Schritte zur wertorientierten Führung für Entscheidungsträger, Weinheim 2004.

Hunold, C. (2003): Kommunale Kostenrechnung, Wiesbaden 2003.

Hunt, S. D. (1990): Truth in Marketing Theory and Research, in: Journal of Marketing, 54, S. 1–15.

Hunt, S. D. (1991): Modern Marketing Theory: Critical Issues in the Philosophy of Marketing Science, Cincinnati 1991.

Hunt, S. D./Sparkman, R./Wilcox, J. B. (1982): The Pre-Test in Survey Research: Issues and Preliminary Findings, in: Journal of Marketing Research, 19, S. 269–273.

Hüttner, M./Schwarting, U. (2000): Exploratorische Faktorenanalyse, in: Herrmann, A. und Homburg, C. (Hrsg.): Marktforschung: Methoden, Anwendungen, Praxisbeispiele, Wiesbaden 2000, S. 381–412.

Iselin, E. R. (1988): The Effects of Information Load and Information Diversity on Decision Quality in a Structured Decision Task, in: Accounting, Organizations and Society, 13, S. 147–164.

Ittner, C. D./Larcker, D. F. (1998): Innovations in Performance Measurement: Trends and Research Implications, in: Journal of Management Accounting Research, 10, S. 205–238.

Ittner, C. D./Larcker, D. F./Rajan, M. V. (1997): The Choice of Performance Measures in Annual Bonus Contracts, in: The Accounting Review, 72, S. 231–255.

Ittner, C. D./Larcker, D. F./Randall, T. (2003): Performance Implications of Strategic Performance Measurement in Financial Services Firms, in: Accounting, Organizations and Society, 28, S. 715–741.

Jackson, C. M./Chow, S./Leitch, R. A. (1997): Toward an Understanding of the Behavioral Intention to Use an Information System, in: Decision Sciences, 28, S. 357–389.

Jarvis, C. B./Mackenzie, S. B./Podsakoff, P. M. (2003): A Critical Review of Construct Indicators and Measurement Model Misspecification in Marketing and Consumer Research, in: Journal of Consumer Research, 30, S. 199–218.

Johns, G. (1998): Aggregation or Aggravation? The Relative Merits of a Broad Withdrawal Construct, in: Journal of Organizational Behavior, 19, S. 453–462.

Jöreskog, K. G. (1966): Testing a Simple Structure Hypothesis in Factor Analysis, in: Psychometrica, 31, S. 165–178.

Jöreskog, K. G. (1967): Some Contributions to Maximum Likelihood Factor Analysis, in: Psychometrica, 32, S. 443–482.

Jöreskog, K. G. (1969): A General Approach to Confirmatory Maximum Likelihood Factor Analysis, in: Psychometrica, 34, S. 183–202.

Jöreskog, K. G. (1973): A General Method for Estimating a Linear Structural Equation System, in: Goldberger, M. und Duncan, R. B. (Hrsg.): Structural Equation Models in the Social Sciences, New York 1973, S. 85–112.

Jöreskog, K. G. (1977): Structural Equation Models in the Social Sciences: Specification, Estimation, and Testing, in: Krishnaiah, P. (Hrsg.): Applications of Statistics, Amsterdam 1977, S. 265–287.

Jöreskog, K. G. (1979): Structural Analysis of Covariance and Correlation Matrices, in: Psychometrica, 43, S. 443–477.

Jöreskog, K. G./Sörbom, D. (1979): Advances in Factor Analysis and Structural Equation Models, Cambridge 1979.

Jöreskog, K. G./Sörbom, D. (1982): Recent Developments in Structural Equation Modeling, in: Journal of Marketing Research, 19, S. 404–416.

Jöreskog, K. G./Sörbom, D. (2001): Lisrel 8: User's Reference Guide, 2. Aufl., Lincolnwood 2001.

Kaplan, R. S./Norton, D. P. (1992): The Balanced Scorecard-Measures That Drive Performance, in: Harvard Business Review, 70, S. 71–79.

Kaplan, R. S./Norton, D. P. (1996): The Balanced Scorecard: Translating Strategy into Action, Boston 1996.

Kaplan, R. S./Norton, D. P. (1997): Balanced Scorecard – Strategien erfolgreich Umsetzen, Stuttgart 1997.

Kaplan, R. S./Norton, D. P. (2001): Die strategiefokussierte Organisation – Führen mit der Balanced Scorecard, Stuttgart 2001.

Karlshaus, J. T. (2000): Die Nutzung von Kostenrechnungsinformationen im Marketing, Wiesbaden 2000.

Khandwalla, P. (1972): The Effect of Different Types of Competition on the Use of Management Controls, in: Journal of Accounting Research, 10, S. 275–285.

Khandwalla, P. (1977): The Design of Organizations, New York 1977.

Kieser, A. (2002): Der situative Ansatz, in: Kieser, A. (Hrsg.): Organisationstheorien, Stuttgart 2002, S. 169–198.

Kieser, A./Walgenbach, P. (2003): Organisation, 4. Aufl., Stuttgart 2003.

Kinnear, T./Taylor, J. (1991): Marketing Research: An Applied Approach, 4. Aufl., New York 1991.

Klingebiel, N. (2001): Entwicklungslinien und Aussageerwartungen an Performance Measurement-Systeme, in: Klingebiel, N. (Hrsg.): Performance Measurement & Balanced Scorecard, München 2001, S. 39–64.

Kluge, J./Stein, L./Krubasik, E./Beyer, I./Düsedau, D./Huhn, W. (1994): Wachstum durch Verzicht, Stuttgart 1994.

Knorren, N./Weber, J. (1997): Shareholder-Value. Eine Controlling-Perspektive. Band 2 der Schriftenreihe Advanced Controlling, Vallendar 1997.

Kosiol, E. (1973): Organisation – der Weg in die Zukunft, in: Zeitschrift für Organisation, 42, S. 3–11.

Kosmider, A. (1994): Controlling im Mittelstand: Eine Untersuchung der Gestaltung und Anwendung des Controllings in mittelständischen Industrieunternehmen, 2. Aufl., Stuttgart 1994.

Kren, L. (1993): Control System Effects on Budget Slack, in: Advances in Management Accounting, 2, S. 109–113.

Kubicek, H. (1975): Empirische Organisationsforschung. Konzeption und Methodik, Stuttgart 1975.

Kubicek, H. (1977): Heuristischer Bezugsrahmen und heuristisch angelegte Forschungsdesigns als Elemente einer Konstruktionsstrategie empirischer Forschung, in: Köhler, R. (Hrsg.): Empirische und handlungstheoretische Forschungskonzeptionen in der Betriebswirtschaftslehre, Stuttgart 1977, S. 3–36.

Kumar, N./Stern, L. W./Anderson, J. C. (1993): Conducting Interorganizational Research Using Key Informants, in: Academy of Management Journal, 36, S. 1633–1651.

Künkele, J./Schäffer, U. (2005): Zur erfolgreichen Gestaltung der Budgetkontrolle, in: Working Paper EBS-European Business School, S. 1–37.

Kwok, W. C. C./Sharp, D. J. (1998): A Review of Construct Measurement Issues in Behavioral Accounting Research, in: Journal of Accounting Literature, 17, S. 137–174.

Lau, C. M./Low, L. C./Eggleton, I. R. C. (1995): The Impact of Reliance on Accounting Performance Measures on Job-Related Tension and Managerial Performance: Additional Evidence, in: Accounting, Organizations and Society, 20, S. 359–381.

Lau, C. M./Tan, J. (1998): The Impact of Budget Emphasis, Participation and Task Difficulty on Managerial Performance: A Cross-Cultural Study of the Financial Services Sector, in: Management Accounting Research, 9, S. 163–183.

Law, K. S./Wong, C.-S. (1999): Multidimensional Constructs in Structural Equation Analysis: An Illustration Using the Job Perception and Job Satisfaction Constructs, in: Journal of Management, 25, S. 143–160.

Lawrence, P. R./Lorsch, J. W. (1967): Organization and Environment, Homewood 1967.

Lebas, M. (1994): Managerial Accounting in France – Overview of Past Tradition and Current Practice, in: European Accounting Review, 3, S. 471–487.

Lee, C./Lee, K./Pennings, J. M. (2001): Internal Capabilities, External Networks, and Performance: A Study on Technology-Based Ventures, in: Strategic Management Journal, 22, S. 615–640.

Lewis, T. (1995): Steigerung des Unternehmenswertes, 2. Aufl., Landsberg/Lech 1995.

Leyendecker, H.-W. (2004): Kennzahlen aus der Fertigung im Überblick, in: VDMA Nachrichten, S. 56.

Libby, T./Waterhouse, J. H. (1996): Predicting Change in Management Accounting Systems, in: Journal of Management Accounting Research, 8, S. 137–150.

Lindell, M. K./Brandt, C. J. (2000): Climate Quality and Climate Consensus as Mediators of the Relationship between Organizational Antecedents and Outcomes, in: Journal of Applied Psychology, 85, S. 331–348.

Lindell, M. K./Whitney, D. J. (2001): Accounting for Common Method Variance in Cross-Sectional Designs, in: Journal of Applied Psychology, 86, S. 114–121.

Lingle, J. H./Schiemann, W. A. (1996): From Balanced Scorecard to Strategic Gauges: Is Measurement Worth It?, in: Management Review, 85, S. 56–61.

Littkemann, J. (2004): Verhaltensorientierte Ausrichtung des Beteiligungscontrollings, in: Littkemann, J. und Zündorf, H. (Hrsg.): Beteiligungscontrolling – Ein Handbuch für die Unternehmens- und Beratungspraxis, Herne/Berlin 2004, S. 21–45.

Little, T. D./Lindenberger, U./Nesselroade, J. R. (1999): On Selecting Indicators for Multivariate Measurement and Modeling with Latent Variables: When "Good" Indicators Are Bad And "Bad" Indicators Are Good, in: Psychological Methods, 4, S. 192–211.

Lorino, P. (1997): Leistungssteuerungssysteme in Frankreich, in: Controlling, 27, S. 531–540.

Lorson, P. (1999): Der Sharholder Value-Ansatz, in: Der Betrieb, 52, S. 1329–1339.

Lücke, W. (1955): Investitionsrechnung auf der Grundlage von Ausgaben und Kosten, in: ZfbF, 7, S. 310–324.

Luft, J./Shields, M. D. (2003): Mapping Management Accounting: Graphics and Guidelines for Theory-Consistent Empirical Research, in: Accounting, Organizations and Society, 28, S. 169–249.

Lynch, R. L./Cross, K. F. (1991): Measure Up!, London 1991.

MacGallum, R. C./Zhang, S./Preacher, K. J./Rucker, D. D. (2002): On the Practice of Dichotomization of Quantitative Variables, in: Psychological Methods, 7, S. 19–40.

Macintosh, N. B. (1994): Management Accounting and Control Systems – an Organizational and Behavioral Approach, Chicester 1994.

Mahoney, T. A./Jerdee, T. H./Carroll, S. J. (1963): Development of Managerial Performance: A Research Approach, Cincinnati, OH 1963.

Malina, M. A./Selto, F. H. (2001): Communicating and Controlling Strategy: An Empirical Study of the Effectiveness of the Balanced Scorecard, in: Journal of Management Accounting Research, 13, S. 47–90.

Martin, A. (1989): Die empirische Forschung in der Betriebswirtschaftslehre, Stuttgart 1989.

Mattern, K. (1991): Wirkungsvolles Innovationscontrolling: Was High-Tech-Unternehmen bei der Planung, Steuerung und Kontrolle des Innovationsprozesses beachten sollen, in: Booz, A. H. (Hrsg.): Integriertes Technolgie- und Innovationsmanagement. Konzepte zur Wettbewerbskraft von High-Tech-Unternehmen, Berlin 1991, S. 93–116.

McGowan, A. S./Klammer, T. P. (1997): Satisfaction with Activity-Based Cots Management Implementation, in: Journal of Management Accounting Research, 9, S. 217–237.

McInnes, J. M./Ramakrishnan, R. T. S. (1991): A Decision-Theory Model of Motivation and Its Usefulness in the Diagnosis of Management Control Systems, in: Accounting, Organizations and Society, 16, S. 167–184.

Mendoza, C./Brescos, P.-L. (2001): An Explanatory Model of Managers' Information Needs: Implications for Management Accounting, in: European Accounting Review, 10, S. 257–289.

Menon, A./Varadarajan, P. R. (1992): A Model of Marketing Knowledge Use within Firms, in: Journal of Marketing, 56, S. 53–71.

Merchant, K. A. (1981): The Design of the Corporate Budgeting System: Influences on Managerial Behavior and Performance, in: The Accounting Review, 4, S. 813–829.

Merchant, K. A. (1984): Influences on Departmental Budgeting: An Examination of a Contingency Model, in: Accounting, Organizations and Society, 9, S. 291–307.

Meyer, M./Rigsby, J. T. (2001): A Descriptive Analysis of the Content and Contributors of Behavioral Research in Accounting 1989–1998, in: Behavioral Research in Accounting, 13, S. 253–278.

Mia, L./Chenhall, R. (1994): The Usefulness of Management Accounting Systems, Functional Differentiation and Managerial Effectiveness, in: Accounting, Organizations and Society, 19, S. 1–13.

Mia, L./Clark, B. (1999): Market Competition, Management Accounting Systems and Business Unit Performance, in: Management Accounting Research, 10, S. 137–158.

Miller, G. A. (1956): The Magical Number Seven, Plus or Minus Two: Some Limits on Our Capacity for Processing Information, in: The Psychological Review, 63, S. 81–97.

Miner, J. (1984): The Validity and Usefulness of Theories in an Emerging Organizational Science, in: Academy of Management Review, 9, S. 296–306.

Mintzberg, H. (1973): The Nature of Managerial Work, New York 1973.

Moorman, C. (1995): Organizational Market Information Processes: Cultural Antecedents and New Product Outcomes, in: Journal of Marketing Research, 32, S. 318–335.

Mueller, R. (1996): Basic Principles of Structural Equation Modeling, New York 1996.

Muthén, L. K./Muthén, B. O. (2002): How to Use a Monte Carlo Study to Decide on Sample Size and Determine Power, in: Structural Equation Modeling, 4, S. 599–620.

Nachtigall, C./Kroehne, U./Funke, F./Steyer, R. (2003): (Why) Should We Use SEM? Pros and Cons of Structural Equation Modeling, in: Methods of Psychological Research Online, 8, S. 1–22.

Naveh, E./Halevy, A. (2000): A Hierarchical Framework for a Quality Information System, in: Total Quality Management, 11, S. 87–111.

Neely, A. (1998): Measuring Business Performance. Why, What and How, London 1998.

Nelson, R. R./Todd, P. A./Wixom, B. H. (2005): Antecedents of Information and System Quality: An Empirical Examination within the Context of Data Warehousing, in: Journal of Management Information Systems, 21, S. 199–235.

Neumann, U./Thumbs, W. (1999): Aktuelle Benchmarks für die Elektroindustrie: Kennzahlenerhebung für die Geschäftsjahre 1997 und 1998, in: Der Betrieb, S. 2020–2022.

Nicolai, A./Kieser, A. (2002): Trotz eklatanter Erfolgslosigkeit: Die Erfolgsfaktorenforschung weiter auf Erfolgskurs, in: Die Betriebswirtschaft, 62, S. 579–596.

Nicolai, A./Kieser, A. (2004): Von Konsensgenerierungsmaschinen, Nebelkerzen und „the operation called <Verstehen>“, in: DBW, 64, S. 631–635.

Nicolaou, A. I. (2000): A Contingency Model of Perceived Effectiveness in Accounting Information Systems: Organizational Coordination and Control Effects, in: International Journal of Accounting Information Systems, 1, S. 91–105.

Nicolaou, A. I./Masoner, M. M./Welker, R. B. (1995): Intent to Enhance Information Systems as a Function of System Success, in: Journal of Information Systems, 9, S. 93–108.

Norreklit, H. (2000): The Balance on the Balanced Scorecard – a Critical Analysis of Some of Its Assumptions, in: Management Accounting Research, 11, S. 65–88.

Norusis, M. (1993): SPSS for Windows, Professional Statistics, Release 6.0, Chicago 1993.

Nunnally, J. C. (1978): Psychometric Theory, New York: McGraw-Hill 1978.

O'Reilly, C. A. (1982): Variations in Decision Makers' Use of Information Sources: The Impact of Quality and Accessibility of Information, in: Academy of Management Journal, 25, S. 756–771.

Oczkowski, E./Farrell, M. A. (1998): Discriminating between Measurement Scales: The Case of Market Orientation, in: International Journal of Research in Marketing, 15, S. 349–366.

Ohms, W. J. (2000): Management des Produktentstehungsprozesses, München 2000.

Oppenheim, A. N. (1993): Questionaire Design, Interviewing and Attitude Measurement, 2. Aufl., London 1993.

Otley, D. T. (1982): Budgets and Managerial Motivation, in: Journal of General Management, 8, S. 26–42.

Otley, D. T. (1999): Performance Management: A Framework for Management Control Systems Research, in: Management Accounting Research, 10, S. 363–382.

Pelz, D. C. (1978): Some Expanded Perspectives on Use of Social Science in Public Policy, in: Yinger, M. und Cutler, S. J. (Hrsg.): Major Social Issues: A Multidisciplinary View, New York 1978, S. 346–357.

Perera, S./Harrison, G./Poole, M. (1997): Customer-Focused Manufacturing Strategy and the Use of Operations-Based Non-Financial Performance Measures: A Research Note, in: Accounting, Organizations and Society, 22, S. 557–572.

Perlitz, M. (1999): Unternehmen durch „Performance Measurement“ erfolgreich machen, in: Gablers Magazin, 13, S. 6–10.

Perrow, C. (1970): Organizational Analysis: A Sociological View, Belmont 1970.

Peter, J. P. (1979): Reliability: A Review of Psychometric Basics and Recent Marketing Practices, in: Journal of Marketing Research, 16, S. 6–17.

Peter, J. P. (1981): Construct Validity: A Review of Basic Issues and Marketing Practices, in: Journal of Marketing Research, 23, S. 1–10.

Peterson, R. (1994): A Meta-Analysis of Cronbach's Alpha, in: Journal of Consumer Research, 21, S. 381–391.

Pfeiffer, W./Dögel, R./Schneider, W. (1989): Denkperspektiven und Grundhaltungen der strategischen Technologieplanung, in: WISU – Das Wirtschaftsstudium, S. 99–104.

Pflesser, C. (1999): Marktorientierte Unternehmenskultur, Wiesbaden 1999.

Podsakoff, P. M./McKenzie, S. B./Lee, J.-Y./Podsakoff, N. P. (2003): Common Method Biases in Behavioral Research: A Critical Review of the Literature and Recommended Remedies, in: Journal of Applied Psychology, 88, S. 879–903.

Podsakoff, P. M./Organ, D. (1986): Self-Reports in Organizational Reserach: Problems and Prospects, in: Journal of Management, 12, S. 531–543.

Popper, K. (1979): Die beiden Grundprobleme der Erkenntnistheorie, Tübingen 1979.

Popper, K. (1998): Objektive Erkenntnis, 4. Aufl., Hamburg 1998.

Popper, K. (2002a): Conjectures and Refutations: The Growth of Scientific Knowledge, London 2002a.

Popper, K. (2002b): The Logic of Scientific Discovery, London and New York 2002b.

Posselt, S. G. (1986): Budgetkontrolle als Instrument zur Unternehmenssteuerung, Stuttgart 1986.

Pugh, D. S./Hickson, D. J./Hinings, C. R./Turner, C. (1968): Dimensions of Organizational Structure, in: Administrative Science Quarterly, 13, S. 65–105.

PWC (2001): Die Balanced Scorecard im Praxistest: Wie zufrieden sind die Anwender, Frankfurt a. M. 2001.

Raghunathan, S. (1999): Impact of Information Quality and Decision-Maker Quality on Decision Quality: A Theoretical Model and Simulation Analysis, in: Decision Support Systems, 26, S. 275–286.

Rappaport, A. (1986): Creating Shareholder Value. The New Standard for Business Performance, New York 1986.

Rappaport, A. (1999): Shareholder Value: Ein Handbuch für Manager und Investoren, 2. Aufl., Stuttgart 1999.

Reeves, C./Bednar, D. A. (1994): Define Quality: Alternatives and Implications, in: Academy of Management Review, 19, S. 419–445.

Reichmann, T. (2006): Controlling mit Kennzahlen und Managementberichten, 7. Aufl., München 2006.

Reitmeyer, T. (2000): Qualität von Entscheidungsprozessen der Geschäftsleitung. Eine empirische Untersuchung mittelständischer Unternehmen, Wiesbaden 2000.

Rigby, D. (2001): Management Tools and Techniques: A Survey, in: California Management Review, 43, S. 139–160.

Riggo, R./Cole, E. (1992): Agreement between Subordinate and Superior Ratings of Supervisory Performance and Effects on Self and Subordinate Job Satisfaction, in: Journal of Occupational & Organizational Psychology, 65, S. 151–158.

Rossiter, J. (2002): The C-OAR-SE Procedure for Scale Development in Marketing, in: International Journal of Research in Marketing, 19, S. 305–335.

Rossiter, J. (2005): Reminder: A Horse Is a Horse, in: International Research in Marketing, 19, S. 305–335.

Said, A. A./Elnaby, H. R. H./Wier, B. (2003): An Empirical Investigation of the Performance Consequences of Nonfinancial Measures, in: Journal of Management Accounting Research, 15, S. 193–223.

Sandt, J. (2003): Erfolgreiche Gestaltung der Führungsunterstützung durch Kennzahlen, in: Weber, J. und Kunz, J. (Hrsg.): Empirische Controllingforschung. Begründung – Beispiele – Ergebnisse., Wiesbaden 2003, S. 93–127.

Sandt, J. (2004): Management mit Kennzahlen und Kennzahlensystemen – Bestandsaufnahme, Determinanten und Erfolgsauswirkungen, Wiesbaden 2004.

Sandt, J./Schäffer, U./Weber, J. (2001): Balanced Performance Measurement Systems and Manager Satisfaction – Empirical Evidence from a German Study, Working Paper. Whu-Otto Beisheim Graduate School of Management, 2001.

Saunders, C./Jones, J. W. (1990): Temporal Sequences in Information Acquisition for Decion Making, in: Academy of Management Review, 15, S. 29–46.

Schäffer, U. (2001): Kontrolle als Lernprozess, Wiesbaden 2001.

Schäffer, U./Steiners, D. (2004): Zur Nutzung von Controllinginformationen, in: Zeitschrift für Planung & Unternehmenssteuerung, 15, S. 377–404.

Schanz, G. (1988): Erkennen und Gestalten: Betriebswirtschaftslehre in kritisch-rationaler Absicht, Stuttgart 1988.

Schanz, G. (1993): Verhaltenswissenschaftliche Ansätze, in: Chmielewicz, K. und Schweitzer, M. (Hrsg.): Handwörterbuch des Rechnungswesens, Stuttgart 1993, Sp. 2005–2012.

Scherer, A. G. (2002): Kritik der Organisation oder Organisation der Kritik? – Wissenschaftstheoretische Bemerkungen zum kritischen Umgang mit Organisationstheorien, in: Kieser, A. (Hrsg.): Organisationstheorien, Stuttgart 2002, S. 1–37.

Schermelleh-Engel, K./Moosbrugger, H./Müller, H. (2003): Evaluating the Fit of Structural Equation Models: Tests of Significance and Descriptive Goodness-of-Fit Measures, in: Methods of Psychological Research Online, 8, S. 23–74.

Schick, A. G./Gordon, L. A./Haka, S. (1990): Information Overload: A Temporal Approach, in: Accounting, Organizations and Society, 15, S. 199–220.

Schlosser, O. (1976): Einführung in die sozialwissenschaftliche Zusammenhangsanalyse, Reinbek bei Hamburg 1976.

Schnell, R./Hill, P. B./Esser, E. (1999): Methoden der empirischen Sozialforschung, 6. Aufl., München 1999.

Schomaker, M./Weber, S. (2004): Praktisches Benchmarking mit VDMA-Daten, in: VDMA Nachrichten, S. 44–46.

Schreyögg, G. (1999): Organisation, 3. Aufl., Wiesbaden 1999.

Schroder, H. M./Driver, M. J./Streufert, S. (1967): Human Information Processing, New York 1967.

Schweitzer, M./Küpper, H.-U. (1995): Systeme der Kosten- und Erlösrechnung, 6. Aufl., München 1995.

Sharma, S./Durand, R. M./Gur-Arie, O. (1981): Identification and Analysis of Moderator Variables, in: Journal of Marketing Research, 18, S. 291–300.

Shields, J. F./Shields, M. D. (1998): Antecedents of Participative Budgeting, in: Accounting, Organizations and Society, 23, S. 49–76.

Shields, M. D. (1983): Effects of Information Supply and Demand on Judgment Accuracy: Evidence from Corporate Managers, in: The Accounting Review, 63, S. 284–303.

Shields, M. D. (1997): Research in Management Accounting by North Americans in the 1990s, in: Journal of Management Accounting Research, 9, S. 3–61.

Siebert, H. (2001): Der Kobra-Effekt, Stuttgart u. a. 2001.

Siegel, G. (1989): Foundations of Behavioral Accounting, in: Siegel, G. und Ramanauskas, M. H. (Hrsg.): Behavioral Accounting, Cincinnati 1989, S. 1–68.

Silk, S. (1998): Automating the Balanced Scorecard, in: Management Accounting, 79, S. 38–44.

Sim, K. L./Killough, L. N. (1998): The Performance Effects of Complementarities between Manufacturing Practices and Management Accounting Systems, in: Journal of Management Accounting Research, 10, S. 325–346.

Simon, H. A./Guetzkow, H./Kozmetsky, G./Tyndell, G. (1954): Centralization vs. Decentralisation in Organizing the Controllers Department, New York 1954.

Simons, R. (1990): The Role of Management Control Systems in Creating Competitve Advantage: New Perspectives, in: Accounting, Organizations and Society, 15, S. 127–143.

Simons, R. (1995): Levers of Control, Boston 1995.

Simons, R. (2000): Performance Measurement and Control Systems for Implementing Strategy, New Jersey 2000.

Simons, R./Davila, T. (1998): How High Is Your Return on Management?, in: Harvard Business Manager, (January–February), S. 70–80.

Sinkula, J. M. (1990): Perceived Characteristics, Organizational Factors, and the Utilization of External Market Research Supplies, in: Journal of Business Research, 18, S. 1–17.

Smith, D./Langfield-Smith, K. (2004): Structural Equation Modeling in Management Accounting Research: Critical Analysis and Opportunities, in: Journal of Accounting Literature, 23, S. 49–86.

Snowball, D. (1980): Some Effects of Accounting Expertise and Information Load: An Empirical Study, in: Accounting, Organizations and Society, 5, S. 323–338.

Souchon, A. L./Diamantopoulos, A./Holzmuller, H. H./Axinn, C. N./Sinkula, J. M./Simmet, H./Durden, G. R. (2003): Export Information Use: A Five-Country Investigation of Key Determinants, in: Journal of International Marketing, 11, S. 106–128.

Speckbacher, G./Bischof, J./Pfeiffer, T. (2003): A Descriptive Analysis on the Implementation of Balanced Scorecards in German-Speaking Countries, in: Management Accounting Research, 14, S. 361–388.

Spieker, M. (2003): Rationalitätssicherung in der Willensbildung – Entscheidungsqualität in Gründerteams, in: Weber, J. und Kunz, J. (Hrsg.): Empirische Controllingforschung. Begründung – Beispiele – Ergebnisse, Wiesbaden 2003, S. 53–89.

Stedry, A. C. (1960): Budget Control and Cost Behavior, New York 1960.

Steenkamp, J.-B. E. M./Baumgartner, H. (1998): Assessing Measurement Invariance through Multi-Sample Structural Equation Modeling, in: Hildebrandt, L. und Homburg, C. (Hrsg.): Die Kausalanalyse, Stuttgart 1998, S. 399–426.

Steenkamp, J.-B. E. M./van Trijp, H. (1991): ˜The Use of Lisrel in Validating Marketing Constructs, in: International Journal of Research in Marketing, 8, S. 283–299.

Steiners, D. (2005): Lernen mit Controllinginformationen, Wiesbaden 2005.

Stern, J. M./Stewart, G. B./Chew, D. H. (1995): The Eva Financial Management System, in: Journal of Applied Corporate Finance, 7, S. 32–46.

Stewart, G. B. (1991): The Quest for Value: The Eva Management Guide, New York 1991.

Stivers, B. P./Covin, T. J./Hall, N. G./Smalt, S. W. (1998): How Nonfinancial Performance Measures Are Used, in: Management Accounting 79, S. 44–49.

Stock, R. M. (2003): Der Zusammenhang zwischen Mitarbeiter- und Kundenzufriedenheit: Direkte, indirekte und moderierende Effekte, 2. Aufl., Wiesbaden 2003.

Stocks, M. H./Harrell, A. (1995): The Impact of an Increase in Accounting Information Level on the Judgment Quality of Individuals and Groups, in: Accounting, Organizations and Society, 20, S. 685–700.

Suomala, P. (2004): Multifaceted New Product Development Performance: Survey of Utilization of Performance Measures in Finnish Industry, in: Epstein, M. J. und Manzoni, J.-F. (Hrsg.): Performance Measurement and Management Control: A Compendium of Research, Amsterdam u. a. 2004, S. 203–233.

Süßmair, A. (2000): Behavioral Accounting – Verhaltenstheoretische Grundlagen des internen Rechnungswesens, Wiesbaden 2000.

Sutcliffe, K. M. (2001): Organizational Environments and Organizational Information Processing, in: Jablin, F. M. und Linda, L. P. (Hrsg.): The New Handbook of Organizational Communication: Advances in Theory, Research, and Methods, London 2001, S. 197–230.

Tait, P./Vessey, I. (1988): The Effect of User Involvement on System Success, in: MIS Quarterly, 12, S. 91–108.

Teng, J. T. C./Cheon, M. J./Grover, V. (1995): Decisions to Outsource Information Systems Functions: Testing a Strategy-Theoretic Discrepancy Model, in: Decision Sciences, 26, S. 75–103.

Thommen, J. P. (2002): Management und Organisation: Konzepte, Instrumente, Umsetzung, Zürich 2002.

Thompson, J. D. (1967): Organizations in Action, New York 1967.

Tillema, S. (2005): Towards an Integrated Contingency Framework for MAS Sophistication – Case Studies on the Scope of Accounting Instruments in Dutch Power and Gas Companies, in: Management Accounting Research, 16, S. 101–129.

Tosi, H./Slocum, J. (1984): Contingency Theory: Some Suggested Directions, in: Journal of Management, 10, S. 9–26.

Tucker, L. R./Lewis, C. (1973): A Reliability Coefficient for Maximum Likelihood Factor Analysis, in: Psychometrica, 38, S. 1–10.

Tuttle, B./Burton, F. G. (1999): The Effects of a Modest Incentive on Information Overload in an Investment Analysis Task, in: Accounting, Organizations and Society, 24, S. 673–687.

Tuttle, B./Ullrich, M. J. (2003): The Effects of Incentive Structure and Goal Challenge on Time Planning Decisions within a Balanced Scorecard Framework, in: Advances in Accounting Behavioral Research, 6, S. 121–144.

Tymon, W. G./Stout, D. E./Shaw, K. N. (1998): Critical Analysis and Recommendations Regarding the Role of Perceived Environental Uncertainty in Behavioral Accounting Research, in: Behavioral Research in Accounting, 10, S. 23–46.

Ullrich, M. J./Tuttle, B. (2004): The Effects of Comprehensive Information Reporting Systems and Economic Incentives on Managers' Time-Planning Decisions, in: Behavioral Research in Accounting, 16, S. 89–105.

Ulrich, P. (1993): Transformation der ökonomischen Vernunft, 3. Aufl., Bern u. a. 1993.

Ulrich, P. (1998): Integrative Wirtschaftsethik. Grundlagen einer lebensdienlichen Ökonomie, 2. Aufl., Bern u. a. 1998.

Van der Stede, W./Young, S. M./Chen, C. X. (2005): Assessing the Quality of Evidence in Empirical Management Accounting Research: The Case of Survey Studies, in: Accounting, Organizations and Society, 30, S. 655–684.

Vandenbosch, B. (1999): An Empirical Analysis of the Association between the Use of Executive Support Systems and Perceived Organizational Competitiveness, in: Accounting, Organizations and Society, 24, S. 77–92.

Venkatraman, N./Ramanujam, V. (1987): Measurement of Business Economic Performance: An Examination of Method Convergence, in: Journal of Management, 13, S. 109–122.

Waldmann, D. A./Yammarino, F. J. (1999): CEO Characteristic Leadership: Levels-of-Management and Levels-of-Analysis Effects, in: Academy of Management Review, 24, S. 266–285.

Wall, F. (2001): Ursache-Wirkungsbeziehungen als ein zentraler Bestandteil der Balanced Scorecard, in: Controlling, 13, S. 65–74.

Waterhouse, J. H./Tiessen, P. (1978): A Contingency Framework for Management Accounting Systems Research, in: Accounting, Organizations and Society, 3, S. 65–76.

Weber, J. (1993): Kostenrechnung im System der Unternehmenführung – Stand und Perspektiven der Kostenrechnung in den 90er Jahren, in: Weber, J. (Hrsg.): Zur Neuausrichtung der Kostenrechnung, Stuttgart 1993, S. 1–77.

Weber, J. (1997): Zur Abgrenzung von Führung und Kontrolle, WHU Forschungspapier Nr. 45 1997.

Weber, J. (2000): Balanced Scorecard – Management-Innovation oder alter Wein in Neuen Schläuchen?, in: krp, 44, S. 5–15.

Weber, J. (2004): Einführung in das Controlling, 10. Aufl., Stuttgart 2004.

Weber, J./Bramsemann, U./Heinecke, C./Hirsch, B. (2004): Wertorientierte Unternehmenssteuerung, Wiesbaden 2004.

Weber, J./Sandt, J. (2001): Erfolg durch Kennzahlen – Neue empirische Erkenntnisse, Band 21 der Reihe Advanced Controlling des Lehrstuhls für Betriebswirtschaftslehre, insbesondere Controlling und Telekommunikation der WHU, Vallendar 2001.

Weber, J./Schäffer, U. (1999a): Auf dem Weg zu einem aktiven Kennzahlenmanagement, in: Die Unternehmung, 53, S. 333–350.

Weber, J./Schäffer, U. (1999b): Management and Organization in the German „Mittelstand" Company, in: Homburg, C. (Hrsg.): Structure and Dynamics of the German Mittelstand, Heidelberg 1999b, S. 117–134.

Weber, J./Schäffer, U. (1999c): Operative Werttreiberhierarchien als Alternative zur Balanced Scorecard?, in: krp, 43, S. 284–287.

Weber, J./Schäffer, U. (1999d): Sicherstellung der Rationalität von Führung als Aufgabe des Controlling?, in: DBW, 59, S. 731–747.

Weber, J./Schäffer, U. (1999e): Sicherung der Rationalität in der Willensbildung durch die Nutzung des fruchtbaren Spannungverhältnisses von Reflexion und Intuition, in: Zeitschrift für Planung, 10, S. 205–224.

Weber, J./Schäffer, U. (2000): Balanced Scorecard & Controlling. Implementierung – Nutzen für Manager – Erfahrungen in deutschen Unternehmen, 3. Aufl., Wiesbaden 2000.

Weber, J./Schäffer, U. (2001): Sicherstellung der Rationalität von Führung als Funktion des Controlling, in: Weber, J. und Schäffer, U. (Hrsg.): Rationalitätssicherung der Führung – Beiträge zu einer Theorie des Controlling, Wiesbaden 2001, S. 25–45.

Weißenberger, B. E. (1997): Die Informationsbeziehung zwischen Management und Rechnungswesen: Analyse institutioneller Koordination, Wiesbaden 1997.

West, S. G./Finch, J. F./Curran, P. J. (1995): Structural Equation Models with Nonnormal Variables, in: Hoyle, R. H. (Hrsg.): Structural Equation Modeling: Concepts, Issues, and Applications, Thousands Oaks, CA: Sage 1995, S. 56–75.

Williams, S. (2001): Drive Your Business Forward with the Balanced Scorecard, in: Management Services, 45, S. 28–30.

Willingham, J. J. (1964): The Accounting Entity: A Conceptual Model, in: The Accounting Review, 39, S. 543–552.

Witte, E. (1977): Lehrgeld für empirische Forschung: Notizen während einer Diskussion in: Köhler, R. (Hrsg.): Empirische und handlungstheoretische Forschungskonzeptionen in der Betriebswirtschaftslehre, Stuttgart 1977, S. 270–278.

Woodward, J. (1958): Management and Technology, London 1958.

Woodward, J. (1965): Industrial Organization: Theory and Practice, London 1965.

Zeithaml, V./Varadarajan, P./Zeithaml, C. (1988): The Contingeny Approach: Its Foundations and Relevance to Theory Building and Research in Marketing, in: European Journal of Marketing, 22, S. 37–64.

Zentralverband der Elektrotechnischen Industrie (Hrsg., 1989), ZVEI – Kennzahlensystem, 4. Aufl., Frankfurt 1989.

Zöfel, P. (1992): Statistik in der Praxis, 3. Aufl., Stuttgart, Jena 1992.

Zyder, M. (2006): Die Gestaltung der Budgetierung, Dissertationsschrift, European Business School 2006.

FSC
www.fsc.org
MIX
Papier | Fördert gute Waldnutzung
FSC® C083411

Kolibri 360 GmbH
Ferdinand-Jühlke-Straße 7
99095 Erfurt, Deutschland
produktsicherheit@kolibri360.de